Das grosse Buch der Pilzküche

Feine

PILZKÜCHE

Thuri Maag

Widmung

Dieses Buch, das voller Überraschungen ist, widme ich meinen Kindern und Patenkindern:
CHANTAL, SANDRO, MICHEL, TANJA, MAX, SUSI
Auf dass euer Leben so spannend und abwechslungsreich sei wie die Natur!

Lizenzausgabe für den Walter Hädecke Verlag, D-71256 Weil der Stadt
www.haedecke-verlag.de
Die deutsche Redaktion dankt Herrn Prof. Dr. Reinhard Agerer, Leiter
der Systematischen Mykologie an der Ludwig-Maximilians-Universität
München (Fakultät für Biologie, Bereich Biodiversitätsforschung) für
die Überprüfung im Lexikonteil.

Alle Rechte vorbehalten, insbesondere die der Übersetzung, der
Übertragung durch Bild- und Tonträger, des Vortrags, der fotomechanischen
Wiedergabe, der Speicherung und Verbreitung in Datensystemen und
der Fotokopie.
Nachdruck, auch auszugsweise, nur mit Genehmigung des Verlages.

© 2007 Fona Verlag AG, CH-5600 Lenzburg
www.fona.ch

Verantwortlich für das Lektorat: Léonie Haefeli-Schmid
Konzept und Gestaltung: Regina Kriewall, FonaGrafik
Foodbilder und alle übrigen Bilder: Andreas Thumm, Freiburg i. Br.
Lithos: Repro Schicker AG, Baar
Printed in Germany

ISBN 978-3-7750-0493-0

12 Vorwort

14 Appetizer

22 Suppen

34 Vorspeisen

56 Eierspeisen

64 Nudeln

76 Vegetarisch

102 Fleisch – Fisch

124 Schalk

134 Saucen – Basics

146 Haltbar machen

154 Pilzernte

156 Pilzlexikon

216 Selber züchten

218 Register

INHALT

VORWORT

Der Pilz als Gourmet-Star

«Pilz» und «Gemüse» sind Sammelbegriffe. Zu den Pilzen zählen Champignon, Schopftintling, Steinpilz, Krause Glucke, Riesenbovist, Pfifferling, Trüffel ... Was verbindet den Blumenkohl mit der Gurke? NICHTS! Gleich verhält es sich mit Shiitake und Trüffel! Es gibt Gemüse, aus denen man ein Mischgericht, eine Art Eintopf, zubereiten kann, wie etwa die Ratatouille, in der sich Zucchino, Aubergine, Peperoni/Paprikaschote und Tomate harmonisch ergänzen. Wer aber weiß schon, welche Pilze in welcher Menge zusammenpassen? Nachschlagen kann man das nirgends. Auch angehende Köche erfahren während ihrer Ausbildung wenig über Pilze.

Als Pilzsammler und leidenschaftlicher Pilzkoch, 365 Tage im Jahr, kenne ich nicht nur die Standorte meiner Lieblinge, sondern ich habe auch gelernt, mit jedem von ihnen «artgerecht» umzugehen. Das kommt nicht von heute auf morgen.

Ein bunter Pilzeintopf hat so viel Geschmack und Aroma, dass Salz und Pfeffer genügen. Die Pilze schmecken großartig! Es käme mir nie in den Sinn, für ein harmonisches Pilzragout Reizker oder Boviste zu nehmen. Wieso, werden Sie fragen? Weil Reizker in einem Pilz-Mischgericht harzig, ja sogar unappetitlich schmecken – in Öl gebacken sind sie jedoch ein Hochgenuss. Boviste machen ein Pilzgericht schleimig und schlabberig – in einer Panade gebacken sind sie aber eine Delikatesse!

Neue Pilzzüchtungen brauchen neue Rezepte. Nur so können sich die fantastischen Zuchtpilze wie Klapperschwamm, Pied bleu, Pom Pom blanc, Pioppini und Kräuterseitling in Szene setzen. Aber genau wegen fehlender Rezepte ist der Riesenträuschling (Braunkappe) in der Gastronomie aus dem Angebot verschwunden. Hätten die Konsumenten gewusst, dass der starke Rettichgeschmack nach kurzem Abkochen verschwindet, wäre er der ideale Pilz für kreative Salate oder Vorspeisen gewesen.

Schluss mit den Statistenrollen neben Kalbssteak, Rehrücken, Spätzle und Rotkraut. Die Zeit ist reif für eine Shiitake-Quiche mit Kümmel, eine Pilzessenz mit Steinpilzschaum, eine Piccata aus Austernpilzen.

Viel Vergnügen beim Sammeln, Kochen und Genießen.

Thuri Maag

APPETIZER

16	Reizker à la provençale
18	Trüffel-Speck-«Bonbon»
20	Panierte Schopftintling-Spießchen mit Trüffelmayonnaise

APPETIZER

...bewegen...

Reizker à la provençale

für 4 Personen als Vorspeise

3 EL Olivenöl extra nativ
250 g kleine, frisch gepflückte
Edelreizker
1 EL in Öl eingelegte Schalotten, Seite 143
1 Knoblauchzehe, durchgepresst
1 EL grob geschnittene Petersilie
1 Prise frischer Thymian

1 Eine Gusseisenpfanne oder eine beschichtete, stark erhitzbare Bratpfanne aufheizen. Pilze gleichzeitig mit dem Öl zugeben. Die Pfanne kräftig schütteln, Pilze 2 bis 3 Minuten braten. Ganz zum Schluss Schalotten und Petersilie untermischen.
2 Pilze in kleinen Schalen anrichten. Zahnstocher dazulegen.

VARIANTE Zusätzlich eine Prise milde Currymischung nehmen.

TIPP Das ideale Rezept für Reizker!

APPETIZER

...ausbacken...

Trüffel-Speck-«Bonbon»

für 4 Personen zum Aperitif
für ca. 16 Stück

150 g grüner Nudelteig, Seite 66
75 g Rohessspeck/durchwachsener
Räucherspeck, in feinen Streifen
20 g Sommertrüffel, in feinen Streifen

Öl zum Ausbacken

1 Den Nudelteig mit der Nudelmaschine oder von Hand sehr dünn ausrollen. In Rechtecke von 7 cm x 9 cm schneiden.
2 Speck und Trüffel auf die Teigblätter verteilen, mit Wasser besprühen, wie ein Bonbon wickeln.
3 Bonbons im heißen Öl 10 bis 15 Sekunden ausbacken. Auf Küchenpapier entfetten.

TIPP Die Trüffel-Speck-«Bonbons» können sehr gut vorbereitet und eingefroren werden.

APPETIZER

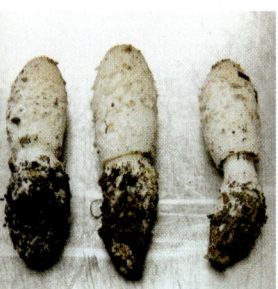  

...brutzeln...

Panierte Schopftintling-Spießchen mit Trüffelmayonnaise

für 4 Personen zum Aperitif oder als Vorspeise

16 kleine, feste Schopftintlinge
1 Freilandei oder 2 Eiweiß
2 EL Mehl
½ TL Pilzsalz, Seite 145
frisch gemahlener Pfeffer
Mie de pain, Seite 143

Öl zum Ausbacken

Weiße Trüffelmayonnaise, Seite 139

1 Leicht verquirltes Ei, Mehl, Pilzsalz und 1 bis 2 Umdrehungen Pfeffer zu einer dicken Masse rühren, die ziemlich salzig schmeckt.
2 Schopftintlinge in die Eimasse tauchen und in der Mie de pain wenden, leicht andrücken.
3 Die Schopftintlinge im heißen Öl vorsichtig goldgelb und knusprig backen. Auf Küchenpapier entfetten.
4 Schopftintlinge auf Holzspießchen stecken.

TIPPS Zusätzlich einen knackigen Blattsalat dazu servieren. Eimasse: Erschrecken Sie ob des Salzgehalts nicht. Wenn die Pilze gebacken sind, stimmt das Verhältnis wieder. Der Schopftintling verdirbt sehr rasch. Er muss am Pflücktag verarbeitet werden. Für dieses Rezept eignen sich auch Boviste/Stäublinge.

SUPPEN

24	Kartoffel-Cappuccino mit Weißen Trüffeln
26	Sellerie-Espuma mit Schwarzen Trüffeln
26	Kaltes Kartoffelschaumsüppchen mit Kaiserlingen
27	Pilzcremesuppe – Grundrezept
27	Pilzcremesuppe mit Schopftintlingen
27	Armeleute-Trüffelcremesuppe
28	Pilzcremesuppe mit Steinpilzen
30	Pilzessenz mit Steinpilzschaum und gebackenen Bovisten
32	Pilzessenz – Grundrezept
32	Eierblumensuppe mit Spätherbstpilzen
33	Pilzessenz mit Butterklößchen
33	Chinesische Pilzessenz mit Zuchtpilzen
33	Morchelsüppchen unter Blätterteighaube

SUPPEN

Der Suppe fiel ursprünglich die Aufgabe zu, den Magen aufzuwärmen und zu füllen. Eine Suppe musste zudem billig und rasch zubereitet sein. Diesen Anspruch wusste die Suppenindustrie während Jahrzehnten geschickt und mit großem Erfolg zu nutzen. Auch wenn die Suppenindustrie dem Konsumenten tagtäglich suggeriert, dass der Beutelinhalt mit einer selbst gemachten Suppe ohne weiteres konkurrieren kann, macht das eine Industriesuppe nicht besser. Ich lade Sie ein, die köstliche selbst gemachte Suppe wieder zu entdecken! Wie wäre es mit einer Kartoffelsuppe mit Weißen Trüffeln? In einem mehrgängigen Menü sollte es eher ein Süppchen sein, nicht zu viel, nicht zu schwer und so gut, dass man noch mehr möchte.

Im Jahre 1975 wurde in Frankreich eine Suppe mit dem Kreuz der Ehrenlegion ausgezeichnet. Selbstverständlich streifte der damalige Staatspräsident Valéry Giscard d'Estaing nicht der Suppe den Orden über, sondern Paul Bocuse, dem Koch und Erfinder der Trüffelsuppe mit Blätterteigdeckel.

Kartoffel-Cappuccino mit Weißen Trüffeln

für 8–12 Personen

250 g mehlig kochende Kartoffeln
1 dl / 100 ml Rahm/Sahne
1½ dl / 150 ml Kartoffelkochwasser
½ dl / 50 ml Weißes Trüffelöl

20 g Weiße Trüffel für die Garnitur

1 Die Kartoffeln schälen und würfeln, in wenig Salzwasser weich garen, abgießen, das Kochwasser auffangen.

2 Alle Zutaten fein pürieren, durch ein feines Sieb passieren. In eine Siphonflasche (Rahmbläser) füllen, 2 CO_2-Patronen dazu laden. ACHTUNG: Gebrauchsanleitung des Herstellers beachten; maximale Belastbarkeit (Flaschendruck) beachten.

3 Kartoffel-Espuma in vorgewärmte Kaffeetassen füllen. Weiße Trüffel darüber hobeln.

SUPPEN

Espuma oder Schaum aus der Siphonflasche (oder dem Rahm-/Sahnebläser) sind bekannt und berühmt geworden durch den spanischen Starkoch Ferran Adrià vom Restaurant «El Bulli» in Rosas, Girona, an der Cala Montjoi, nordöstlich von Barcelona.

Bei Ferran Adriàs Methode war neu und auch ein wenig revolutionär, dass man nicht zwingend Rahm/Sahne benötigt. Die Festigkeit garantiert ein stärkehaltiges Produkt wie etwa die Kartoffel. Der Schaum kann auch warm sein.

Sellerie-Espuma
mit schwarzen Trüffeln

für 8–12 Personen

200 g Knollensellerie
100 g mehlig kochende Kartoffeln
2 dl/200 ml Kartoffelkochwasser
½ dl/50 ml Rahm/Sahne

20 g Schwarze Trüffel für die Garnitur

ZUBEREITUNG siehe Kartoffel-Cappuccino

Dieses exklusive Süppchen ist in Anlehnung an die klassische «Vichysoisse froide» entstanden. Weil es zahlreiche Pilze gibt, die roh gegessen werden können, schmeckt die Suppe immer wieder anders. Mein Favorit sind ganz frische Kaiserlinge. Sie sind leider nur selten erhältlich. Ein gleichwertiger Ersatz sind kleine, feste Steinpilze.

Kaltes Kartoffelschaum-süppchen mit Kaiserlingen

für 8 Personen

150 g Butter
150 g weißer Lauch, in Ringen
150 g Zwiebeln, grob gehackt
1 TL Meersalz, wenig frisch gemahlener Pfeffer
1,3 l Gemüse- oder Hühnerbrühe
500 g mehlig kochende Kartoffeln, geschält, gewürfelt
2 dl/200 ml Rahm/Sahne

einige Kaiserlinge, in Streifen

1 Lauch und Zwiebeln in der Butter bei schwacher Hitze etwa 5 Minuten dünsten, würzen, Gemüsebrühe und Kartoffeln zugeben, 20 bis 25 Minuten köcheln lassen. Die Suppe pürieren, durch ein Spitzsieb passieren, zuerst abkühlen lassen, dann kühl stellen.

2 Die Kartoffelsuppe mit dem Rahm schaumig mixen. In Gläser, Tassen oder Suppenteller füllen. Pilze darüber streuen.

TIPP Die Suppe ist auch warm eine Delikatesse.

Pilzcremesuppe – Grundrezept

für 8 Personen

½ EL Butter
200 g Champignons oder gemischte Waldpilze, zerkleinert
½ EL in Öl eingelegte Schalotten, Seite 143
1 EL Pilzsalz, Seite 145
frisch gemahlener Pfeffer
1½ dl / 150 ml Weißwein
½ l Gemüse- oder Hühnerbrühe
10 g getrocknete Steinpilze
60 g Mehlbutter (gleiche Menge Mehl und weiche Butter verkneten)
30 g Weißmehl / Mehltype 405
½ l Rahm / Sahne

1 Die Champignons mit den Schalotten in der heißen Butter andünsten, mit Pilzsalz und Pfeffer würzen, mit dem Weißwein ablöschen, aufkochen, Gemüsebrühe und getrocknete Steinpilze zugeben, rund 30 Minuten köcheln lassen.
2 Die Suppe pürieren. Aufkochen. Die Mehlbutter krümelig unter die Suppe rühren, 1 bis 2 Minuten köcheln lassen, Rahm zugeben, 5 Minuten köcheln lassen. In vorgewärmten Tellern anrichten. Sofort servieren.

TIPPS Die Suppe hat die Qualität einer Sauce. Sie kann auch zu kurz gebratenem Kalbfleisch serviert werden. Wenn man den Rahm weglässt, kann die Suppe portionsweise tiefgekühlt werden.

Pilzcremesuppe
mit Schopftintlingen

für 8 Personen

1 Portion Pilzcremesuppe, nebenan getrocknete Steinpilze durch beliebige getrocknete Waldpilze ersetzen

EINLAGE
200 g junge Schopftintlinge, in Ringen
geröstete Brotwürfelchen

1 Die Schopftintlinge in der Pilzcremesuppe erwärmen.
2 Die Pilzcremesuppe in vorgewärmten Tellern anrichten. Brotwürfelchen darüber streuen. Sofort servieren.

Armeleute-Trüffelcreme

für 8 Personen

½ EL Butter
200 g frische Totentrompeten, fein gehackt
1 Rezeptmenge Pilzcremesuppe, nebenan

1 Die Totentrompeten in der Butter andünsten.
2 Die Pilzcremesuppe aufkochen, die Totentrompeten zugeben, etwa 2 Minuten köcheln lassen. Die Pilze mit dem Schaumlöffel aus der Suppe nehmen und in vorgewärmten Tellern oder Tassen anrichten. Die Pilzsuppe mit dem Stabmixer oder Schneebesen schaumig schlagen, zu den Totentrompeten geben.

SUPPEN

...exklusiv...

Pilzcremesuppe mit Steinpilzen

für 8 Personen

½ EL Butter
200 g frische Steinpilze, fein geschnitten
1 Rezeptmenge Pilzcremesuppe, Seite 27

1 Die Steinpilze in der Butter kurz dünsten.
2 Die Pilzcremesuppe aufkochen, die Steinpilze zufügen, 2 bis 3 Minuten köcheln lassen. Eventuell mit ein wenig Wasser verdünnen.
3 Die Steinpilze in vorgewärmten Tassen oder Tellern anrichten. Die Suppe mit dem Stabmixer oder Schneebesen schaumig schlagen, zu den Steinpilzen geben.

VARIANTE Gleiche Zubereitung mit Stockschwämmchen.

SUPPEN

...hoch hinaus...

Pilzessenz mit Steinpilzschaum und gebackenen Bovisten

für 4–6 Personen

6 dl/600 ml Pilzessenz, Seite 32
Haselnussöl
½ Rezeptmenge Pilzcremesuppe, Seite 27
1 TL Butter
100 g Steinpilze, in Streifen

gebackene Boviste, Seite 100

1 Steinpilze in der Butter 2 bis 3 Minuten dünsten, mit der heißen Pilzcreme pürieren.

2 Die nicht zu heiße Pilzessenz in schlanke hohe Gläser füllen, wenig Haselnussöl darüber träufeln, warten, bis das Öl an die Oberfläche steigt. Steinpilzcremesuppe in die Siphonflasche (siehe Seite 24) füllen, in die Gläser spritzen. Rasch servieren.

ZUM REZEPT Hier ist das Schlürfen für einmal erlaubt. Denn nur so kommt es zur Geschmacksexplosion!

SUPPEN

Es lohnt sich, eine größere Menge herzustellen. Die Brühe eignet sich für Suppen und als Ersatz für die Gemüsebrühe. Sie kann auch tiefgekühlt werden.

Pilzessenz – Grundrezept

für ca. 4 l Brühe

3 mittelgroße Zwiebeln
250 g Stiele von Austernseitlingen
oder andere Pilzabschnitte
150 g Lauch, in breiten Streifen
1 TL bunte Pfefferkörner-Mischung, zerstoßen
1 Thymianzweig
1 EL grobkörniges Meersalz
10 g getrocknete Totentrompeten
40 g getrocknete Waldmischpilze oder Steinpilze
3 Knoblauchzehen, ungeschält
4 l Wasser
7 dl/700 ml Rotwein oder Rosé

1 Zwiebeln mit Schale quer halbieren, die Schnittflächen in einer Gusseisenpfanne ohne Fettstoff schwärzen.
2 Alle Zutaten in einen großen Topf geben, unter öfterem Rühren aufkochen. Nun nicht mehr rühren. Die Brühe bei schwacher Hitze 1½ Stunden köcheln lassen. Durch ein Tuch passieren.

Die Eierblumensuppe ist in der chinesischen und italienischen Küche zu Hause.

Eierblumensuppe
mit Spätherbstpilzen

für 4 Personen

6 dl/600 ml Pilzessenz, nebenan
100 g typische Spätherbstpilze, z. B. Kaffeebrauner Gabeltrichterling, Schwarzpunktierter Schneckling, Stockschwämmchen, Judasohr oder Trompetenpfifferling
1 Freilandei, leicht verquirlt

½ EL fein geschnittener Schnittlauch oder Frühlingszwiebeln in feinen Ringen

1 Die Pilze in feine Streifen schneiden.
2 Die Pilzessenz mit den Pilzen aufkochen, verquirltes Ei zugeben. Kochtopf sofort von der Wärmequelle nehmen. Zugedeckt 1 Minute stehen lassen.
3 Die Eierblumensuppe in vorgewärmten Suppentassen oder Suppentellern anrichten, Schnittlauch darüber streuen.

VARIANTEN Für einen chinesischen Touch die Suppe mit wenig Sojasauce und/oder Ingwer würzen. Die Italiener mischen das leicht verquirlte Ei mit ein wenig geriebenem Parmesan (50 g).

Pilzessenz mit Butterklößchen

für 4 Personen

1 Portion chinesische Pilzessenz, unten,
ohne Ingwer

BUTTERKLÖSSCHEN
90 g weiche Butter
3 Eigelbe von Freilandeiern
1 TL Mehl
½ TL Weizengrieß
50 g Mie de pain, Seite 143
1 Prise Meersalz, geriebene Muskatnuss

1 Die Butter mit dem Schneebesen luftig aufschlagen, ein Eigelb nach dem andern unterrühren, Mehl, Weizengrieß und Mie de pain unterrühren, würzen.
2 Die Pilzessenz aufkochen. Vom Teig mit 2 Esslöffeln 8 Klößchen formen und diese direkt in die Pilzessenz geben. Essenz erhitzen. Sobald die Klößchen steigen (nicht kochen), Suppe vorsichtig in vorgewärmten Tellern anrichten.

Chinesische Pilzessenz mit Zuchtpilzen

für 4 Personen

6 dl/600 ml Pilzessenz, Seite 32
1 haselnussgroßes Stück frischer Ingwer,
fein gerieben
1 Frühlingszwiebel, in nicht zu dünnen Scheiben
200 g gemischte Zuchtpilze, z. B. Shiitake und
Judasohren in Streifen, Enoki und halbierte Shimeji
1 EL Sojasauce

Pilzessenz aufkochen, alle Zutaten zugeben, erhitzen, bei schwacher Hitze 3 bis 5 Minuten ziehen lassen.

Die Inspiration zu diesem Morchelsüppchen lieferte die Trüffelsuppe von Paul Bocuse.

Morchelsüppchen unter Blätterteighaube

für 4 Personen

6 dl/600 ml Pilzessenz, Seite 32
150 g Morcheln
2 EL Sherry
1 EL Porto
1 EL Cognac

1 Eigelb von einem Freilandei
150 g Butterblätterteig
Pilzpulver, Seite 152

1 Morcheln aufschneiden und gut waschen, in Streifen schneiden.
2 Pilzessenz und Morcheln aufkochen, mit Sherry, Porto und Cognac abschmecken. Erkalten lassen.
3 Das Morchelsüppchen in Suppentöpfchen oder feuerfesten Tassen anrichten.
4 Den Backofen auf 220 °C vorheizen.
5 Blätterteig 2 bis 3 mm dick ausrollen. Rondellen ausstechen, 2 bis 3 cm größer als das Suppentöpfchen. Den Rand der Suppentöpfchen mit dem Eigelb bestreichen, die Teigrondelle darauf legen, Rand gut andrücken. Teigdeckel mit Eigelb bepinseln, mit Pilzpulver würzen. Die Suppentöpfchen in ein Backblech stellen.
6 Das Backblech in der Mitte in den Ofen schieben, bei 220 °C 12 bis 15 Minuten backen. Bei zu großer Hitze rechtzeitig mit Alufolie zudecken.
7 Die Suppentöpfchen in einem mit Frühlingsblumen geschmückten Teller servieren.

VORSPEISEN

36	**Leichter Sommersalat** mit Zuchtpilzen, Kräutern und Blüten
38	**Steinpilzsalat**
40	**Vitello tufato**
42	**Seeforellencarpaccio** mit Pilzen à la grecque
44	**Lauwarmer Salat** von Violettem Rötelritterling mit Speck und Brot
46	**Carpaccio** von jungen Steinpilzen
48	**Roh marinierte Kaiserlinge** mit Carpaccio von kurz gebratenem Rehrücken mit Sauerklee
50	**Waldpilzsülze** mit Totentrompetensenf und Essigpilzen
52	**Kräuterseitling «Limonello»**
54	**Lauwarmer Spinatsalat** mit Champignons, Speck und Brotwürfelchen
55	**Spargelsalat** mit Frühlingspilzen
55	**Carpaccio** vom Rind mit Trüffeln

VORSPEISEN

Vorspeisen sind kleine Häppchen, die uns auf das einstimmen möchten, was nachher folgt. Dazu bieten sich zum Beispiel ein paar bunte Öl- oder Essigpilze an, die von einer Hauspastete oder von feinem Rohschinken begleitet sein können. Auch knackige rohe Champignons oder Steinpilze, in Kombination mit einem bunten Saisonsalat sind möglich.

Die eine oder andere Vorspeise kann an einem heißen Sommerabend als leichtes Abendessen serviert werden. In diesem Fall ist die Rezeptmenge zu verdoppeln. Ein knuspriges Brot rundet die Mahlzeit ab.

...es blüht...

Leichter Sommersalat mit Zuchtpilzen, Kräutern und Blüten

für 4 Personen

320 g gemischte Pilze
½ dl/50 ml Olivenöl extra nativ
oder kalt gepresstes Distelöl
½ Zitrone, Saft
2 dl/200 ml Weißwein
1 TL Feur de Sel
1 TL Tropic-Pfeffer
½ TL milde Currymischung

Kräuter für die Garnitur
Blüten für die Garnitur

1 Alle Zutaten in einen Topf geben, aufkochen und zugedeckt 2 Minuten leise kochen lassen, 5 Minuten ziehen und leicht erkalten lassen.

2 Pilze auf dem Salatblatt anrichten. Mit Kräutern und Blüten garnieren.

TIPPS Dieser Salat lebt von der Vielfalt der Kräuter und Blüten, die in der Natur oder im eigenen Garten gepflückt oder auf dem Markt gekauft werden können. Einige Anregungen für die verschiedenen Jahreszeiten. Frühling: Kräuter wie Sauerampfer, Sauerklee, Bärlauch, Löwenzahn, Brunnenkresse, Rapunzel, Pimpernell; Blüten wie Gänseblümchen, gezupfte Löwenzahnblütenblätter, Schlüsselblumen. Sommer: Kräuter wie Basilikum, Estragon, Kerbel, Thymian, krause Petersilie, Rucola/Rauke; Blüten wie Rosenblätter (in feinen Streifen), Borretsch, Kapuzinerkresse, Sonnenblumen- und Ringelblumen-Blütenblätter.

Dieser Pilzsalat lässt sich je nach Saison- und Marktangebot variieren, sei es mit Frühlingspilzen, mit verschiedenen Sommer- und Herbstpilzen. Einzig Röhrlinge eignen sich für diesen Salat weniger gut.

VORSPEISEN

Diesen Salat habe ich vor langer Zeit in einem kleinen Restaurant in Rom gegessen, und zwar mit dem sehr seltenen, bei uns nur schwer erhältlichen Kaiserling (Amanita caesarea). Kaiserlinge sind eine Delikatesse. Sollten Sie auf einer Reise in Italien diesen Pilz zufällig auf einer Speisekarte finden, zögern Sie nicht, dieses Gericht zu bestellen. Zögern Sie aber auch nicht, dieses Rezept mit knackigen jungen Steinpilzen auszuprobieren. Rohe Steinpilze sind im Geschmack frischen, noch nicht ganz reifen Haselnüssen ähnlich. Das Rezept ist einfach – aber einfach himmlisch!

Steinpilzsalat

für 4 Personen als Vorspeise
für 2 Personen als kleine Mahlzeit

200 g frische junge Steinpilze
$1/2$ Zitrone, Saft
$1/2$ dl/50 ml Olivenöl extra nativ
feines Meersalz
frisch gemahlener Pfeffer
4 große knackige Eisbergsalatblätter
$1/2$ EL fein geschnittener Schnittlauch
Crema di Balsamico

1 Erdreste an den Steinpilzen mit einem kleinen Messer entfernen, Pilze mit einem trockenen Tuch abreiben.
2 Steinpilze in feine Scheiben schneiden. In einer Schüssel mit Zitronensaft und Olivenöl vorsichtig mischen, mit Salz und Pfeffer würzen.
3 Pilzsalat in die Eisbergblätter füllen, mit dem Schnittlauch bestreuen, mit einigen Tropfen Crema di Balsamico garnieren.

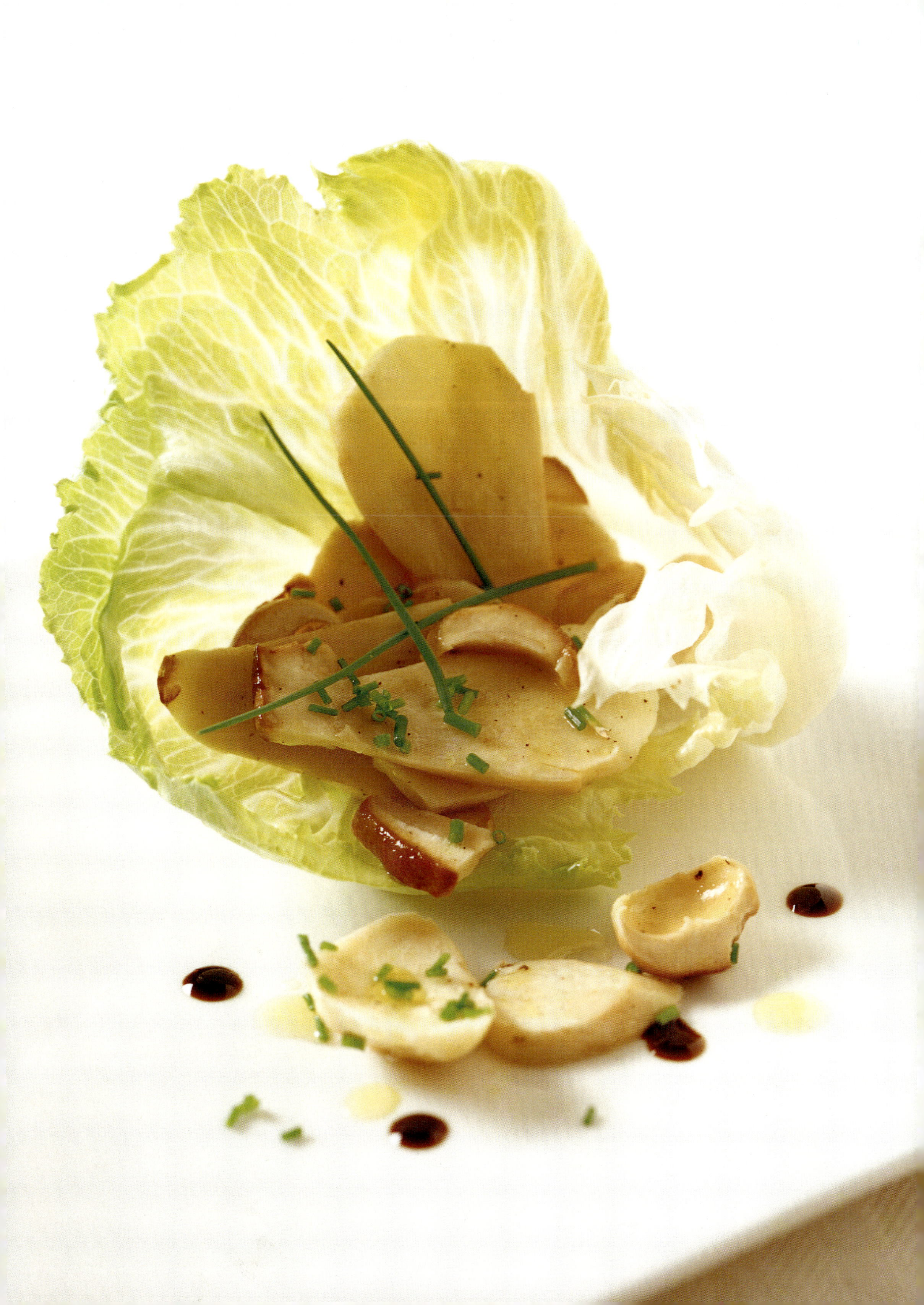

VORSPEISEN

Diesem Rezept stand das weltberühmte Piemonteser Gericht «vitello tonnato» (dünne Scheiben von Kalbsbraten an Thunfischsauce) Pate. Zum Heulen finde ich aber die schreckliche Thunfischsauce, die in vielen Restaurants ausschließlich mit Thon aus der Dose und sauren Kapern hergestellt wird. Als unlängst von einer größeren Gästeschar ein perfekt gegarter Kalbsrücken (schön saftig und rosa) übrig blieb, kam mir die Mayonnaise mit Weißen Trüffeln zum grünen Spargel auf der Tageskarte wie gelegen. Aus dem «vitello tonnato» wurde «vitello tufato», heute eines meiner Lieblingsrezepte.

Vitello tufato

für 8 Personen als Vorspeise
für 4 Personen als Mahlzeit

1 EL Bratbutter/Butterschmalz
1,2-1,4 kg Kalbsschulter
frisch gemahlener Pfeffer
Pilzsalz, Seite
1 dl/100 ml Weißwein
1 dl/100 ml Kalbsfond, Seite 136
Weiße Trüffelmayonnaise, Seite 139
Winterkresse oder andere
frische Kräuter
40 g Schwarze oder
10 g Weiße Trüffel
Rotes Meersalz
Crema di Balsamico

1 Den Backofen auf 70 °C vorheizen.

2 Die Kalbsschulter mit Pfeffer und Pilzsalz kräftig würzen, in einem Brattopf in der heißen Bratbutter allseitig anbraten. Auf ein Gitter legen. Mit Auffgangblech in den vorgeheizten Ofen schieben, Braten bei 70 °C 2 bis 2 ½ Stunden niedergaren. Ideal an dieser Garmethode ist, dass der Braten auch nach 3 ½ Stunden immer noch auf den Punkt gegart ist.

3 Bratsatz (im Brattopf) mit dem Weißwein ablöschen, Kalbsfond zugeben, bei hoher Temperatur wenig einkochen lassen. Sauce durch ein Spitzsieb passieren. Wird zum Verdünnen der Trüffelmayonnaise verwendet.

4 Erkalteten Kalbsbraten auf der Aufschnittmaschine in möglichst dünne Scheiben schneiden, anrichten, mit Trüffelmayonnaise umgeben, mit Kräutern, fein gehobelter Trüffel, Rotem Salz und Balsamico garnieren.

VARIANTE Die Mayonnaise kann auch mit frischen Morcheln zubereitet werden. Flüssigkeitsmenge genau abmessen.

ROTES MEERSALZ Wird vor allem in der traditionellen hawaiianischen Küche verwendet. Aufgrund seines Geschmacks eignet es sich vorzüglich zu Gegrilltem, rohem Fisch und kalten Pilzgerichten.

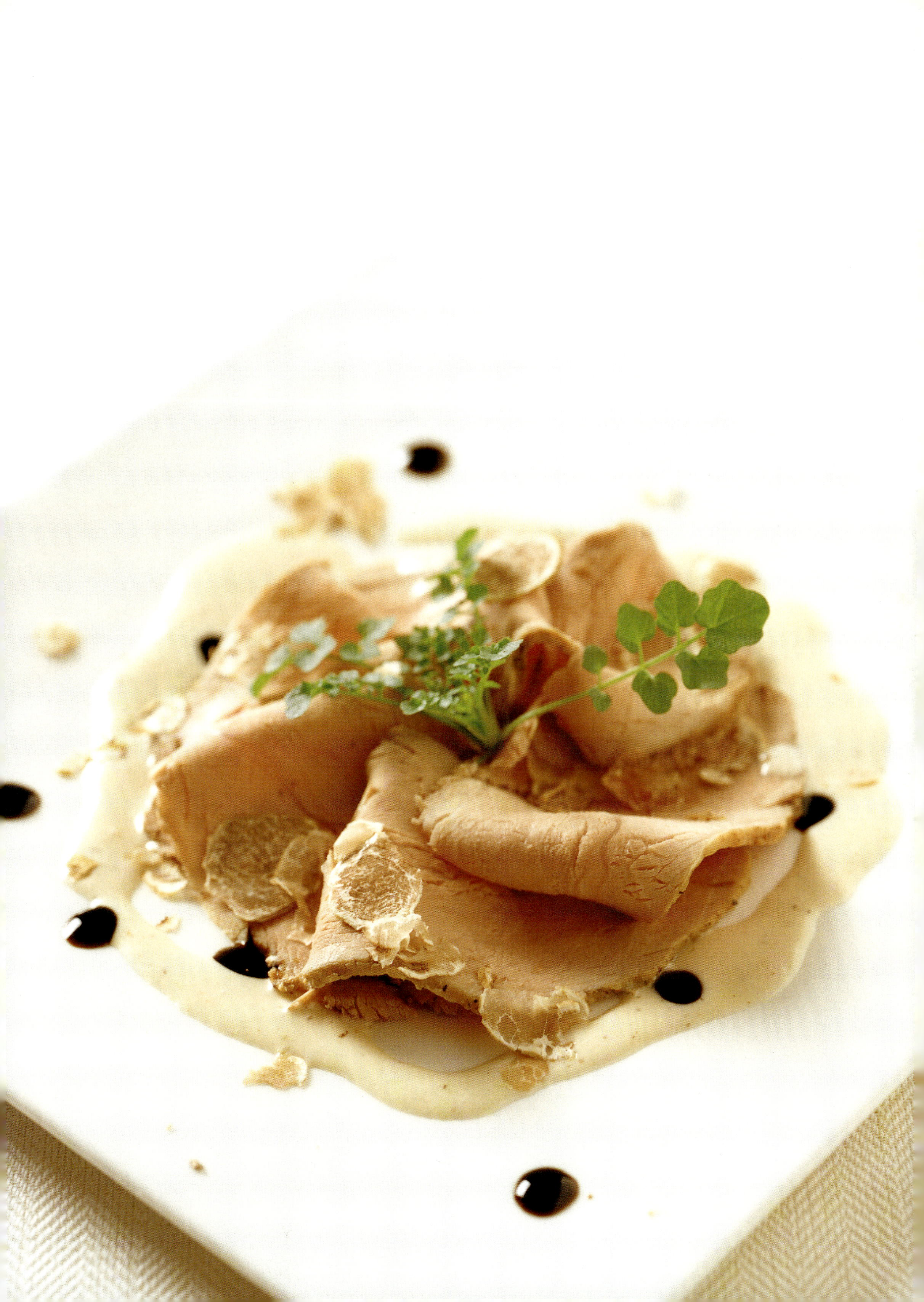

VORSPEISEN

Seeforellencarpaccio mit Pilzen à la grecque

für 12 Personen

FISCHCARPACCIO
1 Seeforelle von mindestens 1½ kg
Fleur de Sel
Schwarzes Meersalz, Seite 128
Zitronenpfeffer
frisch geriebener Ingwer
Meerrettich
Limettenöl (Olivenöl mit 10 % frisch
gepressten Limetten)
Kräuter und Blüten für die Garnitur
(fakultativ)

PILZE À LA GRECQUE
für 4 Personen
½ dl/50 ml Olivenöl extra nativ
1 kleine Zwiebel, fein gehackt
300 g gemischte Pilze

MARINADE
1 Zitrone, Saft
1¼ dl/125 ml Weißwein
10 g Meersalz
10 schwarze Pfefferkörner
1 Thymianzweiglein oder
1 Prise getrockneter Thymian
1 Zweig Fenchelkraut oder
1 Prise Fenchelsamen
wenig frischer Koriander oder
10 Korianderkörner
1 große, reife Tomate, geschält,
entkernt, klein gewürfelt

1 Für den Fischcarpaccio die Forelle filetieren, die Gräten zupfen und die Haut abziehen, die Innereien wegschneiden. Filets zwischen Klarsichtfolien 5–7 mm dünn klopfen. Filets gegengleich, das heißt Kopf und Schwanz auf der gleichen Seite, in Klarsichtfolie legen, würzen mit Fleur de Sel, Schwarzem Meersalz, Zitronenpfeffer, frisch geriebenem Ingwer und Meerrettich sowie Limettenöl. Filets in Längsrichtung aufrollen, satt in Klarsichtfolie einwickeln, damit die «Wurst» zusammenhält. Tiefkühlen.

2 Für die Pilze à la grecque die Zwiebeln im Olivenöl bei schwacher Hitze 10 Minuten dünsten, ohne dass sie Farbe annehmen.

3 Die Zutaten für die Marinade mischen. Pilze ausnahmsweise kurz waschen, mit der Marinade mischen, zu den Zwiebeln geben, bei starker Hitze aufkochen, 1 Minute kochen, zugedeckt rund 3 Minuten ziehen lassen. Abkühlen lassen.

4 Den Fischcarpaccio aus der Folie nehmen, antauen lassen, auf der Aufschnittmaschine in dünne Scheiben schneiden.

5 Fischscheiben anrichten, Pilze in die Mitte geben.

TIPPS Dieses Rezept ergibt etwa 12 Portionen. Es lohnt sich, eine größere Menge zuzubereiten. Eine rotfleischige Zuchtforelle von gleicher Größe eignet sich genauso gut. Die Fischrolle ist im Tiefkühler über 2 Monate haltbar. Der Carpaccio ist eine tolle Vorspeise, wenn unangemeldet Gäste eintreffen! Das gleiche gilt auch für die Pilze. Sie können im Kühlschrank mehr als 1 Woche aufbewahrt werden. Die Pilze lassen sich beliebig variieren, etwa kleine Perlchampignons, diverse Zuchtpilze, kleine Köpfe von Maronenröhrlingen, junge Steinpilze oder sehr kleine feste Schopftintlinge.

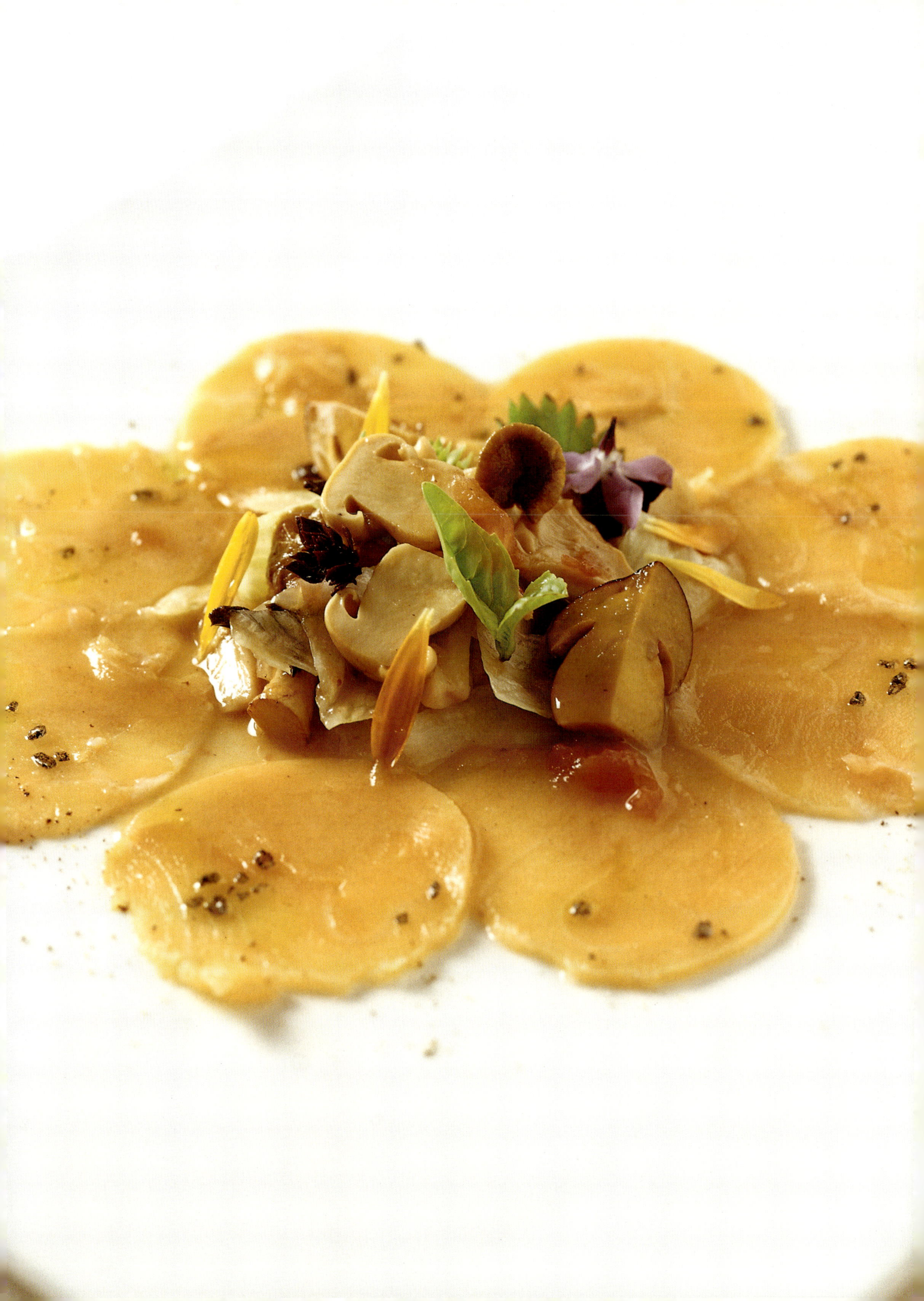

VORSPEISEN

...knackig...

Lauwarmer Salat von Violettem Rötelritterling mit Speck und Brot

für 4-6 Personen

200 g Violetter Rötelritterling

ROTWEINSUD

1½ dl / 150 ml Rotwein von intensiver, kräftiger Farbe (Syrah, Beaujolais nouveau)
½ dl / 50 ml Balsamico
150 g Frühlingszwiebeln, in Ringen
frisch gemahlener Pfeffer
1 TL Fleur de Sel
8 EL Olivenöl extra nativ

200 g Eisbergsalat, in Streifen
50 g Rohessspeck / durchwachsener Speck, in Streifen
1 EL Butter
2 Scheiben Toastbrot

Schnittlauch

1 Violette Rötelritterlinge waschen, in mundgerechte Stücke schneiden. Im Rotweinsud mindestens 3 Minuten kochen.
2 Brot in Stäbchen scheiden, in der Butter rösten.
3 Den Eisbergsalat zu den leicht ausgekühlten Pilzen geben, auf Tellern anrichten. Brot und Speck darüber verteilen. Mit fein geschnittenem Schnittlauch und Schnittlauchhalmen garnieren.

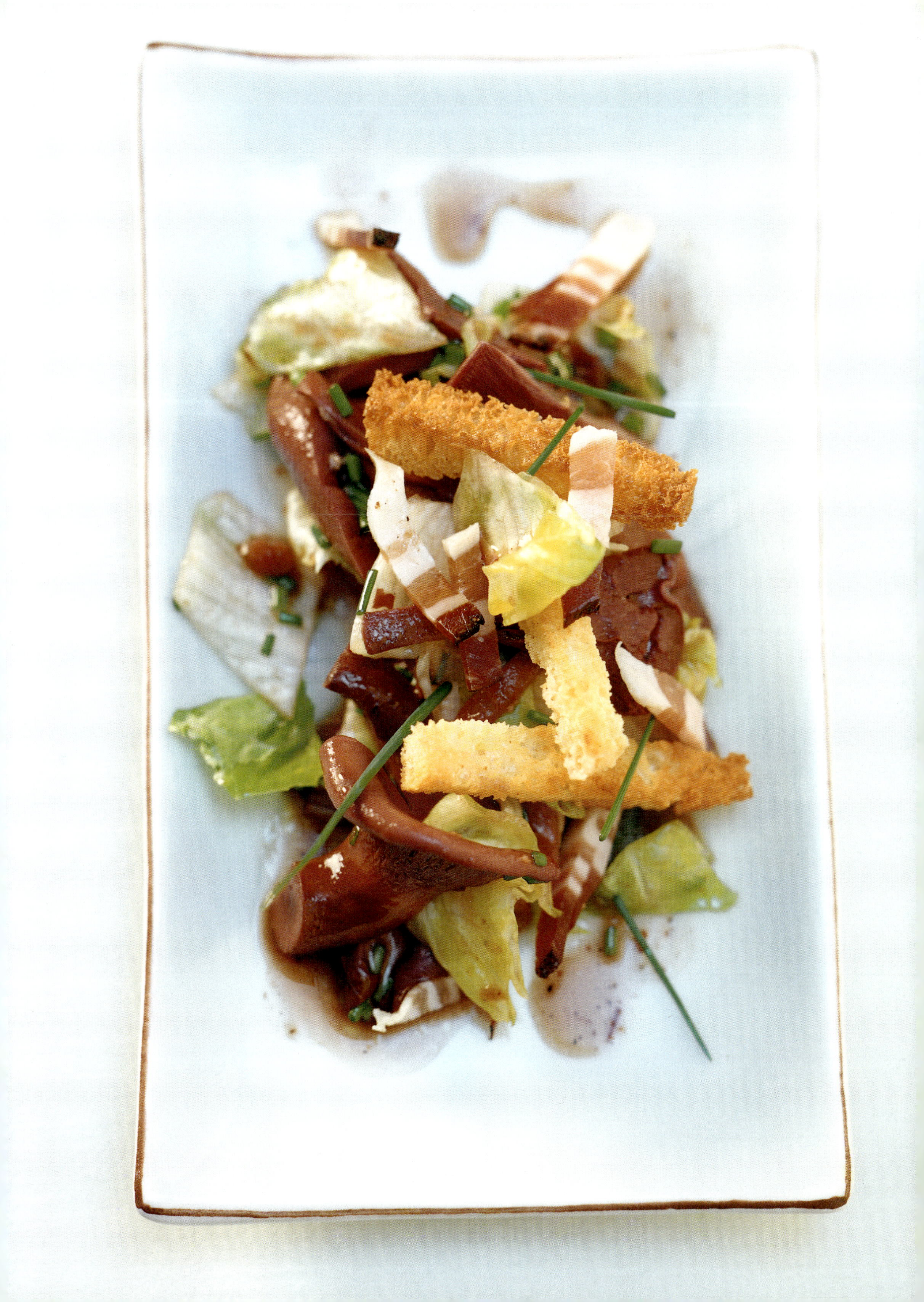

VORSPEISEN

...hauchdünn...

Carpaccio von jungen Steinpilzen

für 4 Personen

4 feste, knackige Steinpilze, je 40–60 g
feines Meersalz
frisch gemahlener Pfeffer
½ Zitrone, Saft
1 dl / 100 ml Olivenöl extra nativ
4 EL Balsamico
1 EL fein geschnittene Kräuter,
z. B. Schnittlauch, Thymian, Oregano,
Basilikum, Sauerklee
4 Portionen bunt gemischter Blattsalat

1 reife Tomate, geschält, entkernt,
klein gewürfelt
Kapuzinerkresseblüten (fakultativ)

1 Die Steinpilze mit einem trockenen Tuch abreiben und Erdreste mit einem Messer entfernen. Die Pilze in möglichst feine Scheiben schneiden.

2 Die Pilzscheiben kreisförmig auf Glastellern oder anderen flachen Tellern anrichten, mit Salz und Pfeffer würzen, mit ein wenig Olivenöl und Zitronensaft beträufeln.

3 Aus restlichem Olivenöl und Balsamico eine Sauce rühren, mit Kräutern und Salat vermengen, anrichten. Mit Tomatenwürfelchen und Blüten garnieren.

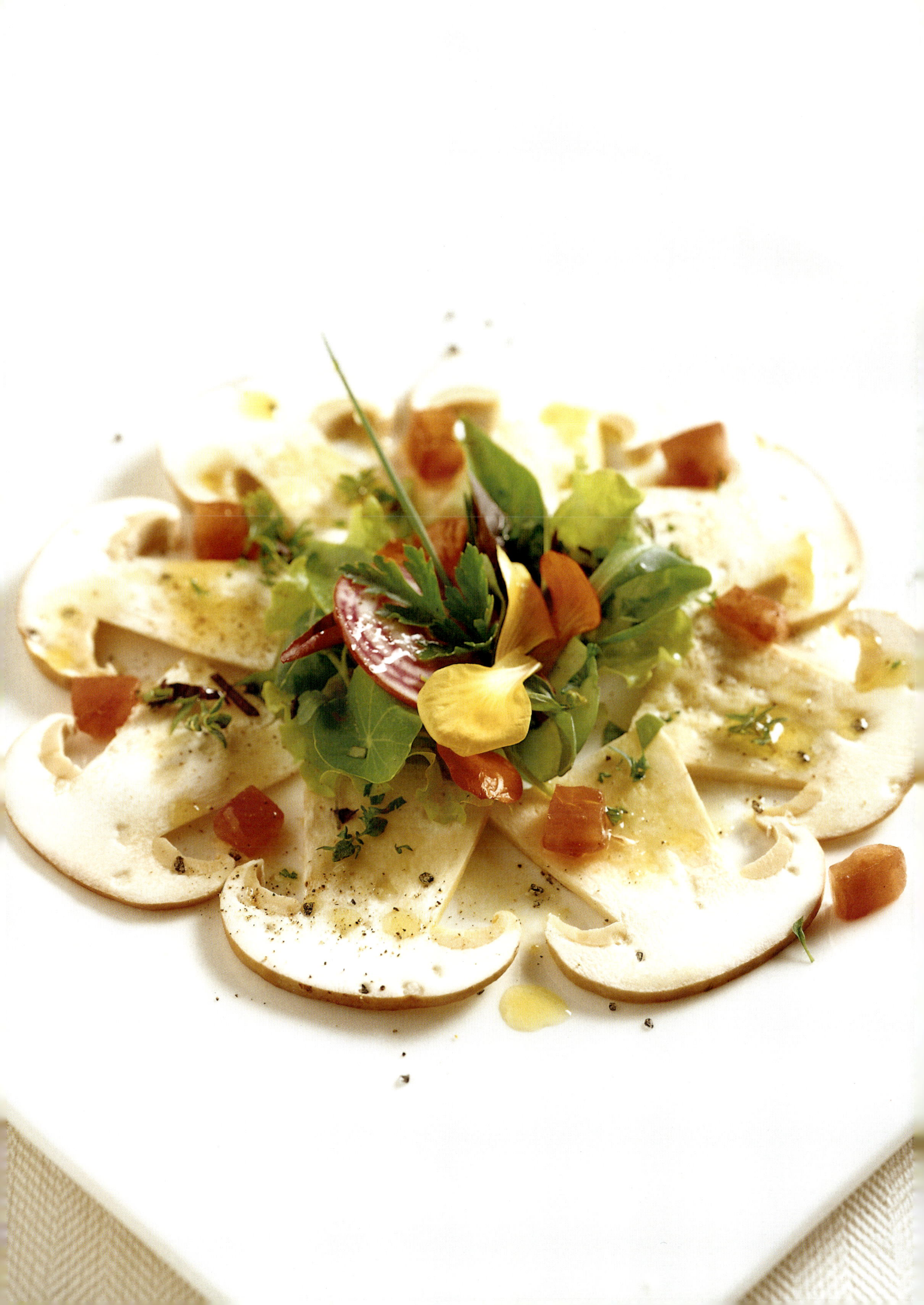

VORSPEISEN

Roh marinierte Kaiserlinge mit Carpaccio von
kurz gebratenem Rehrücken mit Sauerklee

für 4 Personen

160 g Rehrückenfilet
1 EL Fleur de Sel
frisch gemahlener Pfeffer
½ EL schwarze Pfefferkörner,
grob zerdrückt
Olivenöl extra nativ
Haselnussöl
Thymian, Basilikum, Estragon

100 g junge Kaiserlinge
½ Zitrone, Saft
Olivenöl extra nativ

Sauerklee (fakultativ)
Balsamico

1 Das Rehrückenfilet mit Fleur de Sel und Pfefferkörnern bestreuen, mit Klarsichtfolie zudecken, mindestens 5 Stunden in den Kühlschrank stellen. Überflüssiges Salz und Pfefferkörner abreiben. Filet in einer rauchend heißen Bratpfanne ohne Fettstoff rundum etwa 10 Sekunden anbraten. Auf einem Kuchengitter auskühlen lassen. Aus Olivenöl, Haselnussöl und Kräutern eine Vinaigrette rühren, Filet damit einpinseln, in einen Klarsichtbeutel legen und vakuumieren oder den Beutel mit einer Küchenschnur zubinden.

2 Die Kaiserlinge mit einem trockenen Tuch abreiben, Erdreste mit einem kleinen Messer entfernen. Pilze in Spalten schneiden, in einer Schüssel mit dem Zitronensaft und dem Öl vorsichtig mischen, mit Salz und Pfeffer würzen.

3 Die Kaiserlinge auf Tellern anrichten. Das Rehrückenfilet in nicht zu dünne Scheiben schneiden, zwischen die Pilze legen. Garnieren mit Sauerklee und Balsamico.

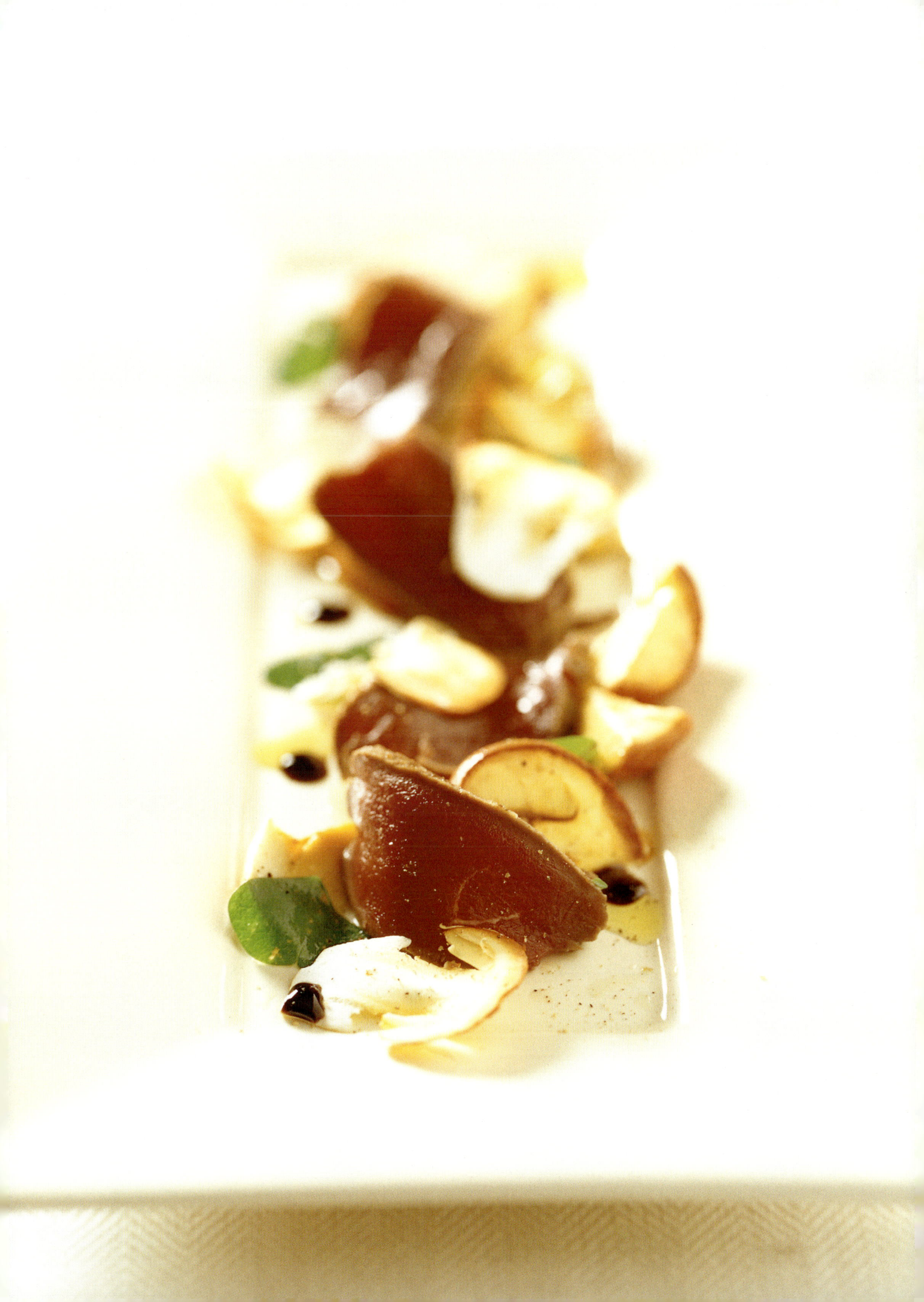

VORSPEISEN

...anders...

Waldpilzsülze mit Totentrompetensenf und Essigpilzen

für 8 Personen
für eine Terrineform von ½ l Inhalt

TOTENTROMPETENSENF
4 EL milder Senf
½ EL Honig
2 EL Totentrompetenpaste, Seite 145

WALDPILZSÜLZE
250 g gemischte Waldpilze
2½ dl/250 ml Pilzessenz, Seite 32
5 Blatt Gelatine

weiche Butter für die Form

Essigpilze, Seite 151
Blattsalat

1 Die Zutaten für den Senf verrühren.
2 Für die Sülze die Terrineform mit der weichen Butter einfetten und mit Klarsicht- oder Alufolie auskleiden. So kann die Terrine später problemlos gestürzt und die Folie entfernt werden.
3 Die Gelatine in kaltem Wasser einweichen.
4 Die Pilze mit einem trockenen Tuch abreiben, Erdreste mit einem kleinen Messer entfernen, Pilze in Streifen schneiden, mit der Pilzessenz aufkochen, 2 Minuten bei schwacher Hitze kochen. Topf von der Wärmequelle nehmen, ausgedrückte Gelatine unterrühren, in die vorbereitete Form füllen. Abkühlen lassen, 3 Stunden oder länger kühl stellen.
5 Terrine aus der Form stürzen, in Scheiben schneiden, auf Teller legen, mit Essigpilzen, Blattsalat und Senf garnieren.

TIPP Gleich eine größere Menge Senf zubereiten. Er ist im Kühlschrank mehrere Wochen haltbar.

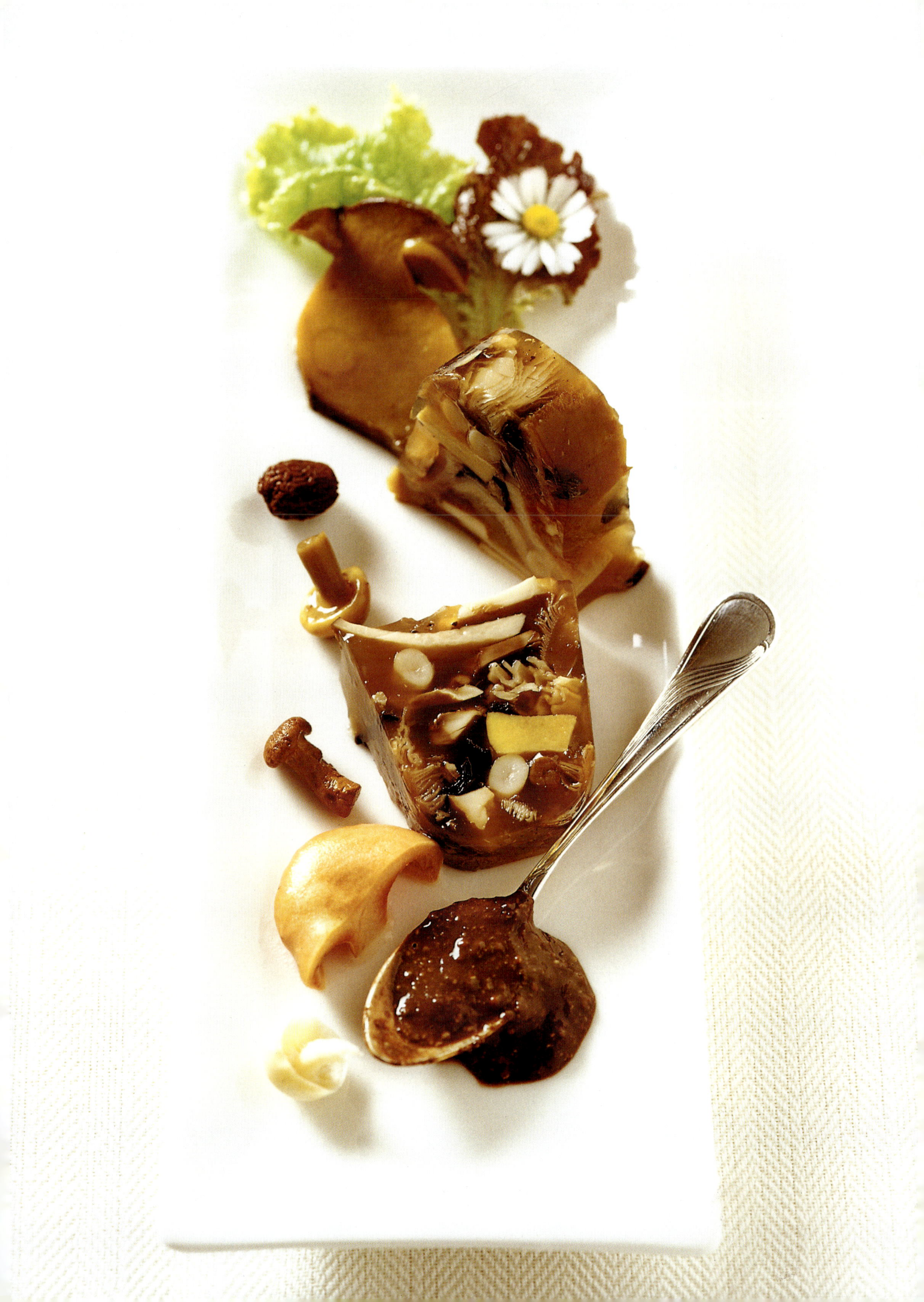

VORSPEISEN

...erfrischend...

Kräuterseitling «Limonello»

für 4 Personen als Vorspeise
für 2 Personen als Mahlzeit

4 dicke Kräuterseitlinge, ca. 160 g
Olivenöl extra nativ
Fleur de Sel
Sauce «Limonello», Seite 139
Crema di Balsamico
Kräuter und Blüten für die Garnitur
frisch gemahlener Pfeffer

1 Die Kräuterseitlinge in 4 bis 5 mm dicke Scheiben schneiden. Im Olivenöl auf jeder Seite etwa 2 Minuten braten, mit Fleur de Sel würzen.

2 Kräuterseitlinge auf Teller legen, mit Limonellosauce beträufeln, mit Crema di Balsamico, Kräutern und Blüten garnieren.

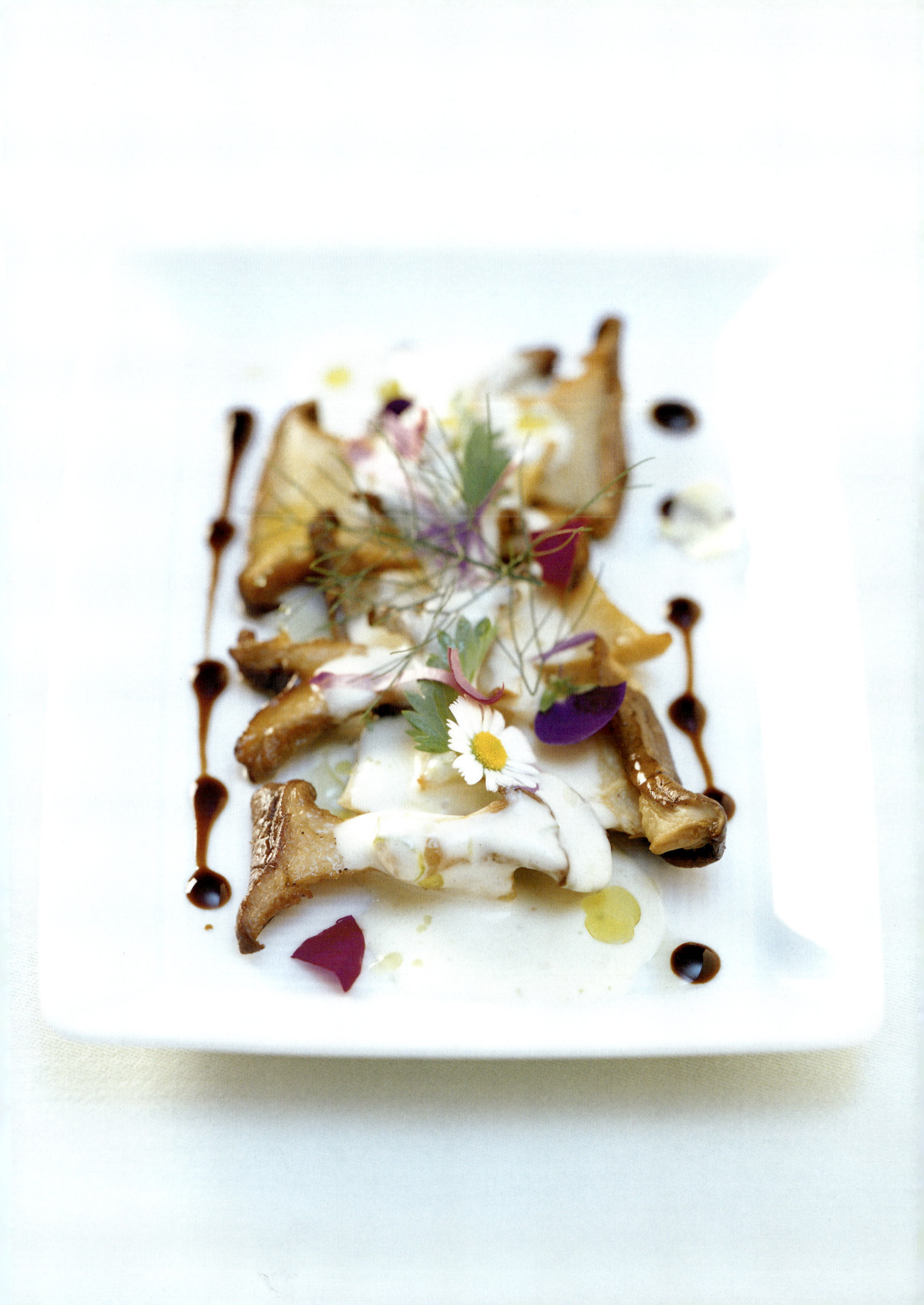

VORSPEISEN

Zarten, jungen Blattspinat als Salat zuzubereiten, und dazu erst noch lauwarm (fatigué = müde) und in Kombination mit warmen Zutaten, war vor 30 Jahren schon fast revolutionär. So habe ich das wenigstens bei den Gebrüdern Troisgros in ihrem Dreisterne-Restaurant in Rouanne (Frankreich) erlebt. Inspiriert von ihrer weltberühmten «salade nouvelle» (gebratene Gänseleber auf jungem Spinat), entstand diese etwas preisgünstigere Variante, die aber auch vorzüglich schmeckt.

Lauwarmer Spinatsalat mit Champignons, Speck und Brotwürfelchen

für 2 Personen als Vorspeise

150 g junger Blattspinat, gewaschen
und trocken geschleudert
100 g frische Zuchtchampignons,
in nicht zu feinen Scheiben
2 Scheiben Toastbrot, klein gewürfelt
1 TL Butter
30 g geräucherter Speck/geräucherter
durchwachsener Speck, in feinen Streifen
2 EL Himbeeressig, Seite 145
1 EL Wasser

VINAIGRETTE

1 EL Weißweinessig
4 EL kalt gepresstes Baumnuss-/
Walnussöl
1 TL milder Senf, Meersalz
frisch gemahlener Pfeffer
1 Schalotte, fein gehackt

1 Für die Vinaigrette Essig, Öl und Senf verrühren, würzen, Schalotten zugeben.
2 Blattspinat und Vinaigrette von Hand mischen, bis die Blätter welken.
3 Die Brotwürfelchen in der Butter goldbraun braten.
4 Den Spinat auf Teller verteilen. Champignons und Brotwürfelchen darüber streuen.
5 Teller für 1 Minute in den auf 250 °C vorgeheizten Ofen schieben.
6 Speckstreifen ohne Fett kräftig braten, mit dem Himbeeressig und dem Wasser ablöschen, mit Flüssigkeit auf dem Spinat anrichten. Sofort servieren.

TIPPS Dieses Rezept ist ideal für zwei Personen, da man im Privathaushalt normalerweise nur 2 Teller aufs Mal in den Ofen schieben kann. Die Champignons können durch feinblättrige rohe Steinpilze oder frische, gebratene Shiitake ausgetauscht werden. Erfahrene Pilzsammler können münzengroße Reizker zusammen mit dem Speck braten und über den Salat verteilen.

Spargelsalat mit Frühlingspilzen

für 4 Personen

8 dicke weiße Spargel
8 dicke grüne Spargel
200 g gemischte Frühlingspilze, z. B. Morcheln,
Mairitterlinge; im Spätfrühling Steinpilze oder
Pfifferlinge/Eierschwämmchen
Blattsalate und Kräuter, für die Garnitur
feines Meersalz
frisch gemahlener Pfeffer
1 dl/100 ml kalt gepresstes Öl mit wenig
Eigengeschmack, z. B. Distel- oder Maiskeimöl
4 EL Balsamico

1 Weißen Spargel schälen, das untere Drittel großzügig, bis alle grobfasrigen Teile entfernt sind, Schnittstelle kürzen. Beim grünen Spargel nur das untere Drittel schälen, Schnittstelle kürzen. Spargel im Salzwasser knackig garen, weißen Spargel 15 bis 20 Minuten, grünen Spargel 5 bis 10 Minuten, mit kaltem Wasser abschrecken. Spargelköpfchen abschneiden, Stangen schräg in 2 cm lange Stücke schneiden.
2 Pilze putzen und in nicht zu kleine Stücke schneiden, 3 Minuten im Salzwasser blanchieren. Steinpilze in Scheiben schneiden, roh oder gebraten verwenden.
3 Die leicht ausgekühlten Pilze mit dem Spargel auf Tellern anrichten. Nach Belieben mit Blattsalat und Kräutern garnieren. Mit Salz und Pfeffer würzen. Essig und Öl darüber träufeln.

TIPP Den Salat zur Abwechslung nur mit einer Pilzsorte zubereiten, z. B. mit Mairitterlingen, Morcheln oder Shimeji. Ein sehr alter, d. h. 10-jähriger Balsamico mit seinem süßlichen Aroma harmoniert besonders gut mit diesem Pilzsalat.

Carpaccio vom Rind mit Trüffeln

für 4 Personen

240 g Rinderfilet/-lende
½ Zitrone, Saft
1 dl/100 ml Olivenöl extra nativ
Meersalz
frisch gemahlener Pfeffer
10–20 g Schwarze oder Weiße Trüffel

1 Das Rinderfilet in möglichst dünne Scheiben schneiden und zwischen zwei Klarsichtfolien dünn klopfen.
2 Die Fleischscheiben auf Tellern anrichten, mit Zitronensaft und Olivenöl beträufeln. Würzen. Mit fein gehobelter Trüffel bestreuen. Mit ofenfrischem Brot servieren.

VARIANTEN Die Trüffel können durch sehr frische, feste Steinpilze oder Champignons (hobeln) ersetzt werden. Ich verwende anstelle des sauren Zitronensaftes gerne gut gelagerten (8–10-jährig) Balsamico. Wenn nicht gerade Trüffelsaison ist, kann man einige Tropfen Öl aus Weißen Trüffeln oder Jus aus Schwarzen Trüffeln nehmen.

TIPP Obwohl üblich, rate ich davon ab, das Fleisch anzufrieren, um es auf der Aufschnittmaschine dünner schneiden zu können. Sehr fein wird das Carpaccio übrigens auch mit Sommerrehfleisch vom Schenkel/von der Keule.

EIERSPEISEN

58 **Trüffel-Spiegelei** mit Kaiserlingen

60 **Pilzköpfchen Royal** mit Schwarzen Trüffeln

62 **Rührei** mit Schwarzen Trüffeln

62 **Omelett** mit Sommerpilzen

63 **Eieromelett** mit Nelkenschwindlingen

63 **Crêpe** mit Pfifferlingen und Semmelstoppelpilzen

EIERSPEISEN

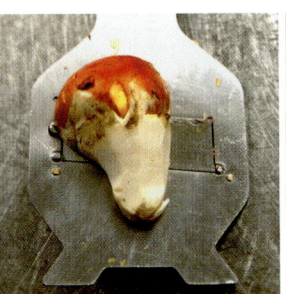

Fernand Point, großer französischer Spitzenkoch und Lehrmeister der späteren Kochlegende Paul Bocuse, soll einmal gesagt haben, dass er einen jungen Koch danach beurteile, wie dieser ein Spiegelei zubereite!

Auch ich bin der Meinung, dass man selbst einfache Gerichte mit großer Sorgfalt zubereiten soll.

Ein Geheimtipp: Legen Sie einige ganz frische Freilandeier zusammen mit frischen Weißen oder Schwarzen Trüffeln in ein gut schließendes Vorratsglas. Die Eier bekommen trotz Schale ein intensives Trüffelaroma an. Bereiten Sie diese Eier nach ein paar Tagen als Spiegelei zu oder kochen Sie 3-Minuten-Eier.

Trüffel-Spiegelei mit Kaiserlingen

für 4 Personen als Vorspeise
für 2 Personen als Mahlzeit

1 EL Butter
4 Trüffel-Freilandeier (siehe oben)
4 kleine Kaiserlinge
Fleur de Sel
frisch gemahlener Pfeffer
Olivenöl extra nativ

1 Den Backofen auf 200 °C vorheizen.

2 Die Kaiserlinge auf dem Trüffelhobel hobeln.

3 Die Butter in einer nicht zu heißen Bratpfanne schmelzen, die Eier aufschlagen und in die Pfanne geben, für kurze Zeit in den vorgeheizten Ofen schieben. Sobald das Eiweiß fest und das Eidotter temperiert ist, Pfanne aus dem Ofen nehmen. Pilze darüber verteilen, mit Fleur de Sel, Pfeffer und ein paar Tropfen Olivenöl würzen.

TIPP Wer die Bratpfanne nicht in den Ofen stellen will oder kann, legt einen Deckel auf die Pfanne. Das Resultat ist in etwa das gleiche.

FLEUR DE SEL «Blume aus Salz». Das teuerste und edelste Meersalz. Es bildet sich nur an heißen Tagen als hauchdünne Schicht an der Wasseroberfläche und wird in Handarbeit mit einer Holzschaufel abgeschöpft. Wird in der Bretagne und in der Camargue und vereinzelt an anderen Orten rund um das Mittelmeer gewonnen. Das Salz kommt unbehandelt in den Handel.

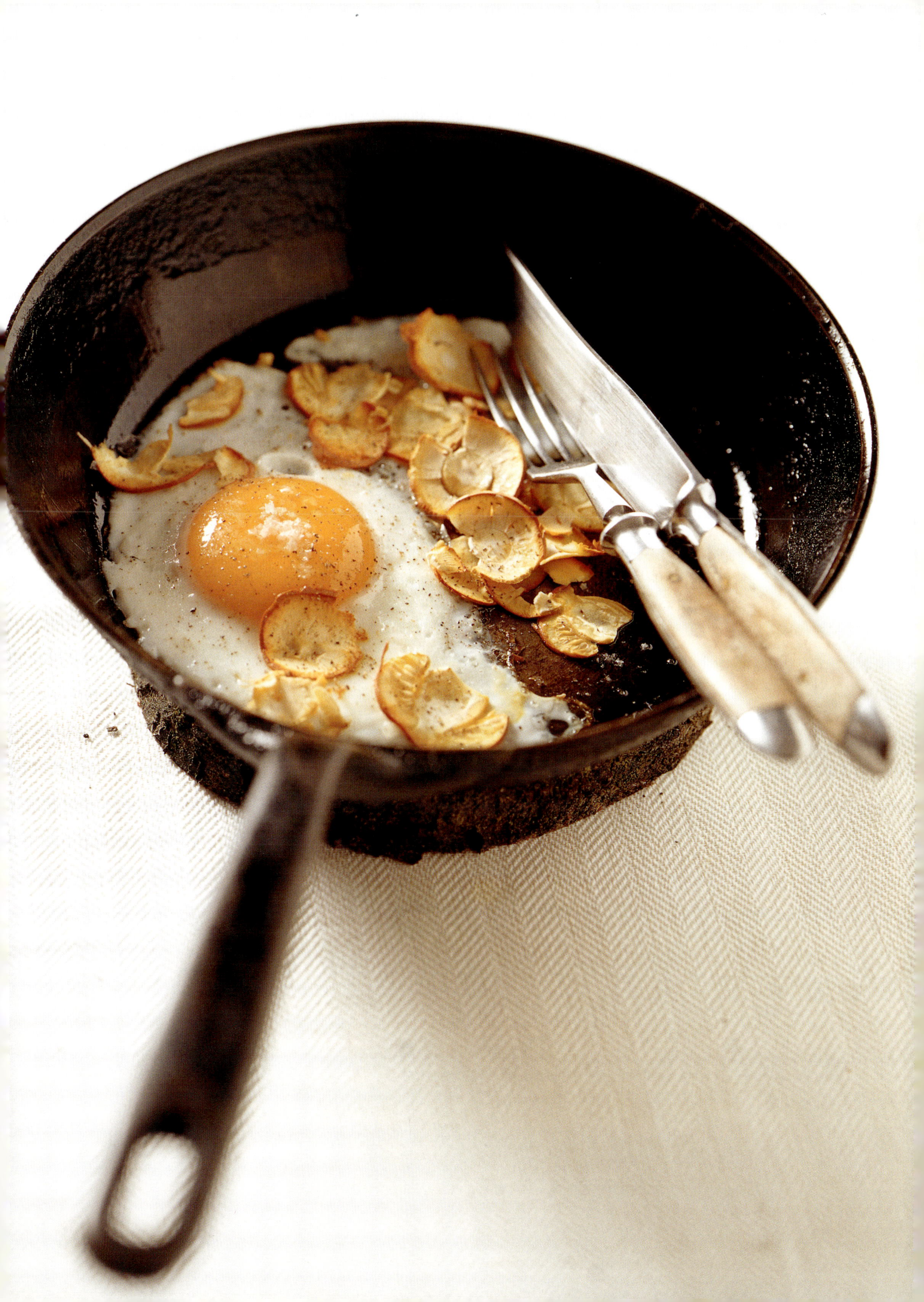

EIERSPEISEN

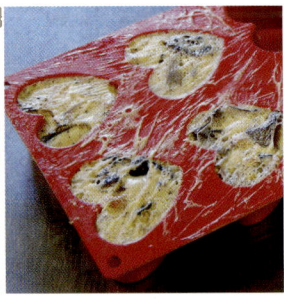

«Royal» steht in diesem Rezept nicht für den königlichen Geschmack (obwohl es dieses Prädikat verdient), sondern für die klassische Zubereitung eines Eierstichs. Das Ei macht die Masse schnittfest. Morcheln, Austernseitlinge, Shimeji/ geselliger Rasling geben dem Köpfchen Volumen, Totentrompeten, Pfifferlinge/Eierschwämmchen und Kaiserlinge sind Farbtupfer und Geschmacksträger. Sowohl farblich wie geschmacklich eine Bereicherung ist der Violette Rötelritterling.

Pilzköpfchen Royal mit Schwarzen Trüffeln

für 4 Personen als Vorspeise
für 4 Porzellanförmchen von
0,8–1 dl/80–100 ml Inhalt
oder eine Silikonform (siehe Bild)

1 EL Bratbutter/Butterschmalz
200 g gemischte Pilze
½ EL in Öl eingelegte Schalotten, Seite 143
1 dl/100 ml Rahm/Sahne
1 TL Pilzsalz, Seite 145
frisch gemahlener Pfeffer
2 Freilandeier
1 Eigelb von einem Freilandei

weiche Butter für die Förmchen

Trüffel für die Garnitur

1 Die Förmchen mit der weichen Butter großzügig einstreichen, damit man die Köpfchen später mühelos stürzen kann.

2 Den Backofen auf 180 °C vorheizen.

3 Eier und Eigelb verquirlen.

4 Pilze putzen, große Pilze in Scheiben schneiden, kleine ganz lassen. Eine Gusseisenpfanne aufheizen, Bratbutter und Pilze gleichzeitig in die Pfanne geben, Pilze kräftig bewegen, unter ständigem Rühren 2 bis 3 Minuten braten, eingelegte Schalotten zugeben, kurz mitdünsten, Rahm unterrühren, würzen, erhitzen. Die Pilzmasse unter kräftigem Schlagen mit dem Schneebesen zur Eimasse geben, in die vorbereiteten Förmchen füllen.

5 Förmchen oder Form in ein Wasserbad stellen; das Wasser soll auf ¾ Förmchenhöhe stehen. In der Mitte in den Ofen schieben. Pilzköpfchen bei 180 °C 40 Minuten pochieren. Oder im Steamer bei 96 % Dampf (ohne Druck) 15 Minuten garen.

6 Die Pilzköpfchen noch warm auf einen Trüffelsaucenspiegel stürzen (Rezept Trüffelsauce, Seite 137), mit gehobelter Trüffel garnieren.

TIPPS Kalt (jedoch nicht direkt aus dem Kühlschrank) schmeckt dieses Köpfchen mit einem knackigen Blattsalat wunderbar. Eine spezielle Vorspeise ist die Kombination von Pilzköpfchen, geräucherter Entenbrust und Butterbrioche. Das Tüpfchen auf dem i ist eine Trüffelmayonnaise, Seite 139, mit getoasteten Briochescheiben.

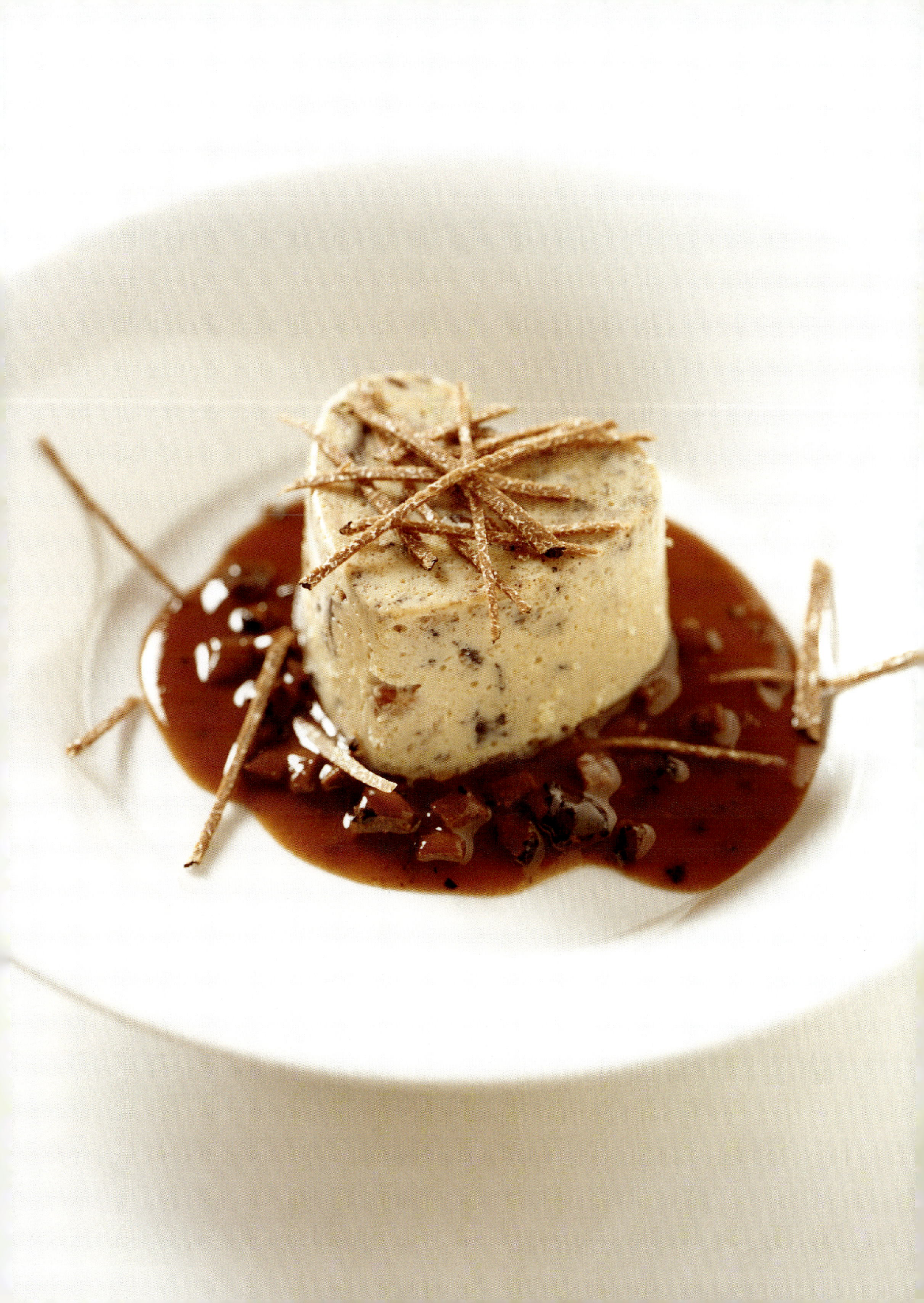

EIERSPEISEN

Wie gut und schmackhaft ein Rührei sein kann, so ganz anders, als wir es vom Frühstück kennen, habe ich bei Raymond Thuillier erfahren, dem leider verstorbenen Meister des Restaurants L'Ousteau de Beaumanière in Les Baux in der Provence. Er servierte das Rührei in der Gemüsebrühetasse, garniert mit einer Scheibe Trüffel und einem Tupfer Schlagrahm, begleitet von einer frisch gebackenen Blätterteigrondelle. Er lehrte uns immer: «C'est une crème et pas une omelette que vous devez préparer».

Rührei mit Schwarzen Trüffeln

für 4 Personen als Vorspeise
für 2 Personen als Mahlzeit

4 Freilandeier, 1 TL weiche Butter
1 EL Trüffeljus, Seite 210, oder Wasser
feines Meersalz, schwarzer Pfeffer
2 EL Trüffelhollandaise, Seite 141, oder
Doppelrahm/Crème double
25 g Schwarze Trüffeln, klein gewürfelt

Eier in einer kalten Sauteuse (Kochtopf mit gewölbtem Boden) aufschlagen. Butter, Trüffeljus und Gewürze zugeben, Eiermasse mit dem Schneebesen bei schwacher Hitze unter ständigem Rühren zu einer cremigen, lockeren Masse rühren. Von der Wärmequelle nehmen. Trüffelhollandaise unter die Eiermasse ziehen, Trüffel zugeben, in vorgewärmten Suppentassen anrichten.

VARIANTE Butterbrioches einen Deckel abschneiden, Gebäck leicht aushöhlen (Reste für Mie de pain verwenden). Die Brioches mit dem Rührei füllen. Auch mit Weißen Trüffeln oder Bianchetti-Trüffeln ist das Rührei ein Genuss.

Bis ich in die Kochlehre kam, bestand für mich ein Omelett aus Mehl, Eiern und Milch (meine Mutter hat sie Amelette genannt). Ob ein Omelett Mehl enthalten darf, weiß ich immer noch nicht. Fest steht, dass man in der Schweiz Omelett sagt, in Deutschland Pfannkuchen und in Österreich Palatschinken.

Omelett mit Sommerpilzen

für 6 bis 10 Omeletts

3 Freilandeier
$3^3/_4$ dl/375 ml Milch
200 g Weißmehl/Mehltype 405
feines Meersalz, frisch gemahlener Pfeffer

50 g Butter
400 g gemischte Sommer- oder Zuchtpilze,
z. B. Nelkenschwindlinge, Rotfußröhrlinge,
Perlpilze, Flockenstielige Hexenröhrlinge oder
Sommersteinpilze, klein geschnitten
1 TL Pilzpulver, Seite 152

Bratbutter/Butterschmalz

1 Eier, Milch und Mehl glatt rühren, mit Salz und Pfeffer würzen. Teig 30 Minuten ruhen lassen.
2 Pilze würzen. Eine Bratpfanne aufheizen, Butter und Pilze gleichzeitig in die Pfanne geben, kurz braten, abkühlen lassen, unter den Teig rühren.
3 Backofen auf 140 °C vorheizen.
4 Aus der Teigmasse in wenig Bratbutter Omeletts braten. Zweimal falten oder rollen, im Ofen warm stellen.

VARIANTE Omeletts vor dem Einrollen mit Champignonduxelles, Seite 153, einstreichen, in eine mit Butter eingefettete Gratinform legen. Mit einer dünnflüssigen Béchamelsauce überziehen und wenig Reibkäse darüber streuen. Im vorgeheizten Ofen bei 250 °C 10 Minuten überbacken.

Eieromelett
mit Nelkenschwindlingen

für 4 Personen als Vorspeise
für 2 Personen als Mahlzeit

200 g Nelkenschwindlinge, ohne Stiel, geputzt
1 EL Butter oder Olivenöl extra nativ
1 EL in Öl eingelegte Schalotten, Seite 143
2 Knoblauchzehen, halbiert, Keimling entfernt,
Zehen durchgepresst
4 Freilandeier
Pilzsalz, Seite 145; frisch gemahlener Pfeffer
1 Prise Nelkenschwindlingspulver, Seite 152

1 Eier verquirlen, würzen mit Pilzsalz/-pulver und Pfeffer.
2 Pilze, Butter, Schalotten sowie Knoblauch in einer großen, nicht klebenden Bratpfanne kurz braten. Verquirlte Eier zugeben, solange die Eimasse noch formbar ist, mit der Holzkelle ein längliches Omelett formen. Auf eine vorgewärmte Platte stürzen.

WICHTIG Das Omelett soll innen noch ein wenig flüssig, also nicht durchgebacken sein.

VARIANTEN Für das Eieromelett eignen sich auch Mairitterlinge und Morcheln. Servieren Sie an heißen Sommertagen dieses Rezept als «omelette espagnole», d. h. als flachen Eierkuchen lauwarm bis ausgekühlt (aber nicht aus dem Kühlschrank) zusammen mit einem Salat aus erntefrischen Tomaten, aromatisiert mit frischem Basilikum.

Crêpe mit Pfifferlingen und Semmelstoppelpilzen

für 4 Crêpes von 15 cm Durchmesser

TEIG
1 Freilandei
40 g Weißmehl/Mehltype 405
1 dl/100 ml Milch
feines Meersalz, frisch gemahlener Pfeffer
10 g flüssige Butter

FÜLLUNG
200 g Semmelstoppelpilze, in feinen Scheiben
200 g Pfifferlinge/Eierschwämme, in Scheiben
Pilzsalz, Seite 145; frisch gemahlener Pfeffer
1 EL Butter
1 EL in Öl eingelegte Schalotten, Seite 143
1 dl/100 ml Weißwein
1½ dl/150 ml Rahm/Sahne
½ EL fein geschnittener Schnittlauch

1 Für den Teig Ei und Mehl glatt rühren, Milch nach und nach zugeben, zu einem glatten, flüssigen Teig rühren, würzen, flüssige Butter unmittelbar vor dem Backen unterrühren (wenn der Teig Butter enthält, muss die Pfanne nicht eingeölt werden).
2 Backofen auf 100 °C vorheizen. Teller warm stellen.
3 Eine beschichtete Bratpfanne oder eine kleine Crêpepfanne aufheizen. Wenig Teig hineingeben, Pfanne so bewegen, dass sich der Teig gleichmäßig und dünn verteilt. Crêpe beidseitig kurz backen. Auf dem vorgewärmten Teller stapeln. Zugedeckt warm stellen.
4 Pilze waschen (ist bei dieser Zubereitungsart für einmal erlaubt), würzen. Brat- oder Crêpepfanne nochmals aufheizen, Pilze, Butter sowie Schalotten gleichzeitig zugeben, bei starker Hitze kräftig dünsten, mit Wein ablöschen, Rahm zugeben, die Sauce auf die gewünschte Konsistenz einkochen, Schnittlauch unterrühren.
5 Warme Crêpes auf vorgewärmten Tellern anrichten, Pilzsauce darauf verteilen, einschlagen. Sofort servieren.

NUDELN

66	Nudelteig – Grundrezept
66	Bärlauchnudeln mit Morcheln
67	Totentrompeten-Nudelteig
67	Tomaten-Nudelteig
68	Spaghetti mit Totentrompeten
68	Steinpilznudeln mit gebratenen Sommersteinpilzen
69	Riesenravioli mit Maronenröhrlingen
69	Tagliarini mit weißen Trüffeln
70	Totentrompeten-Ravioli mit Pfifferlingen
72	«Ghackets» mit Hörnli und Pilzen
74	Quarkspätzle
74	Haselnuss-Spätzle
75	Gnocchi
75	Basilikum-Gnocchi

NUDELN

Während man in Deutschland nur von Nudeln spricht und in Frankreich von «nouilles», hat man in Italien für jede Teigwarensorte einen Namen und auch bevorzugte Zubereitungsarten. Kenner wählen eine bestimmte Sorte niemals zufällig. Je nachdem wählt man eine Art, an der die Sauce gut haftet oder in deren Hohlräumen sich kleine Ragù-Stückchen festsetzen können (normale Spaghetti oder gerillte Penne beispielsweise). Für feine Saucen auf Butter- und Rahmbasis eignen sich feine Nudeln. Die Sauce bestimmt also die Teigwarensorte.

Nudelteig – Grundrezept

für 380–400 g Nudeln
für 5–6 Portionen als Beilage
für 3–4 Portionen als Mahlzeit,
in Kombination mit Pilzen

250 g Hartweizendunst
2 große Freilandeier
½ EL Olivenöl extra nativ
1 TL feines Meersalz

1 Hartweizendunst in eine große Schüssel geben oder auf die Arbeitsfläche häufen, eine Vertiefung drücken, Eier, Öl und Salz hineingeben, Mehl und Flüssigkeit mit einer Gabel mischen, dabei immer größere Kreise ziehen, das Gemisch mit den Händen zu einem Teig zusammenfügen, gut kneten.
2 Den Teig in einen Plastikbeutel legen, mindestens 30 Minuten bei Zimmertemperatur ruhen lassen.
3 Teig mit der Nudelmaschine oder von Hand auf leicht bemehlter Arbeitsfläche dünn ausrollen. Schmale, spaghetti-ähnliche Nudeln schneiden. 1 Stunde ruhen lassen. Nudeln in reichlich Salzwasser al dente garen. Abgießen.

Bärlauchnudeln mit Morcheln

für 4 Personen als Vorspeise
für 2 Personen als Mahlzeit

NUDELTEIG

250 g Hartweizendunst
2 große Freilandeier
20 g Bärlauchpaste, Seite 144

50 g Butter, 1 dl/100 ml Rahm/Sahne
4 kleine Bärlauchblätter, in Streifen
1 TL Bärlauchpaste, Seite 144
200 g Morcheln, längs halbiert, gewaschen
1 EL in Öl eingelegte Schalotten, Seite 143
feines Meersalz, frisch gemahlener Pfeffer

1 Nudelteig: Grundrezept, nebenan
2 Teig mit der Nudelmaschine oder von Hand auf leicht bemehlter Arbeitsfläche dünn ausrollen. Schmale, spaghetti-ähnliche Nudeln schneiden. 1 Stunde ruhen lassen. Nudeln in reichlich Salzwasser al dente garen. Abgießen.
3 Die Hälfte der Butter, Rahm, Bärlauch und Bärlauchpaste erwärmen, Nudeln zugeben, sorgfältig mischen, mit Salz und Pfeffer abschmecken.
4 Bratpfanne oder beschichtete Pfanne aufheizen, restliche Butter, Morcheln und Schalotten gleichzeitig in die Pfanne geben, 2 bis 3 Minuten dünsten.
5 Bärlauchnudeln anrichten. Morcheln darauf verteilen.

...knallig...

Totentrompeten-Nudelteig

für 4 Personen als Vorspeise
für 2 Personen als Mahlzeit

250 g Hartweizendunst
40 g Totentrompetenpulver, Seite 152
1 EL Trüffelöl oder Olivenöl extra nativ
½ dl/50 ml Wasser
1 großes Freilandei
½ TL feines Meersalz

ZUBEREITUNG Nudelteig – Grundrezept, Seite 66
VARIANTE Totentrompetenpulver, Öl, Wasser und Salz durch 50 g Totentrompetenpaste ersetzen.
TIPP Wenn man den Teig vakuumiert und über Nacht kühl stellt, wird die schwarze Farbe noch viel intensiver.

Tomaten-Nudelteig

für 4 Personen als Vorspeise
für 2 Personen als Mahlzeit

250 g Hartweizendunst
50 g Tomatenkonzentrat
1 EL Basilikum-Olivenöl oder
Olivenöl extra nativ
1 großes Freilandei
½ TL feines Meersalz

ZUBEREITUNG Nudelteig – Grundrezept, Seite 66

NUDELN

Einfach und rasch zubereitet ist dieses feine Spaghetti-Gericht, für das sich selbstverständlich auch andere Pilzsorten und Teigwaren eignen.

Spaghetti mit Totentrompeten

für 4 Personen als Vorspeise
für 2 Personen als Mahlzeit

200 g hausgemachte Spaghetti,
«Nudelteig», Seite 66

200 g frische oder
30 g getrocknete Totentrompeten
50 g Butter
2 EL in Öl gedünstete Schalotten, Seite 143
½ dl/50 ml Weißwein, 1 dl/100 ml Rahm/Sahne
Pilzsalz, Seite 145; frisch gemahlener Pfeffer

1 Bei frischen Totentrompeten Stielende wegschneiden, Pilze längs halbieren, damit Sand und Erde besser ausgewaschen werden können. Gewaschene Pilze gut ausdrücken. Getrocknete Pilze mindestens 1 Stunde in kaltem Wasser einweichen. Einweichwasser durch einen Papier-Kaffeefilter oder ein feines Sieb gießen, um Erde und Sand aufzufangen. Pilze unter fließendem Wasser waschen.
2 Spaghetti in einem großen Topf in viel Salzwasser al dente kochen, abgießen.
3 Einige Pilze auf die Seite legen, Rest grob hacken.
4 Pilze mit Butter und Schalotten in eine rauchendheiße Bratpfanne geben, andünsten, mit Weißwein und Rahm ablöschen (bei Trockenpilzen zusätzlich 1 dl/100 ml Einweichwasser), auf die gewünsche Konsistenz einkochen lassen, Spaghetti und restliche Totentrompeten zur Sauce geben, vermengen, aufkochen, würzen, in vorgewärmten Suppentellern anrichten.

Steinpilznudeln
mit gebratenen Sommersteinpilzen

für 4 Personen als Vorspeise
für 2 Personen als Mahlzeit

NUDELTEIG
250 g Hartweizendunst
25 g Steinpilzpulver, Seite 152
2 große Freilandeier
½ EL Haselnussöl oder Olivenöl extra nativ
1 TL feines Meersalz

60 g Butter

4 große Steinpilze, in 1 cm dicken Scheiben
2–3 EL Olivenöl extra nativ
feines Meersalz, frisch gemahlener Pfeffer

1 Nudelteig – Grundrezept, Seite 66
2 Steinpilznudeln in reichlich Salzwasser al dente kochen, abgießen. Mit der Butter vermengen.
3 Steinpilze und Olivenöl in eine rauchendheiße Bratpfanne geben, beidseitig braten, mit Salz und Pfeffer würzen.
4 Steinpilznudeln in vorgewärmten Tellern/Suppentellern anrichten, Steinpilze darauf legen.

VARIANTE Steinpilz- durch Waldpilzpulver oder Nelkenschwindlingspulver, Seite 152, ersetzen.

Riesenravioli
mit Maronenröhrlingen

für 8 Personen als Vorspeise
für 4 Personen als Mahlzeit

RAVIOLITEIG
425 g Hartweizendunst
1 EL Olivenöl extra nativ
½ dl/50 ml Wasser
2 große Freilandeier
1½ TL feines Meersalz

1 Portion Champignonduxelles, Seite 153
150 g Mie de pain, Seite 143
400 g Maronenröhrlinge, ohne Stiele, in Scheiben
100 g Butter

1 Teig zubereiten: siehe Grundrezept Nudelteig, Seite 66.
2 Ravioliteig mit dem Nudelholz auf leicht bemehlter Arbeitsfläche oder mit der Nudelmaschine möglichst dünn ausrollen. 16 Ringe von 12 cm Durchmesser ausstechen.
3 Champignonduxelles und Mie de pain mischen. Füllung in die Mitte von 8 Teigrondellen verteilen. Ränder mit Wasser befeuchten (siehe auch Tipps, Seite 70). Zweite Teigrondelle darauf legen. Rand mit dem Daumen 1 cm breit gut andrücken. Die Ravioli auf ein leicht bemehltes Backpapier legen.
4 In einem großen Topf reichlich Salzwasser aufkochen, Ravioli hineingeben, nochmals aufkochen. Kochtopf von der Wärmequelle nehmen. Ravioli zugedeckt 6 Minuten ziehen lassen. Mit einer Schaumkelle vorsichtig aus dem Wasser nehmen, auf ein geöltes Blech legen. Mit Alufolie zudecken. Warm stellen.
5 Maronenröhrlinge und Butter in einer rauchendheißen Bratpfanne braten.
6 Riesenravioli auf vorgewärmten Tellern anrichten. Pilze samt Butter darüber verteilen.

Obwohl dieses Rezept nicht meine Schöpfung ist, darf es in diesem Pilzkochbuch keinesfalls fehlen. Dieses Nudelgericht hat in Italien, besonders aber im Piemont, eine lange Tradition. Jedes Jahr belagern Tausende von Trüffelfans die Gaststätten rund um Alba. Sie können sich die weite Reise sparen: hier ist das Rezept!

Tagliarini mit Weißen Trüffeln

für 4 Personen als Vorspeise
für 2 Personen als Mahlzeit

200 g hausgemachte Nudeln, ca. 2 mm breit, «Nudelteig», Seite 66
80 g Butter
50 g alter Parmesan, gerieben
feines Meersalz
frisch gemahlener Pfeffer
2–3 Tropfen Weißes Trüffelöl, nach Belieben
1 kleine Weiße Trüffel

1 Nudeln in einem großen Kochtopf in viel Salzwasser al dente kochen, abgießen.
2 Nudeln mit Butter und Käse mischen, würzen, mit dem Trüffelöl abschmecken. In vorgewärmten Suppentellern anrichten, Trüffel darüber hobeln.

NUDELGRICHTE

Totentrompeten-Ravioli mit Pfifferlingen

für 4 Personen als Vorspeise
für 2 Personen als Mahlzeit

200 g Ravioliteig, Seite 69

FÜLLUNG
1 EL in Öl eingelegte Schalotten, Seite 143
50 g Totentrompeten, grob gehackt
1 EL Champignonduxelles, Seite 153
1 EL Mie de pain, Seite 143
Meersalz
frisch gemahlener Pfeffer

100 g Pfifferlinge/Eierschwämmchen
und Trompetenpfifferlinge
1 EL Butter
Thymian für die Garnitur

1 Totentrompeten mit den Schalotten andünsten, Duxelles und Mie de pain zugeben, abschmecken.
2 Ravioliteig mit dem Nudelholz auf leicht bemehlter Arbeitsfläche oder mit der Nudelmaschine möglichst dünn ausrollen. Rondellen von etwa 8 cm Durchmesser ausstechen.
3 Die Pilzfüllung in einen Spritzbeutel mit runder Tülle füllen, auf die eine Hälfte der Rondelle geben. Den Rand mit Wasser anfeuchten. Teigrondelle zusammenklappen. Gut andrücken. Bis zur Verwendung auf ein bemehltes Backpapier legen. 1 Stunde ruhen lassen.
4 Reichlich Salzwasser aufkochen. Ravioli zugeben, noch einmal aufkochen. Den Topf von der Wärmequelle nehmen, Ravioli zugedeckt 3 bis 4 Minuten ziehen lassen.
5 Eine Bratpfanne oder eine beschichtete Pfanne aufheizen, Pilze und Butter gleichzeitig in die Pfanne geben, Pilze andünsten.
6 Pilze auf vorgewärmten Tellern anrichten, Ravioli mit der Schaumkelle aus dem Kochwasser nehmen, gut abtropfen lassen, auf den Pilzen anrichten, mit wenig Thymian garnieren.

Tipps Zum Befeuchten der Ravioliränder nimmt man am besten eine Sprühflasche, wie man sie zum Besprühen von Pflanzen oder der Wäsche braucht. Sollten die Ravioli trotz bemehltem Backpapier kleben, gibt man sie mit dem Papier ins kochende Salzwasser. Die Ravioli lösen sich im Nu. Die Ravioli können gut tiefgekühlt werden. Gefrorene Ravioli direkt ins kochende Salzwasser geben, eine Minute länger ziehen lassen. Aus den Teigresten Nudeln schneiden.

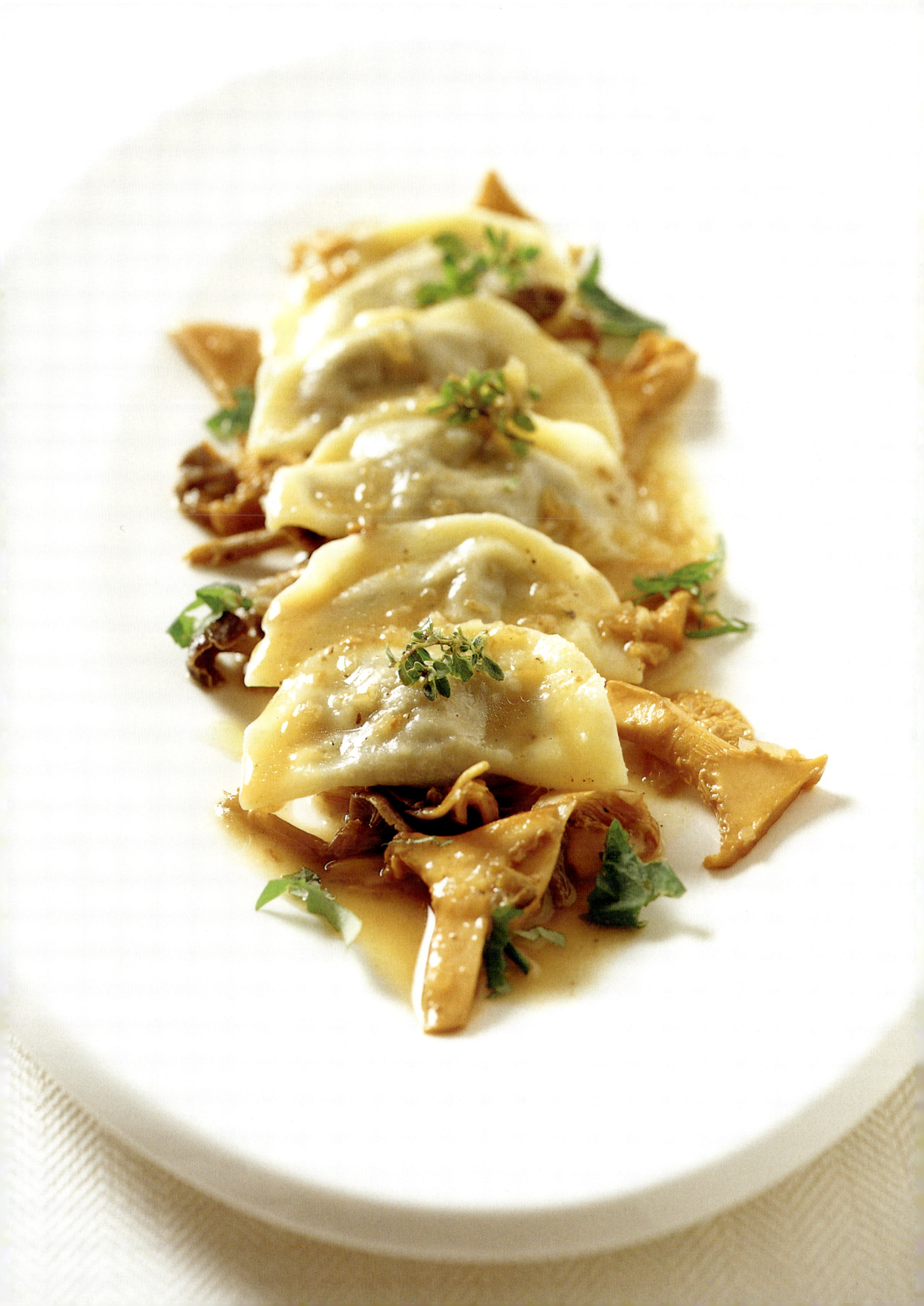

NUDELN

Ein traditionelles Schweizer Gericht. Dafür den treffenden hochdeutschen Ausdruck zu finden, fällt schwer. Aber es kommt ja schließlich auch niemand auf die Idee, Rösti, Ratatouille oder Pizza zu «übersetzen». «Hörnli» steht für 2 bis 3 cm lange, gebogene Hohlnudeln (ähnlich den Tortiglioni) und «Ghackets» für gehacktes Rind- und Schweinefleisch. Für mich sind «Hörnli und Ghackets» eine der Schweizer Spezialitäten, die auch kulinarisch zu gefallen wissen. Leider schenkt man gerade einfachen Gerichten bei der Zubereitung nicht immer die nötige Aufmerksamkeit. Schade. Ich bin mit diesem Gericht aufgewachsen, und meine Mutter wusste es wie keine zweite zuzubereiten. Auch reicherte sie es immer mit einigen Champignons oder Pfifferlingen/Eierschwämmchen an, was zu jener Zeit eher unüblich war.

«Ghackets» mit Hörnli und Pilzen

für 8 bis 10 Personen als Mahlzeit

500 g kurze, gebogene Hohlnudeln (Hörnli)

2 EL Butter
150 g Zwiebeln, fein gehackt
2 Knoblauchzehen, halbiert, Keimling entfernt, Zehe durchgepresst
wenig frischer Thymian
10 g getrocknete Totentrompeten
300 g gemischte Pilze, gebraten, Seite 78 (Punkt 2)
2 dl/200 ml Weißwein
2 dl/200 ml Wasser oder Pilzessenz, Seite 32
1 dl/100 ml Einweichwasser der Totentrompeten oder Wasser
1 EL Bratbutter/Butterschmalz
300 g gemischtes Hackfleisch
1 EL milde Currymischung
½ EL Pilzpulver, Seite 152
feines Meersalz, frisch gemahlener Pfeffer
1 EL Mehl

50 g Emmentaler Käse, frisch gerieben

1 Getrocknete Totentrompeten 20 Minuten in lauwarmem Wasser einweichen. Pilze längs aufschneiden, unter fließendem Wasser waschen, damit die Erdrückstände rund um den Stielansatz ausgeschwemmt werden. Dieser Arbeitsgang entfällt, wenn die Totentrompeten, wie auf Seite 149 beschrieben, getrocknet worden sind.

2 Zwiebeln, Knoblauch und Thymian in einem großen Topf in der Butter etwa 10 Minuten dünsten – der Topfinhalt darf nicht braun werden –, Totentrompeten und gebratene Pilze zugeben und bei starker Hitze unter ständigem Rühren 2 bis 3 Minuten dünsten, mit dem Weißwein ablöschen, Wasser oder Pilzessenz und gesiebtes Pilzeinweichwasser zugeben.

3 Hackfleisch mit der Bratbutter in eine große, rauchendheiße Bratpfanne geben und anbraten, mit Curry, Pilzpulver, Salz und Pfeffer würzen, mit dem Schneebesen rühren, damit das Fleisch auseinander fällt, mit Mehl bestäuben. Sobald sich das Hackfleisch vom Bratpfannenboden löst, zu den Pilzen geben, 10 bis 15 Minuten köcheln.

4 Die Teigwaren in reichlich Salzwasser al dente kochen, abgießen, zur Fleisch-Pilz-Mischung geben, vermengen. «Ghackets und Hörnli» sofort servieren. Emmentaler Käse separat servieren.

Variante Geschmolzener Emmentaler Käse zieht wunderbare Fäden. Vielleicht ist das aber nicht nach jedermanns Geschmack. In diesem Fall bieten sich als Ersatz Parmesan oder Sbrinz an.

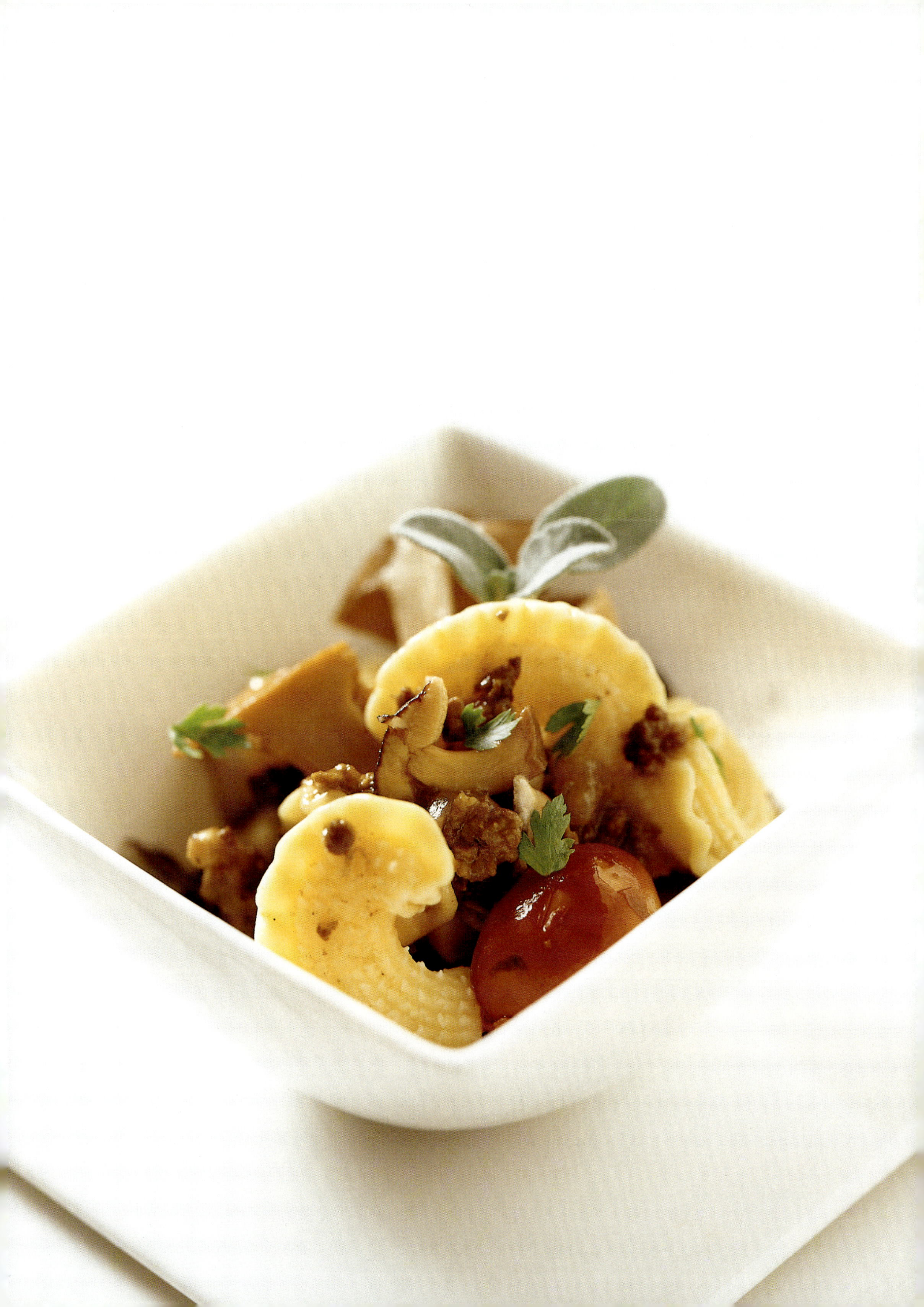

NUDELN

...schaben...

Quarkspätzle

für 4 Personen als Vorspeise
für 2 Personen als Mahlzeit

200 g Magerquark
1 Eigelb von einem Freilandei
1 Freilandei
2 EL Rahm/Sahne
200 g Hartweizendunst

½ TL Meersalz

1 Alle Zutaten zu einem geschmeidigen Teig rühren. Mindestens 30 Minuten zugedeckt ruhen lassen.
2 In einem großen Kochtopf reichlich Salzwasser erhitzen. Teig in Portionen auf ein Holzbrett geben und Spätzle ins Kochwasser schaben oder den Teig durch ein Lochsieb streichen. Spätzle steigen lassen. Mit der Schaumkelle herausnehmen. Mit wenig Butter mischen oder in der Butter braten.

TIPP Die Spätzle können tiefgekühlt werden. In diesem Fall eine größere Teigmenge (z. B. die 5-fache Menge) herstellen. Die gekochten Spätzle laufend in kaltem Wasser abkühlen. Dies bewirkt, dass sie fest werden und nicht zusammenkleben. Spätzle abtropfen und trocknen lassen. In Portionen tiefkühlen.

Haselnuss-Spätzle

1 Portion Quarkspätzleteig, nebenan

Rahm/Sahne durch Haselnussöl ersetzen
2–3 EL grob zerdrückte Haselnüsse

Spätzle zubereiten: siehe nebenan. Mit den zerdrückten Haselnüssen braten.

Gnocchi

für 8 Personen als Vorspeise
für 4 Personen als Mahlzeit

1½ dl / 150 ml Wasser
50 g Butter
½ TL Salz
150 g Weißmehl / Mehltype 405
2 große Freilandeier (ca. 60 g ohne Schale)

1 Das Wasser mit der Butter und dem Salz aufkochen, das Mehl im Sturz beigeben, mit einer Holzkelle rühren, bis man einen Teigkloß (Brandteig) hat. Die Masse leicht auskühlen lassen. Verquirlte Eier nach und nach zugeben, glatt rühren.
2 In einem großen Topf reichlich Salzwasser aufkochen. Den Teig in einen Spritzbeutel mit runder Tülle füllen, etwa 1 cm lange «Würstchen» (mit einem kleinen Messer abschneiden) direkt ins leicht kochende Salzwasser spritzen. Wenn die Gnocchi steigen, Topf von der Wärmequelle nehmen, 3 Minuten ziehen lassen. Mit einer Schaumkelle herausnehmen, mit kaltem Wasser abschrecken oder direkt servieren.

Basilikum-Gnocchi

für 8 Personen als Vorspeise
für 4 Personen als Mahlzeit

1½ dl / 150 ml Wasser
50 g Butter
½ TL Salz
100 g fein geschnittenes Basilikum
150 g Weißmehl / Mehltype 405
2 große Freilandeier (ca. 60 g ohne Schale)
10 g Basilikum, fein geschnitten
Basilikumöl

1 Das Wasser mit der Butter und dem Salz aufkochen, Basilikum unterrühren, das Mehl im Sturz beigeben, mit einer Holzkelle rühren, bis man einen Teigkloß (Brandteig) hat. Die Masse ein wenig auskühlen lassen. Die verquirlten Eier nach und nach zugeben, Teig glatt rühren.
2 In einem großen Topf reichlich Salzwasser aufkochen. Den Teig in einen Spritzbeutel mit runder Tülle füllen, etwa 1 cm lange «Würstchen» (mit einem kleinen Messer abschneiden) direkt ins leicht kochende Salzwasser spritzen. Wenn die Gnocchi steigen, Topf von der Wärmequelle nehmen, 3 Minuten ziehen lassen. Mit einer Schaumkelle herausnehmen, vermengen mit fein geschnittenem Basilikum und Basilikumöl, sofort servieren.

VARIANTE Basilikum je nach Jahreszeit durch Bärlauch oder Petersilie ersetzen.

VEGETARISCH

78 Gebackene Brotscheibe mit Pfifferlingen

80 Gefüllte Champignons mit Rucolasauce

82 Steinpilz im Brotteig

84 Gemüse-«Nudeln» mit chinesischen Pilzen

86 Piccata von Kalbfleischpilz auf bunten Nudeln

88 Blätterteigpilz mit gemischten Waldpilzen

90 Risotto mit Trompetenpfifferlingen

92 Polenta mit gebratenen Röhrlingen

94 Gegrillte Steinpilze mit Kräuterbutter

96 Ragout von gemischten Herbstpilzen

98 Blätterteigkuchen mit gemischten Waldpilzen

98 Ragout von frischen Zuchtpilzen

99 Grüner Spargel mit Schwarzer Trüffelhollandaise

99 Weißer Spargel mit Bianchetto-Trüffelhollandaise

100 Boviste oder Champignons im Bierteig

100 Frittierte Champignons mit Tomatensauce und Basilikum

101 Fritto misto di funghi

101 Steinpilzragout

VEGETARISCH

Wenn man den Pilz als Hauptakteur zubereitet, ob eingepackt in Brotteig, eingehüllt in Bierteig, gebraten, gegrillt, einzeln oder gemischt, wird man diesem delikaten, aromatischen Naturprodukt am ehesten gerecht.

Dieses Kapitel ist ein «Muss» für Vegetarier und alle jene, die bewusst weniger Fleisch essen möchten, wird doch gerade in diesen Rezepten deutlich, wie abwechslungsreich Pilze zubereitet werden können. Der passionierte Pilzsammler wird sich freuen, neue Ideen für seine Pilzernte zu erhalten. An meinen Pilzkochkursen, die von aktiven und passiven Pilzfans besucht werden, stelle ich immer wieder fest, dass ein großes Wissen über Pilzarten und Vorkommen besteht, dass Ideen für eine abwechslungsreiche Zubereitung aber fehlen. Nicht selten wird mit unpassenden oder falschen Zutaten und Gewürzen «hantiert», anstatt dass versucht würde, den Eigengeschmack des Pilzes hervorzuheben.

Gebackene Brotscheibe mit Pfifferlingen

für 4 Personen als Vorspeise
für 2 Personen als Mahlzeit

4 Scheiben Milch- oder Toastbrot

2 Freilandeier
1½ dl / 150 ml Rahm/Sahne oder Vollmilch
4 EL Trüffelöl
1 Msp Pilzsalz, Seite 145
5–10 g Weiße oder Schwarze Trüffel

Bratbutter/Butterschmalz

1 EL Butter
200 g Pfifferlinge/Eierschwämmchen
½ EL in Öl eingelegte Schalotten, Seite 143

Schnittlauch für die Garnitur

1 Eier verquirlen, Rahm, Trüffelöl, Pilzsalz und geriebene Trüffel unterrühren, die Brotscheiben nebeneinander in die Schüssel legen, 2 bis 3 Mal wenden. 20 Minuten stehen lassen, damit das Brot die Flüssigkeit aufsaugen kann.

2 Eine Pfanne aufheizen, Butter, Pfifferlinge und Schalotten zugeben und kurz dünsten.

3 In einer Bratpfanne ein wenig Bratbutter erhitzen, Brotscheiben bei schwacher Hitze beidseitig goldgelb braten.

4 Gebratene Brotscheiben mit den Pfifferlingen anrichten. Garnieren mit fein geschnittenem Schnittlauch und halbierten Schnittlauchhalmen.

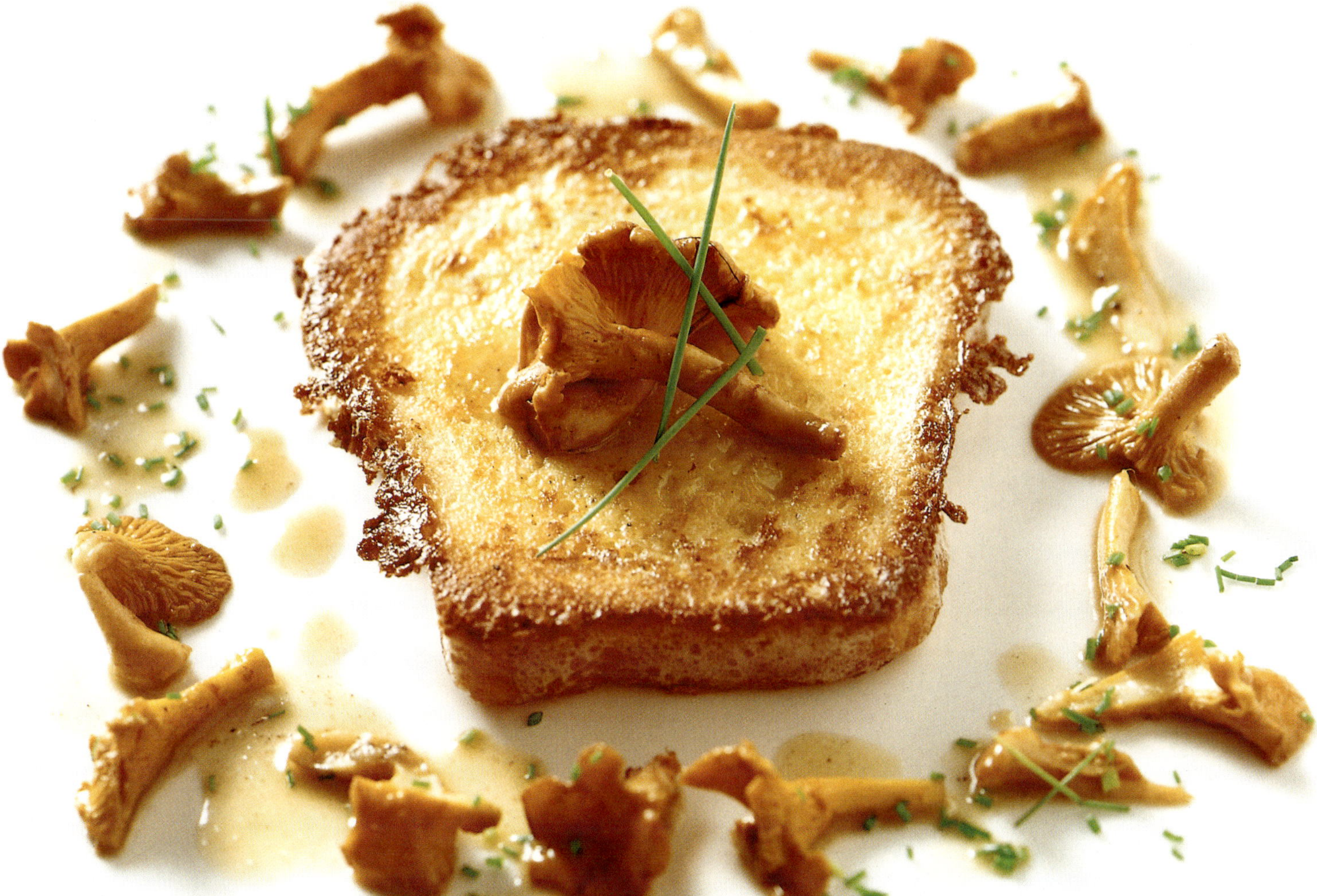

VEGETARISCH

Immer häufiger findet man Riesenchampignons und
Portobello im Angebot von Großverteilern. Für dieses
Rezept eignen sich aber auch alle wild wachsenden
Champignons sowie Steinpilze und Schopftintlinge.

Gefüllte Champignons mit Rucolasauce

für 4 Personen als Vorspeise
für 2 Personen als Mahlzeit

4 große Champignons, je ca. 120 g schwer
1 EL Mie de pain, Seite 143
100 g Champignonduxelles, Seite 153
Olivenöl extra nativ

RUCOLASAUCE

1 dl / 100 ml Weißwein
½ EL in Öl eingelegte Schalotten, Seite 143
1 Prise Fleur de Sel
frisch gemahlener Pfeffer
50 g Rucolapaste, Seite 144
50 g Butter
einige Tropfen Haselnussöl

1 Den Backofen auf 220 °C vorheizen.
2 Die Stiele der Champignons herausdrehen und den Hut aushöhlen. Die Stiele fein hacken, mit der Champignonduxelles mischen, in die Pilze füllen, Mie de pain darüber streuen. Gefüllte Pilze in eine Bratpfanne stellen, mit wenig Olivenöl beträufeln, auf der Kochplatte bei starker Hitze kurz braten. Pfanne in den vorgeheizten Ofen schieben, Pilze bei 220 °C etwa 20 Minuten braten.
3 Für die Rucolasauce Weißwein, Schalotten, Salz und eine Umdrehung Pfeffer vollständig einkochen lassen. Die Rucolapaste unterrühren, Butter mit dem Schneebesen nach und nach unterrühren (aufmontieren), mit ein paar Tropfen Haselnussöl abrunden.
4 Gebackene Pilze mit der Rucolasauce anrichten.

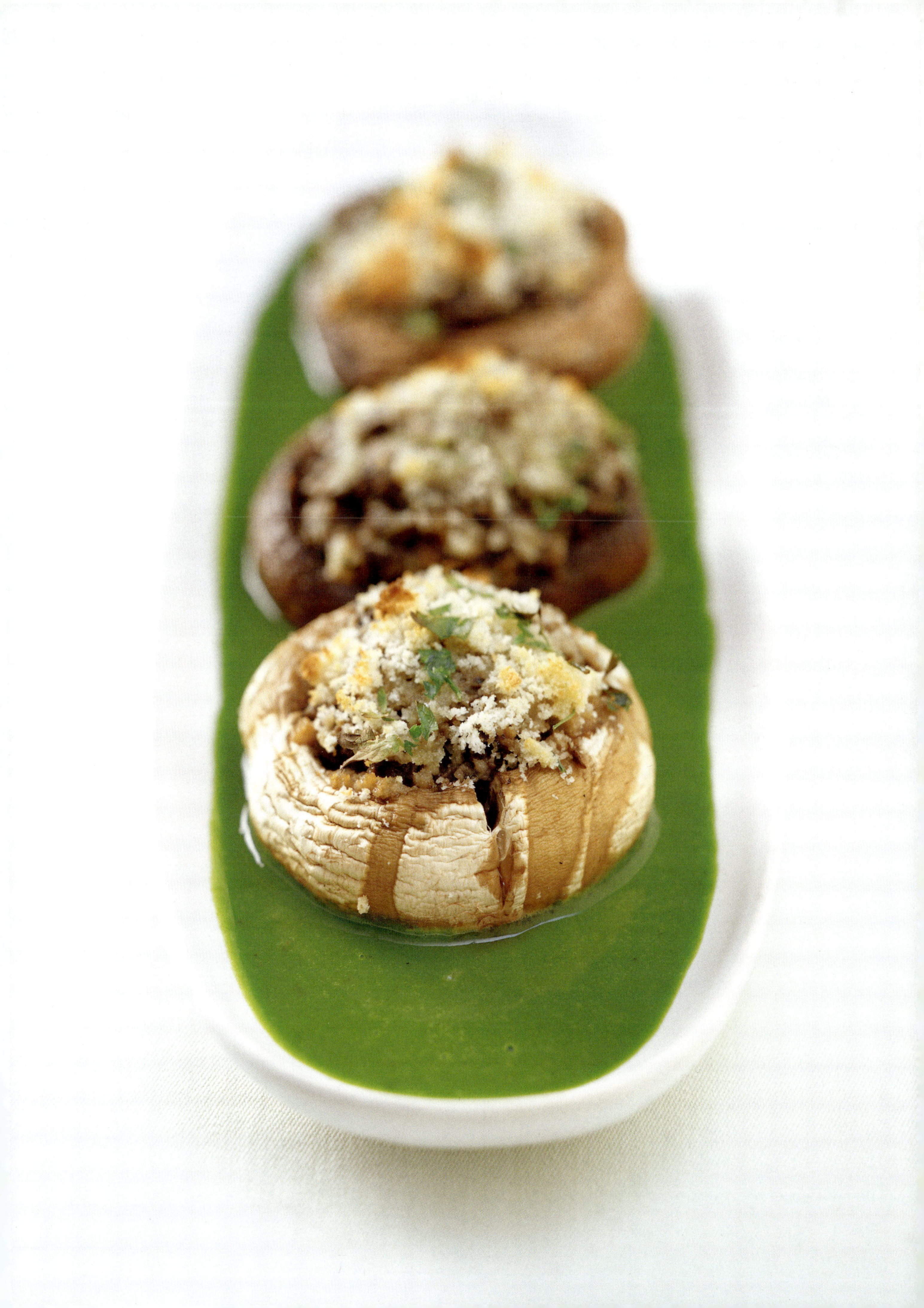

VEGETARISCH

...Schlafrock...

Steinpilz im Brotteig

für 4 Personen als Vorspeise
für 2 Personen als Mahlzeit

200 g Brotteig, vom Bäcker oder
selbstgemacht
4 EL Champignonduxelles, Seite 153
4 feste, knackige Steinpilze,
je ca. 50 g schwer
Fleur de Sel
frisch gemahlener Pfeffer

SALATSTRÄUSSCHEN
4 bunte Saisonsalate
wenig Essig
Olivenöl extra nativ

1 Den Brotteig vierteln, auf bemehlter Arbeitsfläche Rondellen von etwa 15 cm Durchmesser ausrollen.
2 Je 1 EL Champignonduxelles in die Mitte jeder Teigrondelle geben. Den Pilzhut würzen, auf den Teig stellen, Teigrondelle durch Anheben des Teiges und durch das Zusammendrücken der Enden schließen. Teigbeutel mit dem Verschluss nach unten auf ein eingefettetes Blech stellen. An einem warmen Ort rund 20 Minuten gehen lassen.
3 Den Backofen auf 270 °C vorheizen.
4 Teigbeutel in der Mitte in den Ofen schieben, bei 270 °C 12 Minuten backen. Ideal ist, wenn der Backofen eine Dampfzufuhr hat. Den gleichen Effekt erreicht man, wenn man ein mit Wasser gefülltes kleines Gefäß auf den Ofenboden stellt.
5 Die gefüllten Teigbeutel vorsichtig halbieren, auf Teller legen. Salat mit wenig Essig und Olivenöl abschmecken, dazu anrichten. Sofort servieren.

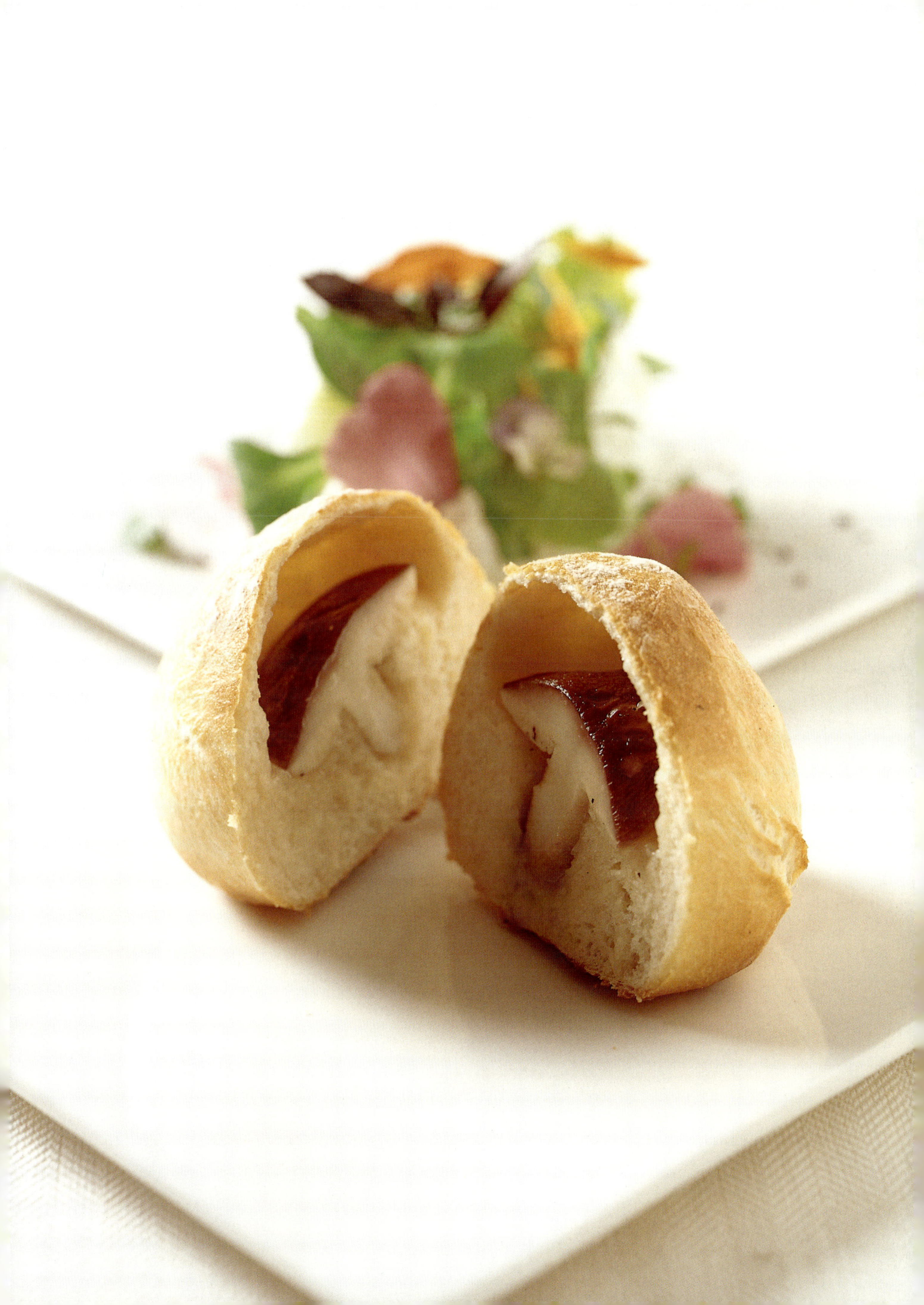

VEGETARISCH

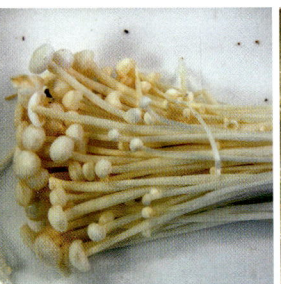

Dieses farbenfrohe chinesische Gericht kann auch im Wok oder in einer Gusseisenpfanne serviert werden.

Gemüse-«Nudeln» mit chinesischen Pilzen

für 8 Personen als Vorspeise
für 4 Personen als Hauptgericht

4 EL Olivenöl extra nativ
200 g Shiitake
Pilzsalz, Seite 145
200 g gemischte Pilze, z. B. Zuchtpilze
wie Pom Pom blanc, Nameko-Schüpplinge,
Austernseitlinge, Enoki, Judasohren,
Shimeji, Kräuterseitlinge, Champignons
usw.
1 Knoblauchzehe, längs halbiert,
Keimling entfernt, Zehe durchgepresst
300 g gemischtes Gemüse, je nach Saison
Schwertbohnen (Cocobohnen), Karotten,
gelbe oder weiße Rüben, Lauch, rote
Zwiebeln, Brokkolistiele
½ TL fein geriebene Ingwerwurzel
1 dl/100 ml Sojasauce

glattblättrige Petersilie, für die Garnitur

1 Die Schwertbohnen längs aufreißen. Das Wurzelgemüse schälen, mit dem Sparschäler dünne Streifen (breite Nudeln) abziehen. Beim Lauch die grobfasrigen Hüllblätter entfernen, längs halbieren, quer dritteln und längs halbieren. Zwiebeln schälen, halbieren und in Streifen schneiden. Brokkolistiel schälen, in Stäbchen schneiden.
2 Shiitake vierteln, sparsam mit Pilzsalz würzen. Im heißen Öl im Wok oder in einer Bratpfanne kräftig braten, gemischte Pilze mit Knoblauch beifügen, kurz mitdünsten, Gemüse, Ingwer, wenig Wasser und Sojasauce zugeben. Das Gemüse knackig garen. Anrichten. Petersilienblätter von den Stielen zupfen, über die Gemüse-«Nudeln» verteilen.

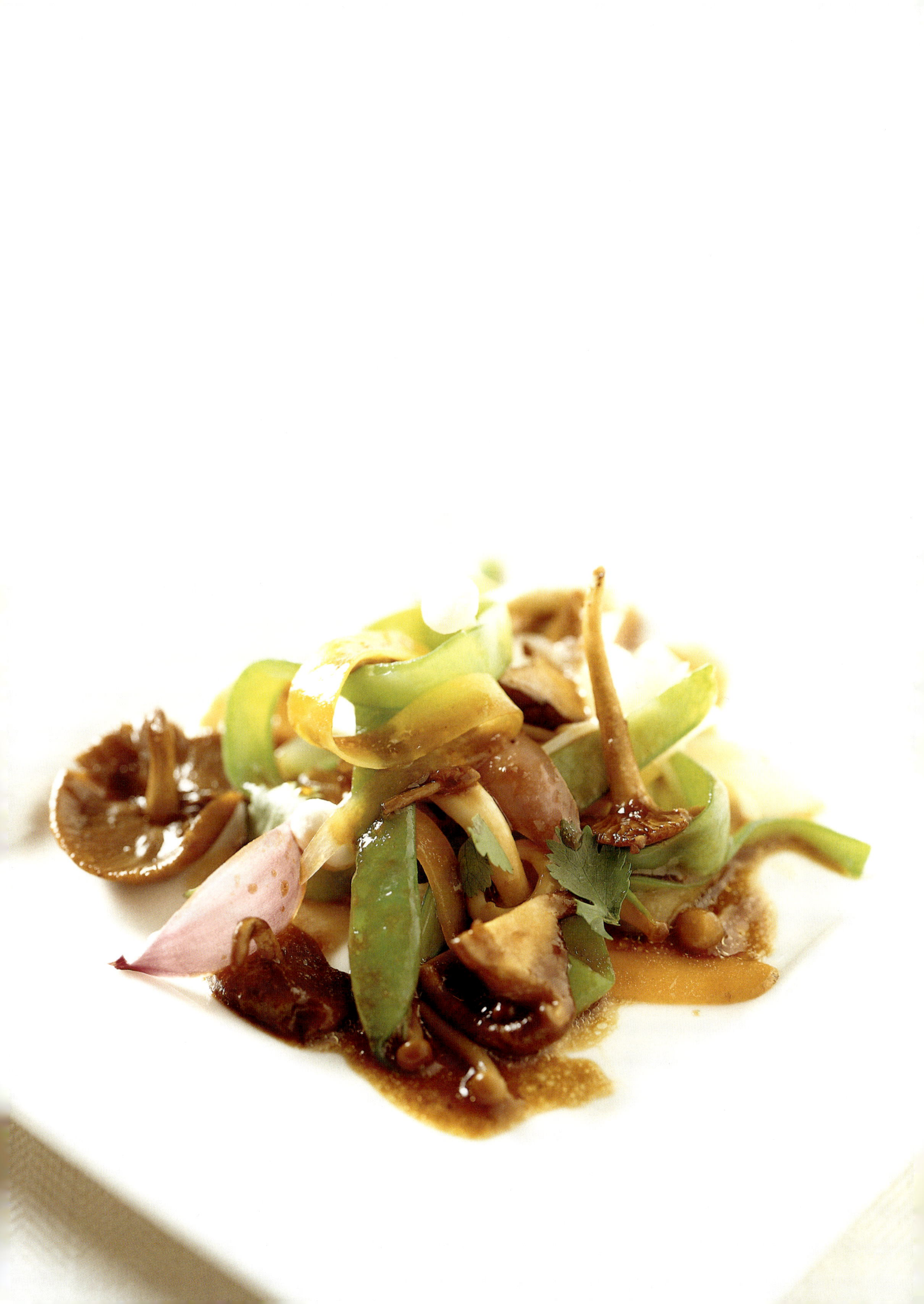

VEGETARISCH

Piccata von Kalbfleischpilz

für 4 Personen als Vorspeise
für 2 Personen als Hauptgericht

PILZE
240 g (8–12 Stück) frische, trockene Austernseitlinge
2 Eier (mit Schale je 60 g schwer)
100 g geriebener Sbrinz oder Parmesan
Meersalz
frisch gemahlener Pfeffer
Bratbutter/Butterschmalz

NUDELN
200 g gemischte frische Nudeln, Grundrezept «Nudelteig», Seite 66
½ dl/50 ml Rahm/Sahne
1 EL Butter

1 Eier verquirlen, Käse unterrühren, würzen. Die Käsemasse auf der Lamellenseite der Austernseitlinge auftragen. In einer Bratpfanne wenig Bratbutter erhitzen, Pilze mit der Füllung nach unten in die Pfanne legen, bei schwacher Hitze langsam goldgelb braten. Pilze wenden und kurz fertig braten.

2 Nudeln in reichlich Salzwasser al dente kochen, wenig Kochwasser entnehmen. Nudeln abgießen, in den Topf zurückgeben, Kochwasser, Rahm und Butter zufügen, sorgfältig vermengen.

VARIANTEN Für die Pilz-Piccata eignen sich auch Riesenschirmling, Safranschirmling, Violetter Rötelritterling und große, aufgeschirmte Wiesen- oder Anischampignons.

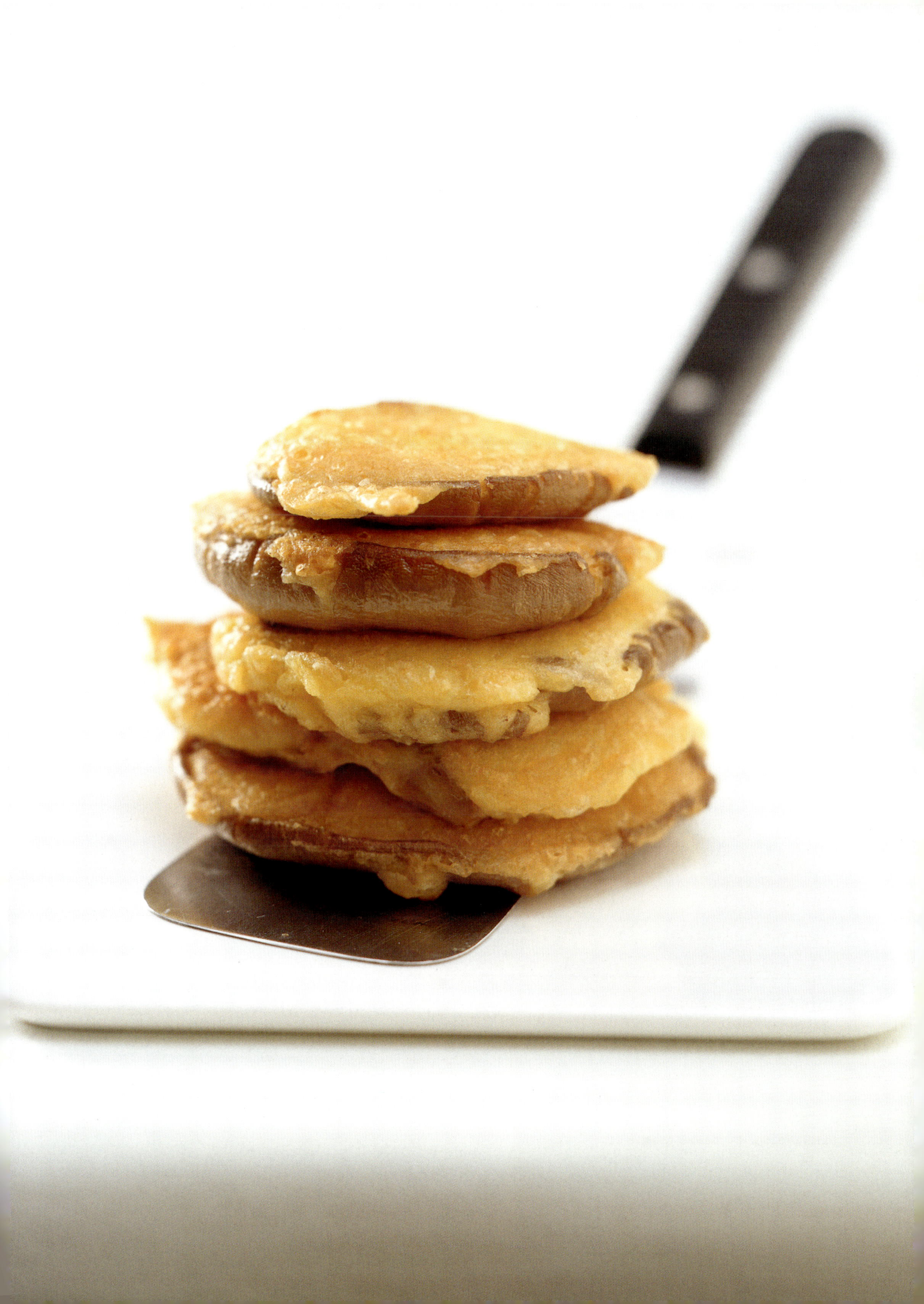

VEGETARISCH

...gestalten...

Blätterteigpilz mit gemischten Waldpilzen

für 4 Personen als Vorspeise
für 2 Personen als Mahlzeit

300 g Butterblätterteig
1 Eigelb, zum Einpinseln

Pilzsauce aus 400 g gemischten Waldpilzen, Rezept Seite 137

4 Kräutersträußchen

1 Backofen auf 200 °C vorheizen.

2 Blätterteig 3 mm dick ausrollen. Von Hand mit einem kleinen Messer oder mit Hilfe einer Schablone 4 Blätterteigpilze von ca. 13 cm Höhe (inklusive Stiel) und 13 cm Breite (Pilzhut) schneiden. Aus den Teigresten einen Rand für den Pilzhut schneiden und für die Tupfen mit einem kleinen Ausstecher Rondellen ausstechen. Hutrand und Tupfen auf den Hut kleben. Pilze auf ein Blech legen, mit dem Eigelb bepinseln.

3 Die Blätterteigpilze in der Mitte in den Ofen schieben, bei 200 °C 10–12 Minuten backen. Wenn der Teig zu rasch bräunt, mit einer Alufolie zudecken.

4 Gebackene Teigpilze durchschneiden (siehe Bild), weiche, pappige Teigreste entfernen. Den Pilzboden auf vorgewärmte Teller legen, mit dem Pilzragout zudecken. Deckel daneben oder darauf legen. Mit einem Kräutersträußchen garnieren. Sofort servieren.

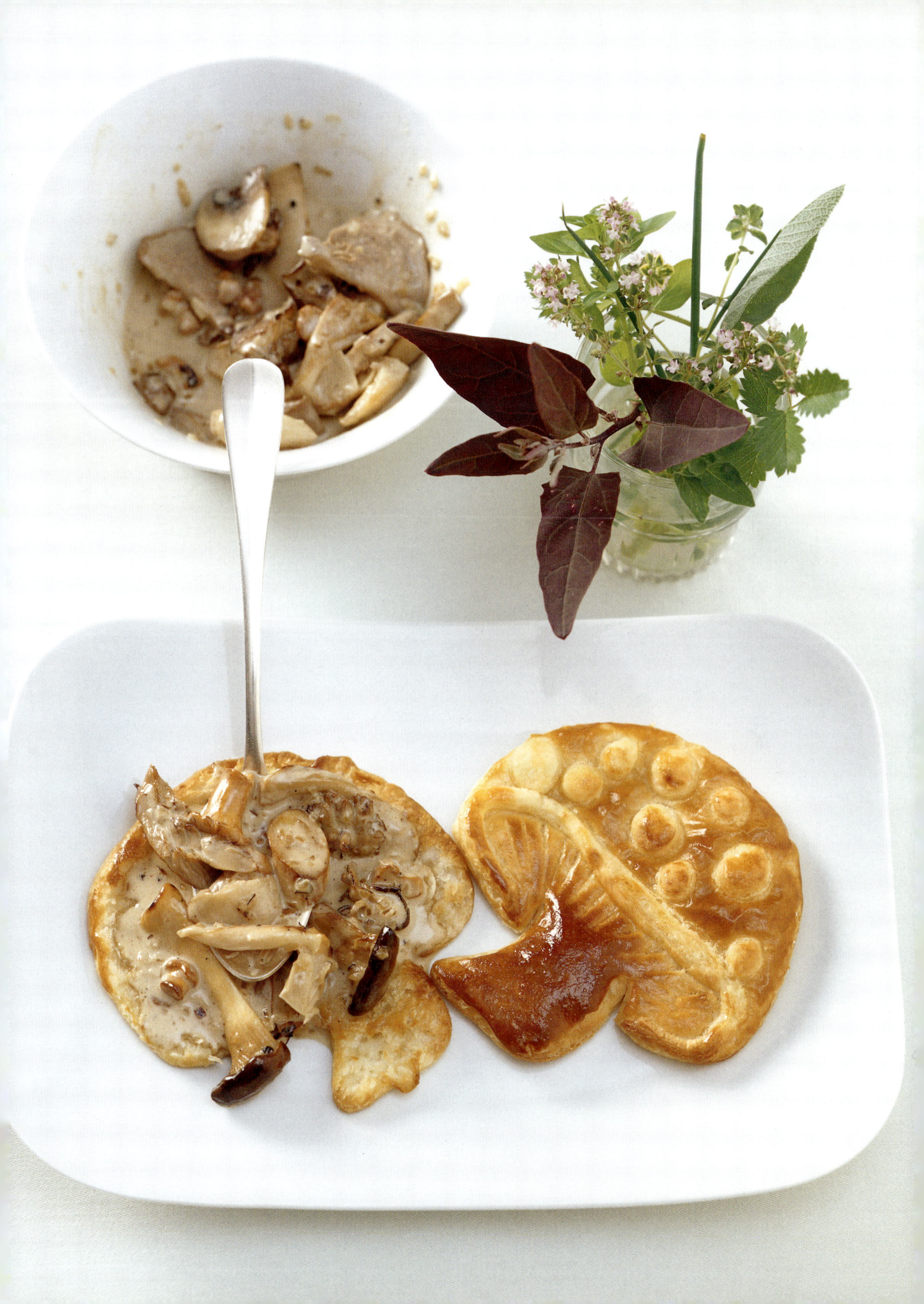

VEGETARISCH

...italiana...

Risotto mit Trompetenpfifferlingen

für 8 Personen als Vorspeise
für 4 Personen als Mahlzeit

150 g Zwiebeln, fein gehackt
100 g Butter
2 ungeschälte Knoblauchzehen
300 g guter Risottoreis, z. B. Carnaroli oder Arborio
1 dl / 100 ml Weißwein
1,3 l Gemüsebrühe
50 g alter Parmesan, frisch gerieben
300 g Trompetenpfifferlinge
Meersalz
frisch gemahlener Pfeffer
1 TL Waldpilzpulver, Seite 152

1 Zwiebeln und Knoblauch in der Hälfte der Butter bei schwacher Hitze 5 Minuten dünsten, Reis zugeben und 1 bis 2 Minuten mitdünsten, mit dem Weißwein ablöschen, die kochende Gemüsebrühe schöpflöffelweise zugeben, d. h. immer dann nachgießen, wenn die Flüssigkeit aufgenommen ist, häufig rühren. Der Reis braucht rund 18 Minuten, bis er al dente ist. Nun die Trompetenpfifferlinge beigeben, den Risotto weitere 2 Minuten köcheln lassen. Knoblauchzehen entfernen.
2 Kochtopf von der Wärmequelle nehmen. Restliche Butter und Käse unterrühren. Abschmecken.

VARIANTEN Für Nicht-Vegetarier Gemüsebrühe durch Geflügelbrühe ersetzen. Die Pilzmenge kann nach Belieben erhöht werden (gilt nur für frische Pilze). Alten Parmesan auf dem Trüffelhobel in dicke Scheiben hobeln und über den Risotto verteilen.
GETROCKNETE PILZE 20 Minuten in lauwarmem Wasser einlegen. Pilze zusammen mit dem Reis in den Kochtopf geben. Einweichwasser später mit der Gemüsebrühe zum Reis geben.

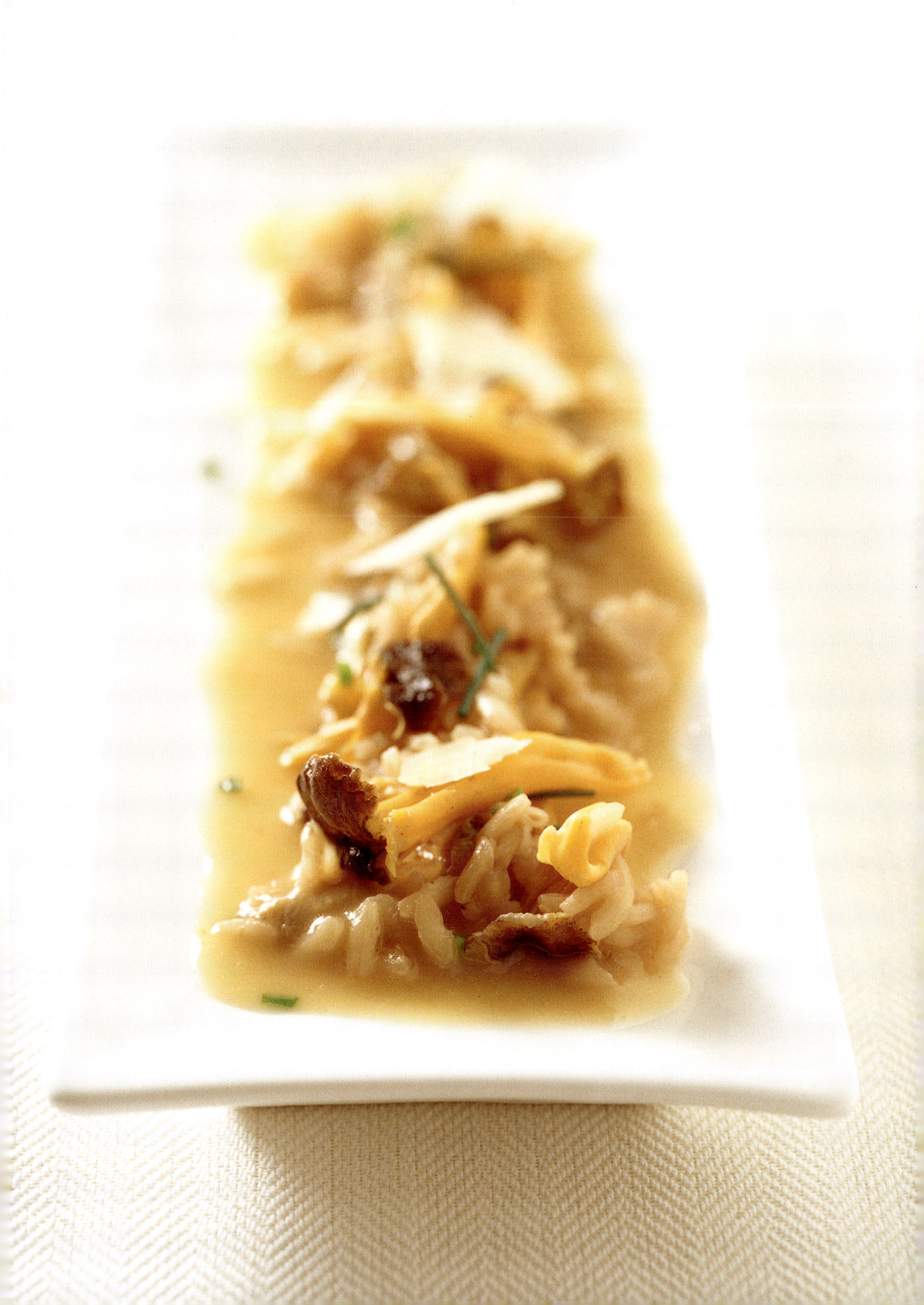

VEGETARISCH

Geringschätzige Bemerkungen wie «Mais füttern wir den Hühnern» habe ich schon öfter gehört. Tatsache ist, dass viele Menschen der Generation meiner Eltern während des Krieges gezwungen waren, dieses billige Nahrungsmittel zu essen, wollten sie nicht verhungern.
Dieses Rezept hebt sich von der herkömmlichen trockenen Polenta angenehm ab. Einen kleinen Schönheitsfehler hat es aber: es ist kalorienreich. Ein Test bei Maismuffeln lohnt sich in jedem Fall: Es wird kaum bei der ersten Portion bleiben.

Polenta mit gebratenen Röhrlingen

für 8 Personen als Vorspeise
für 4 Personen als Mahlzeit

PILZE

600 g gemischte Röhrlinge, wie Steinpilze, Maronenröhrlinge, Rotfußröhrlinge, in Scheiben
2 EL Olivenöl extra nativ
1 EL in Öl eingelegte Schalotten, Seite 143
1 Sträußchen Petersilie, Blättchen abgezupft und grob gehackt

POLENTA

1 l Wasser
1 EL in Öl eingelegte Schalotten, Seite 143
2 Knoblauchzehen, halbiert, Keimling entfernt, Zehen durchgepresst
Meersalz
frisch gemahlener Pfeffer
wenig geriebene Muskatnuss
200 g grobkörniger Mais
3½ dl/350 ml Milch
100 g Butter
80 g Sbrinz oder Parmesan, frisch gerieben

1 Für die Polenta Wasser, eingelegte Schalotten, Knoblauch und Gewürze aufkochen, Mais einrühren, bei schwacher Hitze zugedeckt 45 Minuten köcheln, immer wieder rühren, damit der Mais nicht anbrennt. Wenn die Polenta zu trocken ist, wenig Wasser nachgießen. Milch unter den Mais rühren, weitere 30 Minuten bei schwacher Hitze köcheln. Wenn die Polenta zu trocken ist, wenig Milch nachgießen. Butter und Käse unterziehen. Warm stellen.

2 Für die Pilze eine Gusseisenpfanne oder eine beschichtete, stark erhitzbare Bratpfanne aufheizen. Die Pilze mit der Hälfte des Öls in die Pfanne geben, kräftig bewegen und schütteln, Pilze unter ständigem Rühren 3 bis 4 Minuten braten. Ganz am Schluss Schalotten und Petersilie beifügen.

3 Polenta in vorgewärmten Tassen oder Suppentellern anrichten, Pilze dazu geben.

TIPP Wenn man beim Knoblauch den Keimling entfernt, ist er besser verdaulich und stößt auch nicht auf.
MAIS AUS DEM DAMPFKOCHTOPF Wasser, Schalotten, Knoblauch, Salz, Muskatnuss und Mais in den Topf geben, 10 Minuten kochen, Topf öffnen, nur 2 dl/200 ml Milch (anstatt 3½ dl/350 ml) zugeben, offen weitere 5 Minuten kochen.

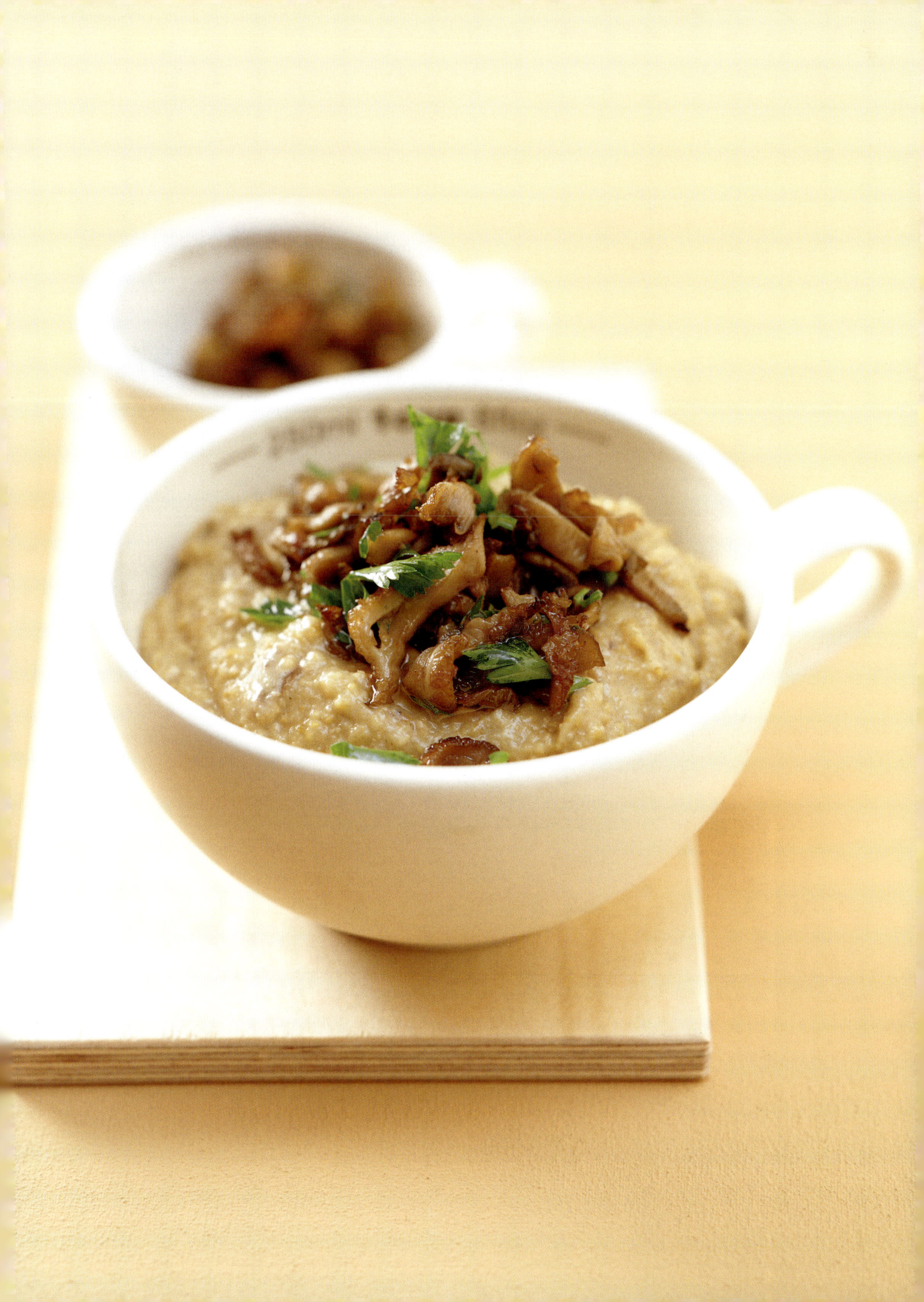

VEGETARISCH

Gegrillte Steinpilze mit Kräuterbutter

für 4 Personen als Vorspeise
für 2 Personen als Mahlzeit

4 Steinpilze, je 50–70 g
Fleur de Sel
frisch gemahlener Pfeffer
4 EL Olivenöl extra nativ

KRÄUTERBUTTER

100 g weiche Butter
½ EL in Öl eingelegte Schalotten, Seite 143
3 EL fein gehackte/fein geschnittene gemischte Kräuter, z. B. Basilikum, Kerbel, Petersilie, Schnittlauch, Thymian, Oregano, Estragon
½ TL milder Senf
1 TL Weißwein- oder Kräuteressig
Meersalz
frisch gemahlener Pfeffer
1 Prise milde Currymischung
1 Prise mildes Paprikapulver
wenig Chili oder Cayenne

1 Für die Kräuterbutter die weiche Butter mit Schneebesen oder Stabmixer luftig aufschlagen, Schalotten, Kräuter, Senf und Essig unterrühren, würzen.

2 Die Steinpilze in 5 mm dicke Scheiben schneiden, würzen und im Olivenöl drehen. Im Backofen bei 250 °C oder in der Grillpfanne grillen.

3 Die gegrillten Steinpilze auf vorgewärmte Teller legen, Kräuterbutter darauf verteilen.

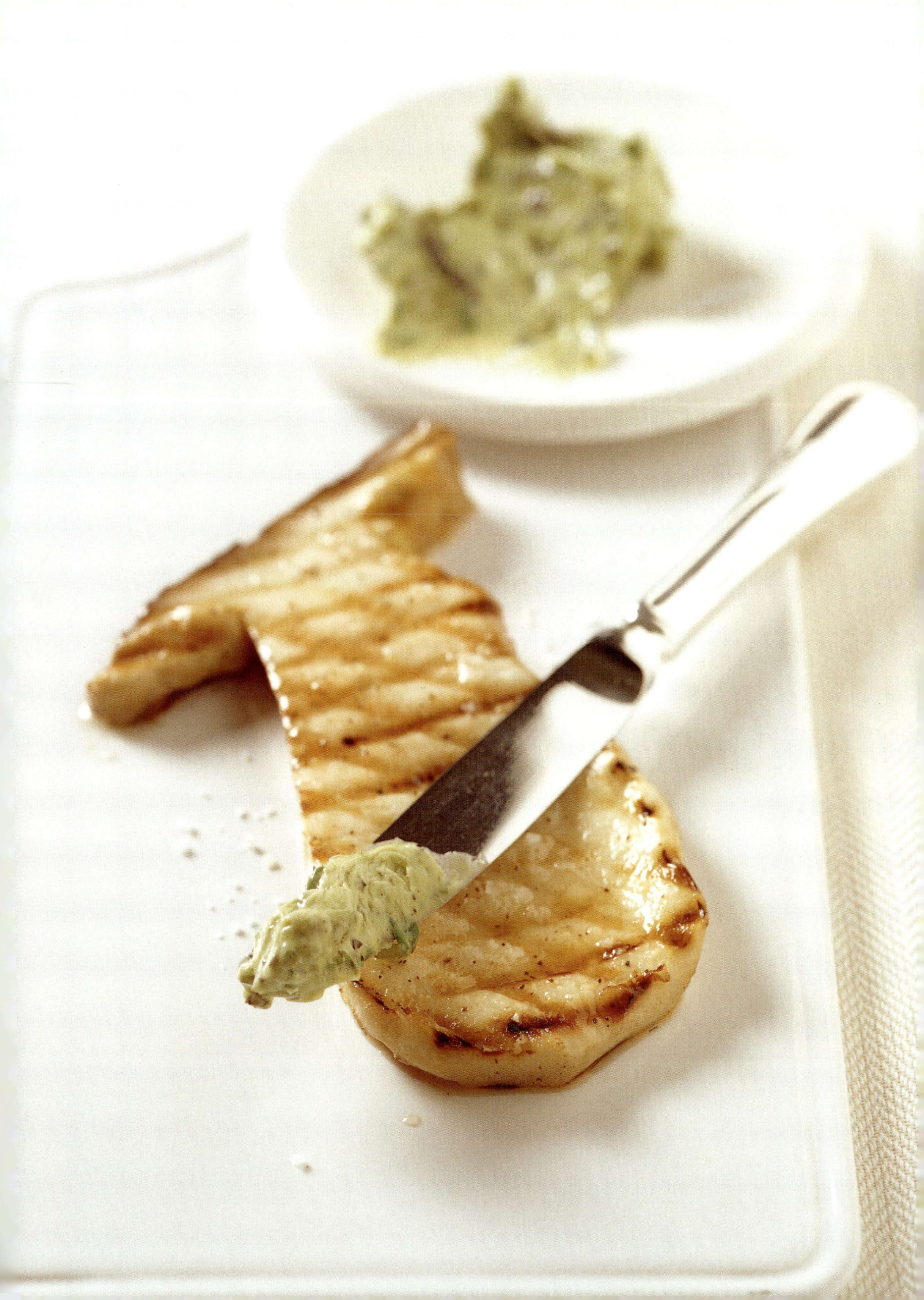

VEGETARISCH

Dieses Rezept brilliert vor allem durch die Pilzmischung. Gehören auch Sie zu den passionierten Pilzsammlern, die Freude haben, mit möglichst vielen Pilzsorten (nicht Kilos) nach Hause zurückzukehren? Wenn ja, werden Sie mir zustimmen, dass kein auch noch so guter Edelpilz den verführerischen Geschmack einer reichen Pilzmischung ersetzen kann. Wie oft bekomme ich während der Kochkurse zu hören: «Noch nie habe ich so gute Pilze gegessen!» 20 bis 30 Pilzsorten verschmelzen zu einem harmonischen Ganzen. Auch der unterschiedliche Biss macht das Essen abwechslungsreich.

Enttäuschend ist bei vielen gekochten Pilzen das optische «Resultat», wenn man das Aussehen und die Farbenvielfalt der frischen Pilze kennt. Damit sich auch die Gäste über die Farbenpracht freuen können, gehe ich jeweils vor der Zubereitung mit dem Pilzkorb an den Tisch.

Oft werde ich gefragt: «Wie haben Sie dieses Pilzragout gewürzt? Verraten Sie uns doch das Geheimnis.» Es gibt kein Geheimnis. Die Pilze als solche entpuppen sich als Würzmittel. Abgerundet wird das Aroma lediglich mit Pilzsalz und frischem Pfeffer.

Ragout von gemischten Herbstpilzen

für 4 Personen als Vorspeise
für 2 Personen als Mahlzeit

1 EL Butter
400 g gemischte Waldpilze, z. B. Parasol und Safranschirmlinge (nur wenn es sich um ganz kleine, geschlossene, feste Exemplare handelt), Mairitterlinge und Nelkenschwindlinge in kleinen Mengen
Meersalz
Pilzsalz, Seite 145
frisch gemahlener Pfeffer
1 EL in Öl eingelegte Schalotten, Seite 143
1 dl / 100 ml Weißwein
1½ dl / 150 ml Rahm/Sahne

Sauerklee für die Garnitur

1 Pilze mit Salz, Pilzsalz und Pfeffer würzen. Pilze und Butter gleichzeitig in die rauchendheiße Gusseisenpfanne oder in eine hoch erhitzbare beschichtete Bratpfanne geben, unter kräftigem Schütteln und Rühren anbraten, eingelegte Schalotten zugeben, ablöschen mit Weißwein, Rahm zugeben, Sauce auf die gewünschte Konsistenz einkochen lassen.

2 Pilzragout anrichten. Sauerklee darüber streuen.

Würzen Zerstören Sie dieses harmonische Gericht nicht wie viele Köche der Farbe wegen mit Petersilie, Schnittlauch, Koriander & Co.

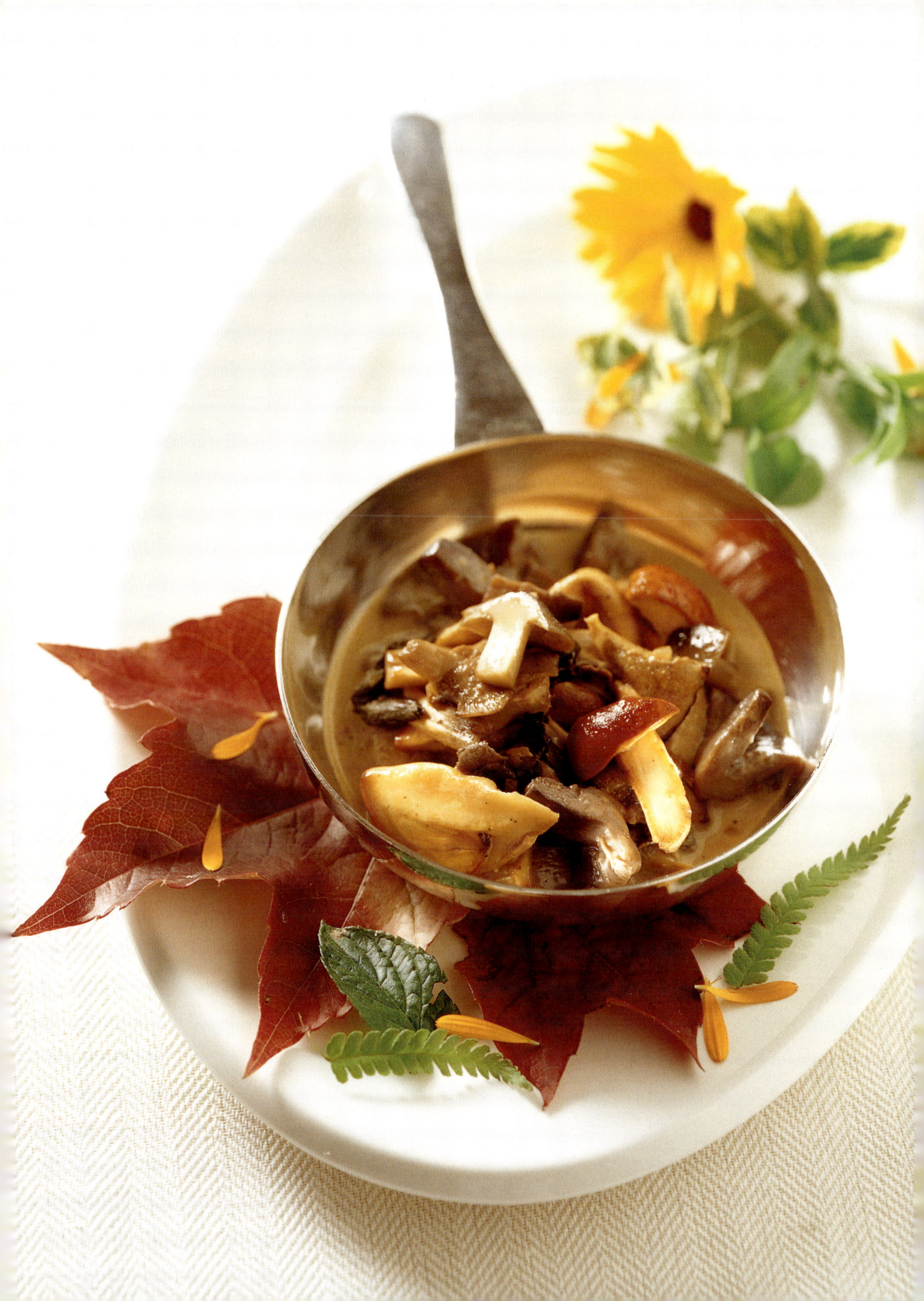

VEGETARISCH

Blätterteigkuchen
mit gemischten Waldpilzen

für 8 Personen als Vorspeise
für 4 Personen als Mahlzeit

für eine Kuchenform von 28 cm Durchmesser

200 g Butterblätterteig
350 g gemischte Waldpilze, in Scheiben

GUSS

2 Freilandeier
1 dl / 100 ml Rahm/Sahne
1 dl / 100 ml Milch
1 EL Mehl
1 TL Waldpilzpulver, Seite 152; Meersalz
frisch gemahlener Pfeffer

1 Blätterteig auf bemehlter Arbeitsfläche auf Formgröße ausrollen, in die eingefettete Form legen, Teig mit einer Gabel ein paar Mal einstechen.
2 Den Backofen auf 220 °C vorheizen.
3 Pilze mit einem trockenen Tuch abreiben, in Scheiben schneiden, auf dem Teigboden verteilen, den Guss darüber gießen.
4 Den Waldpilzkuchen in der Mitte in den vorgeheizten Ofen schieben und bei 220 °C 20 bis 25 Minuten backen. Nach dem Backen sofort aus der Form nehmen, damit der Kuchen knusprig bleibt. In Stücke schneiden.

Auch bei den Zuchtpilzen ist das richtige Mengenverhältnis wichtig. Pilze mit starkem Eigengeschmack wie der Namekoschüppling und Shiitake sollen sparsam verwendet werden. Ideal zum Mischen sind Champignons, Kräuterseitlinge, Austernseitlinge, Pom Pom blanc, Shimeji, Enoki und Judasohr.

Ragout von frischen Zuchtpilzen

für 4 Personen als Vorspeise
für 2 Personen als Mahlzeit

1 EL Butter
400 gemischte Zuchtpilze
1 EL in Öl eingelegte Schalotten, Seite 143
Pilzsalz, Seite 145; frisch gemahlener Pfeffer
1 dl / 100 ml Weißwein
1 1/2 dl / 150 ml Rahm/Sahne

1 Pilze mit Pilzsalz und Pfeffer würzen. Pilze und Butter gleichzeitig in die rauchendheiße Gusseisenpfanne oder in eine hoch erhitzbare beschichtete Bratpfanne geben, unter kräftigem Schütteln und Rühren anbraten, Schalotten beifügen, mit dem Weißwein ablöschen, Rahm zugeben.
2 Sauce auf die gewünschte Konsistenz einkochen.

VARIANTEN Rahm durch 1/2 dl / 50 ml Wasser und 100 g Butter ersetzen. Pilze zuerst mit Weißwein ablöschen, dann das Wasser zugeben, Butter stückchenweise unterrühren. Wenig Bärlauchpaste, Seite 144, gibt den Pilzen einen leicht knoblauchähnlichen Geschmack. Durch Würzen mit verschiedenen Pilzpulversorten, Seite 152, bekommt das Ragout einen Waldpilzgeschmack.

Dass man in der Grundausbildung zum Koch alle klassischen Zubereitungsarten erlernt, dürfte selbstverständlich sein. Dass man früher auch noch die entsprechenden französischen Bezeichnungen büffelte, leuchtet auf den ersten Blick vielleicht nicht ein. Aber das hatte sehr wohl seine Vorteile. Die Verständigung ungeachtet der Mutterprache funktionierte so bestens, unter Köchen wie unter Gästen. Da wusste man, dass «Dubarry» immer etwas mit Blumenkohl zu tun hat, dass «St-Germain» grüne Erbsen enthält und dass es sich bei «à l' Orly» um eine Speise im Ausbackteig handelt. Heute verzichtet man auf diese Fachausdrücke weitgehend.

Beim Kochen von Spargel schwöre ich auf die traditionelle Garmethode, d. h. auf das Kochen in Salzwasser. Schonendes Garen im Dampf mag zwar gut sein für die Vitamine und Mineralstoffe, leider behält der Spargel aber auch die Bitterstoffe. Je dicker ein Spargel ist, desto besser: Lieber 3 Riesenspargel als 8 bittere Spargel zweiter Klasse von 1 cm Durchmesser. Wenn Sie auf dem Markt Spargel mit der Bezeichnung 22 + finden, sollten sie zugreifen. Und nehmen Sie von diesen nochmals die größten Exemplare.

Grüner Spargel
mit Schwarzer Trüffelhollandaise

für 4 Personen als Vorspeise
für 2 Personen als Mahlzeit

800 g grüner Spargel
1 Rezeptmenge Trüffelhollandaise, Seite 141
20–50 g Schwarze Trüffel

1 Das untere Drittel des Spargels schälen, Schnittstelle kürzen. Spargelspitzen abschneiden, den restlichen Spargel schräg in etwa 1 cm dicke Scheiben schneiden. Spargelspitzen und -scheiben im Salzwasser bei schwacher Hitze 5 Minuten garen, abgießen.
2 Spargel in tiefen Tellern anrichten, mit etwas Trüffelhollandaise überziehen. Restliche Sauce separat servieren. Am Tisch Trüffeln über den Spargel hobeln.

Weißer Spargel
mit Bianchetto-Trüffelhollandaise

für 4 Personen als Vorspeise
für 2 Personen als Mahlzeit

1 kg weißer Spargel
Weiße Trüffelhollandaise, Seite 141

1 Den Spargel schälen, das untere Drittel großzügig, den Rest sparsam, Schnittstelle großzügig kürzen (vor allem hier konzentrieren sich die Bitterstoffe).
2 Den Spargel im Salzwasser bei schwacher Hitze etwa 15 Minuten kochen. Zum Trocknen in ein vorgewärmtes Tuch einschlagen.

TIPP Spargel genüsslich von Hand essen.
SPARGELSUPPE Vielerorts werden für eine Spargelsuppe Spargelabschnitte und Spargelschalen verwendet, was dem Aroma der Suppe wegen der Bitterstoffe wenig zuträglich ist.

VEGETARISCH

Boviste oder Champignons im Bierteig

für 4 Personen als Vorspeise
für 2 Personen als Mahlzeit

320 g knackige Boviste oder Champignons

AUSBACKTEIG
100 g Weißmehl/Mehltype 405
1 dl/100 ml helles Bier
2 Freilandeier, Eigelb und Eiweiß getrennt
1 Prise feines Meersalz, wenig Muskatnuss

Frittieröl

1 Für den Teig Mehl, Bier sowie Eigelbe zu einem Teig rühren, würzen. Etwa 1 Stunde ruhen lassen. Eiweiß mit einer Prise Salz zu Schnee schlagen, unter den Teig ziehen.
2 Pilze in den Bierteig tauchen. Im heißen Öl frittieren.

TIPPS Wenn man die Pilze in den Bierteig taucht, braucht man entweder eine Gabel oder die Hände. Im zweiten Fall muss man die Hände nach jedem Arbeitsgang waschen. Ein japanischer Arbeitskollege hat mich auf die Idee gebracht, es mit Essstäbchen (sofern man mit den Stäbchen umgehen kann) zu versuchen. Dazu nimmt man die Teigschüssel in die linke Hand und geht möglichst nahe zur Friteuse heran. Mit der rechten Hand werden nun die Pilze mit den beiden Stäbchen aus dem Teig gefischt und ins heiße Öl gegeben. Keinesfalls Kunststoffstäbchen verwenden!

FRITTIEREN Das Frittieren im Privathaushalt ist wieder «erlaubt», seitdem es klug konstruierte Tischfriteusen und gute Lüftungen gibt. Und noch etwas: Die Kinder mögen Frittiertes ganz besonders.

Frittierte Champignons
mit Tomatensauce und Basilikum

für 4 Personen als Vorspeise
für 2 Personen als Mahlzeit

400 g kleinere, feste Champignonsköpfe
1 Portion Eimasse, Seite 20
Mie de pain., Seite 143

TOMATENSAUCE
½ dl/50 ml Basilikum-Olivenöl oder
Olivenöl extra nativ
100 g Zwiebeln, in feinen Streifen
25 g Basilikumzweiglein
1 TL Basilikum-Meersalz oder Fleur de sel
1 Prise Zitronenpfeffer
1 EL Tomatenpüree
500 g große Fleischtomaten, grob geschnitten

Frittieröl

1 EL fein geschnittenes Basilikum

1 Zwiebeln, frisches Basilikum und Gewürze im Öl bei schwacher Hitze 5 Minuten dünsten, Tomatenpüree und Tomaten zugeben, Sauce bei schwacher Hitze zugedeckt 25 Minuten köcheln lassen. Pürieren und durch ein Spitzsieb streichen.
2 Die Champignonsköpfe in die Eimasse tauchen. In der Mie de pain drehen, leicht andrücken. Im heißen Öl frittieren.
3 Mit der heißen Tomatensauce einen Spiegel auf die Teller gießen, frittierte Champignons darauf anrichten. Mit dem Basilikum garnieren.

TIPP Die Tomatensauce ist im Kühlschrank ein paar Tage haltbar. Sie kann warm oder kalt verwendet werden.

Der gebackene «Pilzstrauß» ist eine Spezialität aus unserem südlichen Nachbarland Italien. Normalerweise versteht man darunter ein Allerlei aus Fleisch, Fisch, Gemüse und Pilzen. Wenn die Natur in den Herbstmonaten alle Pilz-«Register» zieht, verwöhne ich im privaten Kreis meine Gäste mit Fritto misto di funghi. Für die eine Hälfte der Pilze bereite ich einen Bierteig zu, für die andere eine Eimasse. Dazu serviere ich viele verschiedene Saucen (Mayonnaise-Variationen).

Fritto misto di funghi

für 8 Personen als Vorspeise
für 4 Personen als Mahlzeit

800 g gemischte Waldpilze, z. B. kleine Steinpilze, Maronenröhrlinge, Pfifferlinge/Eierschwämme, kleine Schopftintlinge und verschiedene Champignonsarten
1 Portion Eimasse, Seite 20
Mie de pain, Seite 143
1 Portion Ausbackteig, Seite 100

Frittieröl

1 Die Pilze nach Sorten getrennt in die Eimasse tauchen, in der Mie de pain drehen, leicht andrücken, im heißen Öl frittieren. Oder die Pilze in den Bierteig tauchen, im Öl frittieren.
2 Gebackene Pilze auf einer großen Platte anrichten. Saucen in kleine Glasschalen füllen. Man isst die Pilze ohne Besteck und taucht sie einzeln in die gewünschte Sauce.

Steinpilzragout

für 4 Personen als Vorspeise
für 2 Personen als Mahlzeit

KALORIENREICH

400 g frische, feste Steinpilze
feines Meersalz
frisch gemahlener Pfeffer
1 Prise Steinpilzpulver
1 EL Butter
1 EL in Öl eingelegte Schalotten, Seite
1 dl/100 ml Weißwein
½ dl/50 ml Wasser
100 g Butter

KALORIENARM

400 g frische, feste Steinpilze
feines Meersalz
frisch gemahlener Pfeffer
4 EL Olivenöl extra nativ
1 EL in Öl eingelegte Schalotten, Seite 143
½ Knoblauchzehe, Keimling entfernt, Zehe durchgepresst
½ EL gehackte Petersilie

1. Variante: Steinpilze in 5 mm dicke Scheiben schneiden, würzen. Pilze und Butter gleichzeitig in die rauchendheiße Gusseisenpfanne oder eine hoch erhitzbare beschichtete Bratpfanne geben, unter kräftigem Schütteln und Rühren anbraten, Schalotten beigeben, mit dem Weißwein ablöschen, Wasser zugeben. Die Butter stückchenweise unterrühren (aufmontieren). Sofort servieren.
2. Variante: Steinpilze in 5 mm dicke Scheiben schneiden, würzen. Pilze und Olivenöl in die rauchendheiße Gusseisenpfanne oder in eine hoch erhitzbare beschichtete Bratpfanne geben, unter kräftigem Schütteln und Rühren anbraten, Schalotten, Knoblauch und Petersilie beigeben, bei schwacher Hitze 1 Minute dünsten.

TIPP Mit frischem Brot servieren.

FLEISCH | FISCH

104 Kalbsmilke/-bries mit Morcheln

106 Hirschfilet mit Violettem Rötelritterling und Lavendel

108 Hallimasch-Kalbfleisch-Torte mit Beurre rouge

110 Kalbsfilet im Riesenchampignon mit Pfifferlingen

112 Doppeltes Kalbssteak mit Krauser Glucke

114 Quiche von Violettem Rötelritterling

116 Geschmorte Kaninchenschenkel mit Totentrompeten

118 Geschnetzeltes mit Waldpilzen

118 Rinderfilet mit Trüffelsauce

119 Fischfarce – Grundrezept

119 Gefüllte Morcheln mit weißem Spargel

120 Seezungenfilets mit Violettem Rötelritterling

122 Zanderbratwürstchen auf Totentrompeten-Nudeln

FLEISCH | FISCH

Wald- und Zuchtpilze können mit jeder Art von Fleisch, mit Geflügel und Wild «vermählt» werden. Die Rezepte sind eine kleine Auswahl der vielfältigen Möglichkeiten. Weitere Speisen, die auch als Mahlzeit serviert werden können, gibt es in den Kapiteln «Appetizer» und «Vorspeisen».

Milke respektive Bries ist eine Wachstumsdrüse, die bei Feinschmeckern sehr begehrt ist. Allen Regeln zum Trotz wässere und blanchiere ich ganz frische Kalbsmilke/-bries nie. Wichtig ist, dass man beim Metzger die Herzmilke/-bries verlangt, also das Innere der Milke/des Bries. Noch wichtiger ist aber, dass die Kalbsmilke/das Kalbsbries vor der Verarbeitung nie gefroren war. Schon mancher Gast hat in meinem Restaurant durch diese Zubereitungsart eine Delikatesse entdeckt.

Kalbsmilke/-bries mit Morcheln

für 2 bis 4 Personen

320–500 g Kalbs-Herzmilke/-bries
(dicke Stücke)
Pilzsalz, Seite 145
frisch gemahlener Pfeffer
1 EL Bratbutter/Butterschmalz

1 EL in Öl eingelegte Schalotten, Seite 143
200 g frische oder eingeweichte Morcheln
1 dl/100 ml Weißwein
1 dl/100 ml brauner Kalbsfond, Seite 136
50 g Butter
Schnittlauch, Sauerklee

1 Milke/Bries mit Pilzsalz und Pfeffer würzen, in der Bratbutter bei mittlerer Temperatur allseitig insgesamt 10 Minuten braten. Warm stellen.
2 Morcheln mit den in Öl eingelegten Schalotten kurz dünsten, mit dem Weißwein ablöschen, Kalbsfond zugeben, Butter unterrühren.
3 Kalbsmilke/-bries in Scheiben schneiden, mit der Morchelsauce auf vorgewärmten Tellern anrichten. Mit den Kräutern garnieren.

VARIANTE Anstelle der Morcheln können auch gemischte Waldpilze oder Zuchtpilze verwendet werden.
FLEISCHMENGE Kleinere Menge (320 g) bei einem mehrgängigen Menü, größere (500 g) als Mahlzeit, in Kombination mit einer kleinen Vorspeise oder einem Salat.

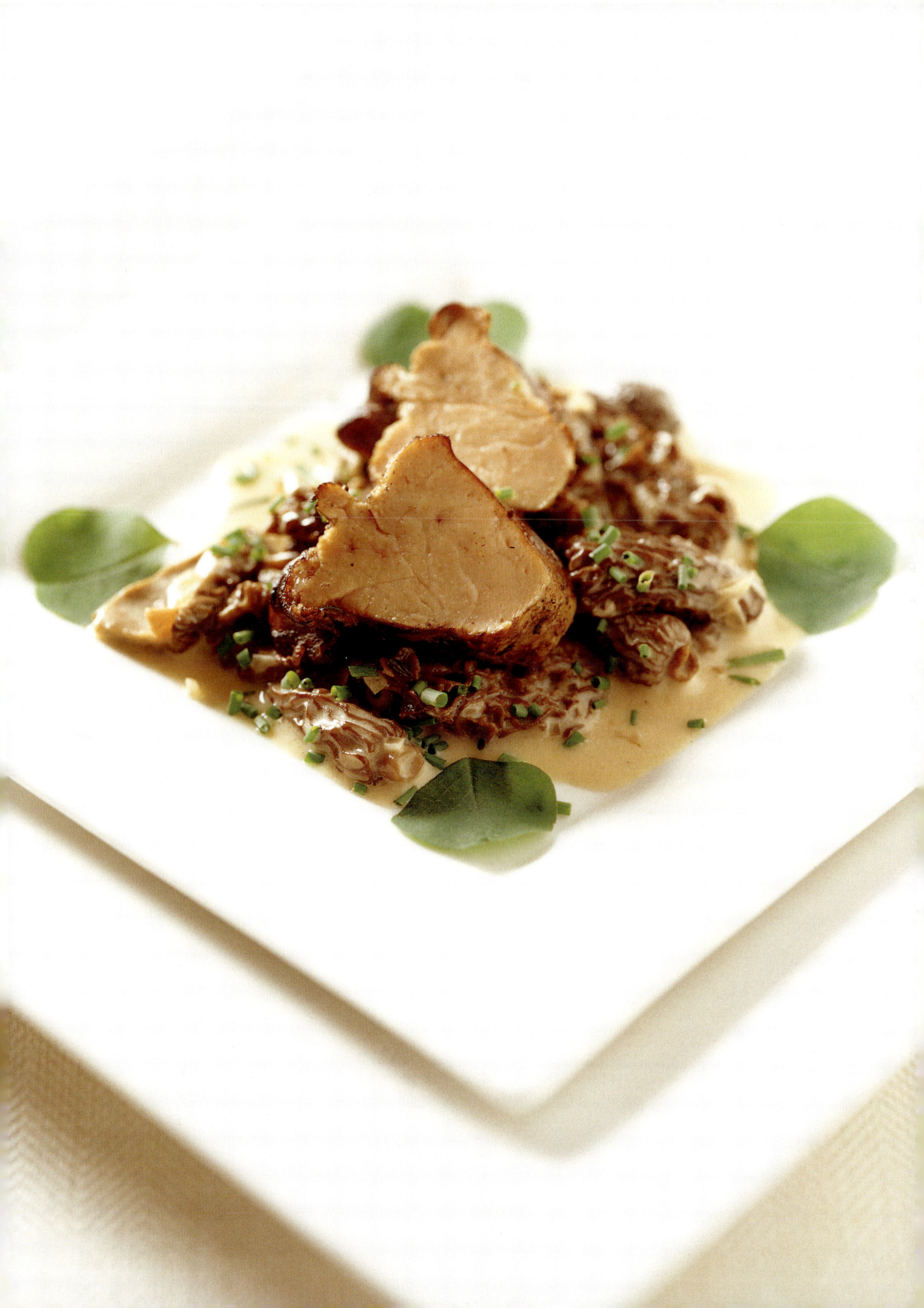

FLEISCH | FISCH

Hirschfilet mit Violettem Rötelritterling und Lavendelblüten

für 4 Personen

320–500 g Hirschfilet, ohne Silberhaut
Bratbutter/Butterschmalz
Pilzsalz, Seite 145
frisch gemahlener Pfeffer

RÖTELRITTERLINGE

1 EL Butter
200 g Violette Rötelritterlinge,
in dünnen Scheiben
50 g Magerspeck/durchwachsener Speck,
gewürfelt
50 g Zwiebeln, fein gehackt
2 dl/200 ml Rotwein, Syrah oder Rioja,
Chianti Classico, Vino Nobile di Montepulciano
2–3 EL Rotweinessig
Lavendelblüten
Lavendel- oder Olivenöl extra nativ
alter Balsamico
Pilzsalz, Seite 145

1 Für die Pilze Speck und Zwiebeln in der Butter andünsten, Pilzscheiben beigeben und kurz mitdünsten, mit Rotwein und Rotweinessig ablöschen, bei schwacher Hitze 20 Minuten köcheln lassen. Saft fast vollständig verdampfen lassen. Abschmecken mit Lavendelblüten oder Lavendelöl, Pilzsalz und Pfeffer.

2 Den Backofen auf 70 °C vorheizen.

3 Hirschfilet mit Salz und Pfeffer würzen, in der Bratbutter ringsum kräftig anbraten. Filet auf ein Gitter legen, mit einem Backblech als Auffangschale in den Ofen schieben und bei 70 °C 10 bis 15 Minuten garen.

4 Rötelritterlinge auf vorgewärmten Tellern anrichten. Das in dünne Scheiben geschnittene Hirschfilet darauf legen, garnieren mit Lavendelöl, Balsamico, Pilzsalz und Kräutern.

TIPP Mit Haselnussspätzle, Seite 74, servieren.

LAVENDELÖL Einige Lavendelblüten samt Stängeln in einem Olivenöl extra nativ ein paar Tage ziehen lassen. Eine spannende Geschmackskombination!

FLEISCHMENGE Kleinere Menge (320 g) bei einem mehrgängigen Menü, größere Menge (500 g) als Mahlzeit, in Kombination mit kleiner Vorspeise oder Salat.

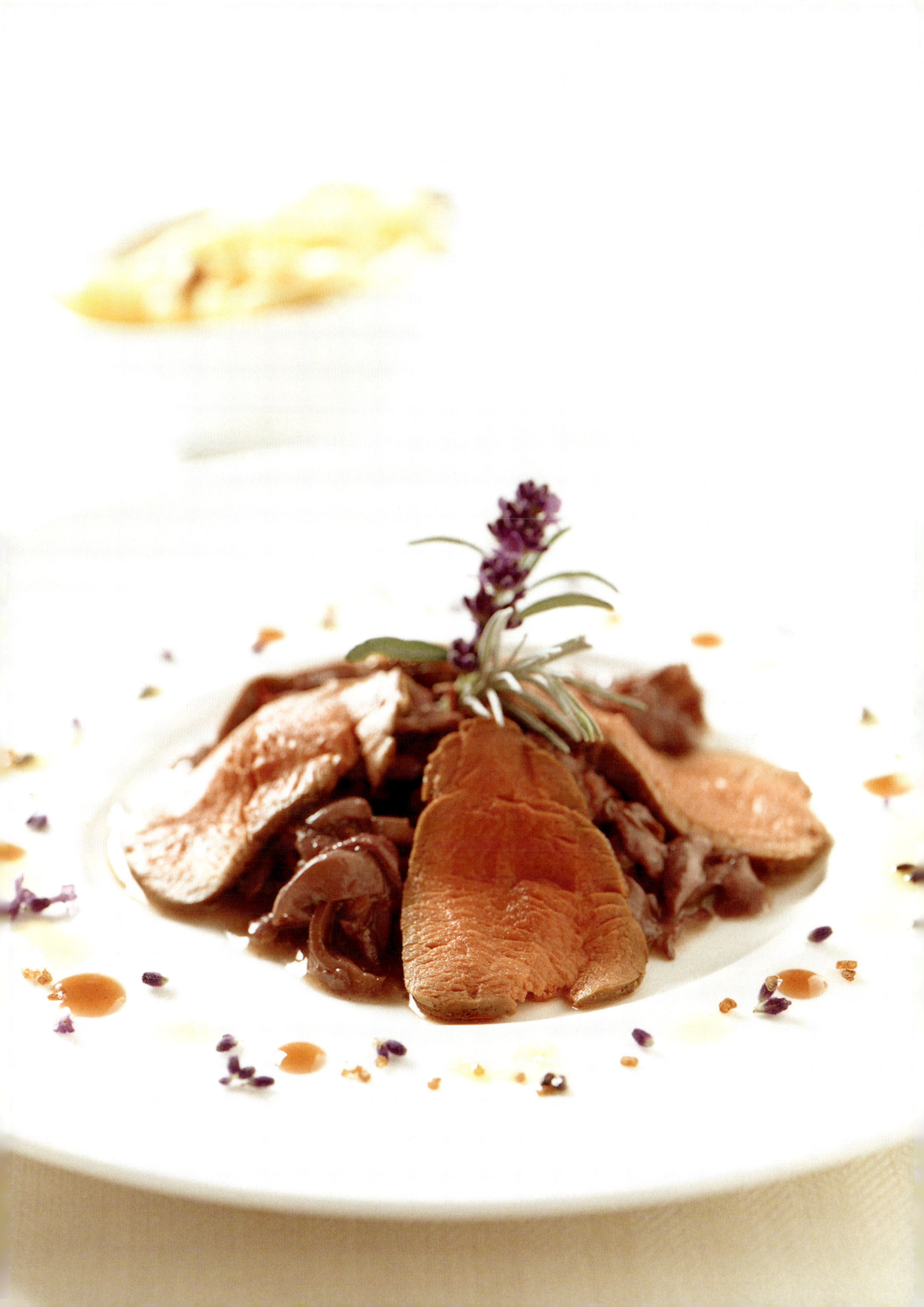

FLEISCH | FISCH

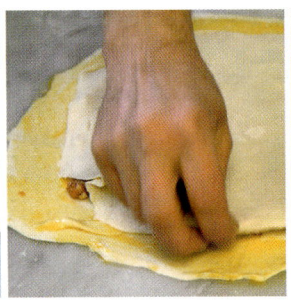

Einfach und köstlich ist dieses Gericht und eines der Lieblingsrezepte von François Bise aus der Auberge du Père Bise in Talloires am idyllischen Lac d'Annecy in Frankreich. Die dort verbrachte Weiterbildungszeit hat meinen heutigen Kochstil nachhaltig geprägt.

Hallimasch-Kalbfleisch-Torte mit beurre rouge

für 4 bis 8 Personen
für 1 Form von 20 cm Durchmesser

ca. 250 g Butterblätterteig
1 Eigelb, zum Einpinseln

FÜLLUNG

je 100 g Schweine- und Kalbfleisch,
sehr fein gehackt
100 g Kalbfleisch, klein gewürfelt
1 EL in Öl eingelegte Schalotten, Seite 143
150 g blanchierte Hallimasch,
gut ausgedrückt
1 Freilandei
Meersalz; Pilzpulver, Seite 145
frisch gemahlener Pfeffer

Kräute für die Garnitur
1 Portion Beurre rouge, Seite 140

1 Hackfleisch, Fleischwürfelchen, Schalotten, Hallimasch und Ei gut mischen. Würzen.
2 Den Backofen auf 220 °C vorheizen.
3 Blätterteig halbieren und auf bemehlter Arbeitsfläche 2 Rondellen von etwa 24 cm Durchmesser ausrollen.
4 Eine Teigrondelle auf ein Backblech legen, die Füllung auf der Teigrondelle verstreichen, einen Rand von etwa 2 cm frei lassen. Den Rand mit Eigelb einpinseln. Zweite Teigrondelle darauf legen, den Rand gut andrücken. Torte mit Eigelb bepinseln, mit Pilzpulver würzen.
5 Hallimasch-Fleisch-Torte auf mittlerer Schiene in den Ofen schieben, bei 220 °C 20 bis 25 Minuten backen. Bei zu raschem Bräunen die Torte mit Alufolie zudecken.
6 Mit der Beurre rouge auf vorgewärmten Tellern einen kleinen Saucenspiegel gießen. Fleischtorte portionieren und darauf anrichten. Mit Kräutern garnieren.

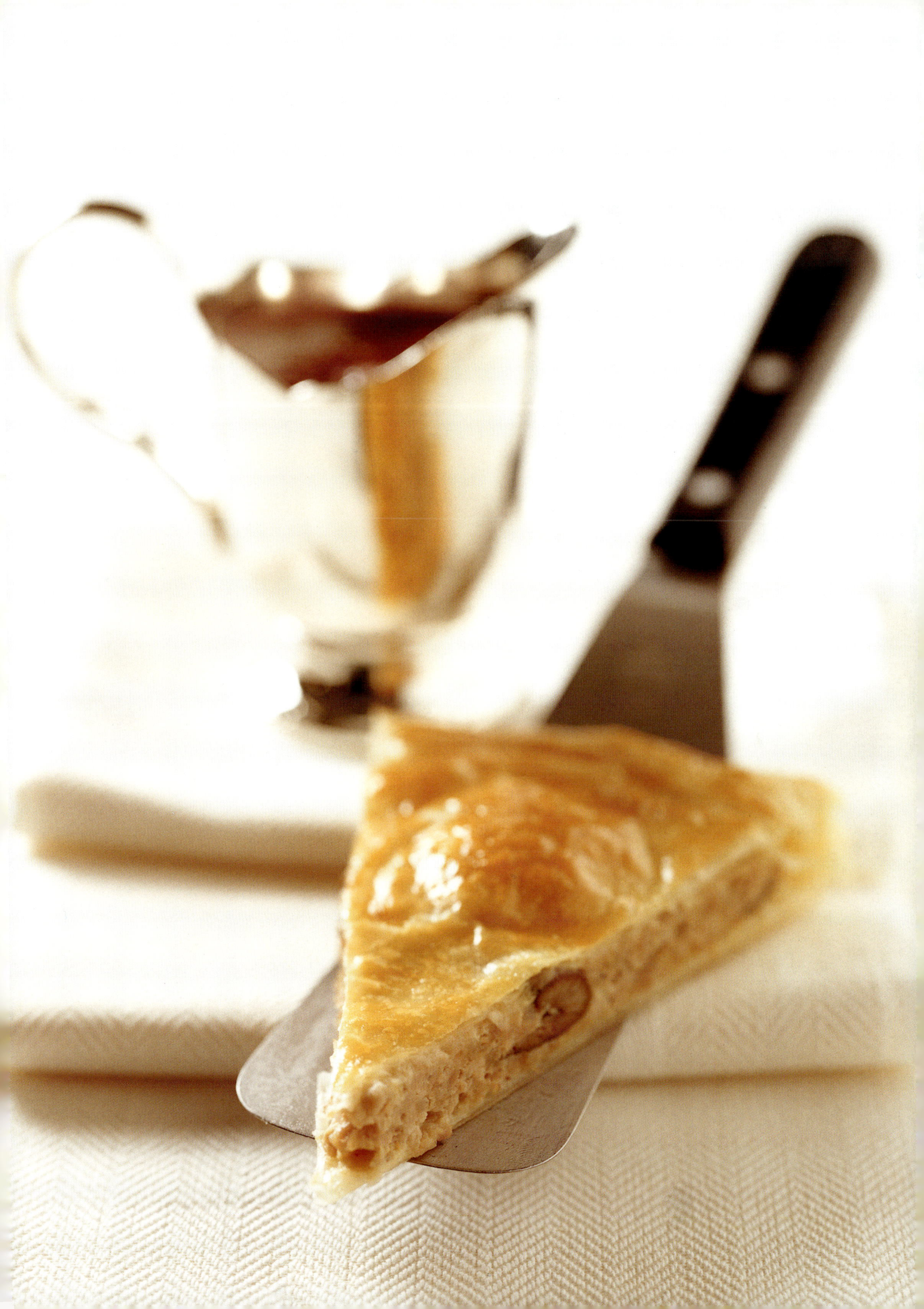

FLEISCH | FISCH

...Wundertüte...

Kalbsfilet im Riesenchampignon mit Pfifferlingen

für 2 bis 4 Personen

2 sehr große Champignonköpfe,
z. B. Portobello, je 120 g
2 Kalbsfiletstücke, 60–70 g
100 g Kalbsbrät (vom Metzger)
1 EL Bratbutter/Butterschmalz

60 g Pfifferlinge/Eierschwämmchen
Pilzsalz, Seite 145
frisch gemahlener Pfeffer
½ EL in Öl eingelegte Schalotten,
Seite 143
½ dl/50 ml Weißwein
50 g Butter

Kräutersträußchen, z. B. Rosmarin,
Thymian, Salbei

1 Backofen auf 250 °C vorheizen.

2 Den Stiel der Champignons herausdrehen, Hut mit Hilfe eines Pariserlöffels (Kugelausstecher) aushöhlen. Die Hälfte des Kalbsbräts einfüllen, Kalbsfilet hineinlegen. Mit Zahnstocher die Längsfaserung des Fleisches anzeigen (damit man nach dem Garen das Fleisch richtig, d. h. quer zur Faser schneiden kann). Restliches Brät mit einem Löffel auf dem Fleisch verstreichen. Die gefüllten Pilze in eine kleine mit Bratbutter eingefettete Bratpfanne oder in ein kleines Backblech stellen. In der Mitte in den Ofen schieben, bei 250 °C 15 Minuten backen.

3 Pfifferlinge mit Pilzsalz und Pfeffer würzen, mit Schalotten und Butter in eine aufgeheizte Bratpfanne geben und kurz dünsten, mit Weißwein ablöschen, köcheln lassen, bis die Butter schön bindet. Achtung: die Temperatur darf nicht zu hoch sein, sonst flockt die Sauce aus.

4 Pfifferlinge auf vorgewärmte Teller verteilen, die aufgeschnittenen Pilze darauf setzen, mit dem Kräutersträußchen garnieren.

TIPP Eine sämige Polenta passt ausgezeichnet zu diesem Gericht.
FLEISCHMENGE Bei einem mehrgängigen Menü für 4 Personen, bei einer Mahlzeit mit Salat und kleiner Vorspeise für 2 Personen.

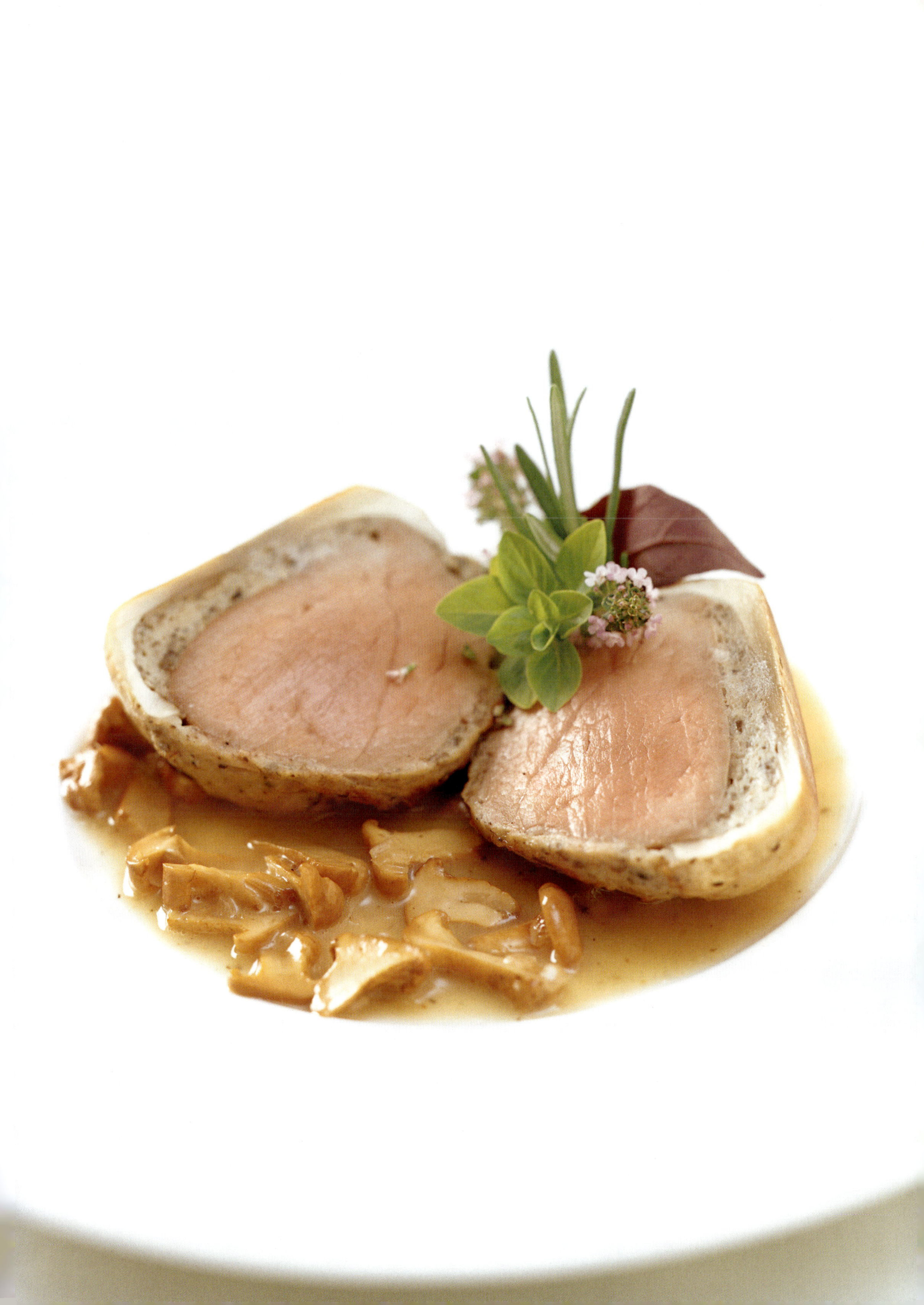

FLEISCH | FISCH

...butterzart...

Doppeltes Kalbssteak mit Krauser Glucke

für 2 bis 4 Personen

1 EL Bratbutter/Butterschmalz
250 g Kalbsrücken
Meersalz
frisch gemahlener Pfeffer

100 g Krause Glucke
½ EL in Öl eingelegte Schalotten, Seite 143
1 EL Butter
½ dl/50 ml Weißwein
½ dl/50 ml Rahm/Sahne
Pilzsalz, Seite 145
frisch gemahlener Pfeffer

Gartenkräuter für die Garnitur

1 Den Kalbsrücken würzen, in der Bratbutter auf allen Seiten langsam 10 Minuten braten. Warm stellen.

2 Krause Glucke, Schalotten und Butter in der Fleischpfanne kurz dünsten, mit Weißwein ablöschen, Rahm beifügen, auf die gewünschte Konsistenz einkochen lassen.

3 Kalbsrücken in Scheiben schneiden, mit den Pilzen anrichten, mit den Kräutern garnieren.

FLEISCHMENGE Bei einem mehrgängigen Menü für 4 Personen, bei einer Mahlzeit mit Salat und kleiner Vorspeise für 2 Personen.

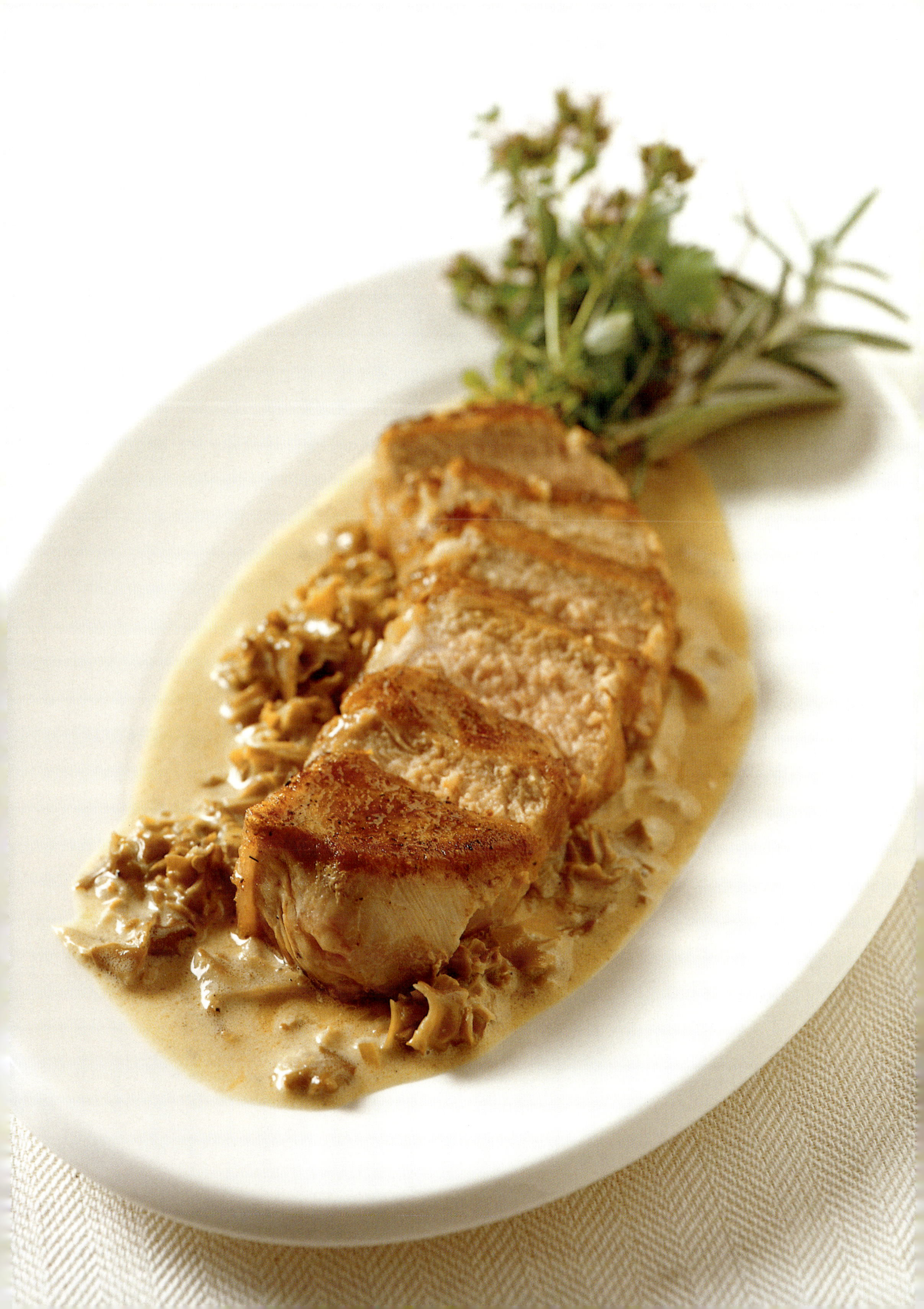

FLEISCH | FISCH

Zu diesem Rezept hat mich der Lothringer Zwiebelkuchen (die klassische Quiche Lorraine) inspiriert. Jeder Ort in Lothringen und im Elsass nimmt für sich in Anspruch, das Originalrezept für diesen Kuchen zu haben. Auch über den Teig wird gestritten.

Früher hat man vermutlich Brotteig verwendet, später geriebenen Teig und heute wird häufig der etwas aufwändigere und teurere Butterblätterteig genommen.

Quiche von Violettem Rötelritterling

für 4 Personen als Vorspeise
für 2 Personen als Mahlzeit

für 4 Tarteletteformen von
ca. 10 cm Durchmesser

100 g Butterblätterteig

160 g Violetter Rötelritterling,
in feinen Scheiben
60 g geräucherter Speck, in Scheiben
wenig Kümmelsamen

GUSS
1 Freilandei
½ dl/50 ml Rahm/Sahne
½ dl/50 ml Milch
1 EL in Öl eingelegte Schalotten, Seite 143
½ EL Bärlauchpaste, Seite 144, oder
½ Knoblauchzehe, durchgepresst
frisch geriebene Muskatnuss
Meersalz
frisch gemahlener Pfeffer

1 Blätterteig auf bemehlter Arbeitsfläche zu einem Quadrat von ca. 26 cm Seitenlange ausrollen. 4 Rondellen von 13 cm Durchmesser ausstechen. In die eingefetteten Formen legen. Den Teigboden mit einer Gabel einstechen.
2 Den Backofen auf 220 °C vorheizen.
3 Die Pilzscheiben auf den Teigboden verteilen, mit den Speckstreifen belegen, den Guss darüber gießen.
4 Die Quiches auf der mittleren Schiene in den vorgeheizten Ofen schieben, bei 220 °C 15 Minuten backen. Nach rund 5 Minuten Backzeit mit ein wenig Kümmel bestreuen (wenn der Guss sich schon ein wenig gesetzt hat und angedickt ist, so bleibt der Kümmel an der Oberfläche).

TIPP Die Quiche mit einem bunten Blattsalat servieren.
VARIANTEN Geräucherten Speck durch Tofu ersetzen (etwas krätiger würzen). Für eine Backform von 28 cm Durchmesser die Zutaten verdoppeln. Auch feinblättrig geschnittene Austernseitlinge und Mairitterlinge eignen sich für dieses Rezept.

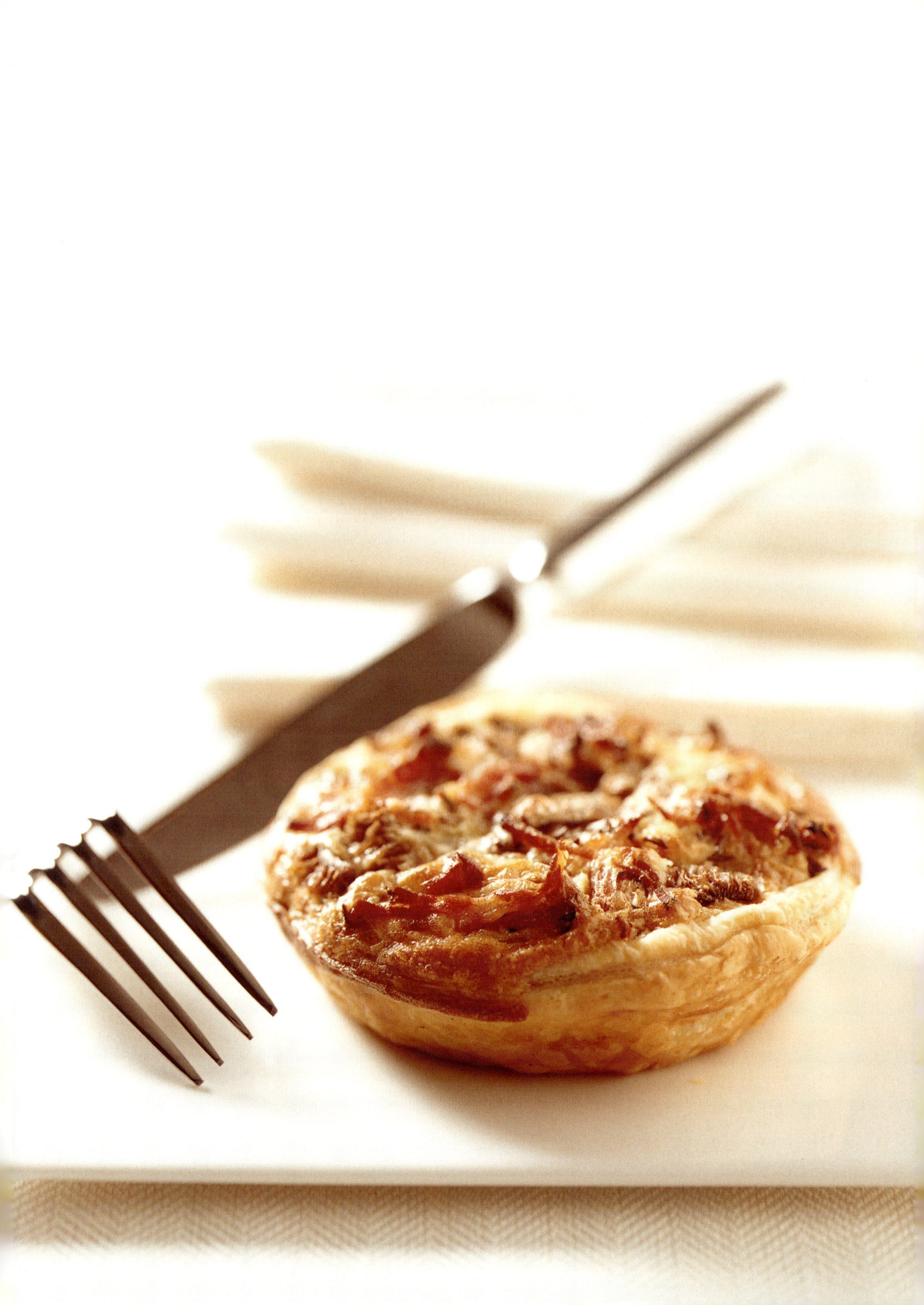

FLEISCH | FISCH

Weil Kaninchenschenkel/-keulen auch aufgewärmt wunderbar schmecken, lohnt es sich, eine größere Menge zuzubereiten. Im Handel gibt es Hinterschenkel/-keulen und Rückenfilets. Man kann auch ein ganzes Tier kaufen! Um das typische Aroma der «Armeleutetrüffel» hervorzuheben, verzichte ich in diesem Rezept auf andere Gewürze.

...kräftig...

Geschmorte Kaninchenschenkel mit Totentrompeten

für 8 Personen

4 EL Bratbutter/Butterschmalz
ca. 1,6 kg Kaninchenschenkel
2 EL Mehl
100 g frische Totentrompeten oder
30 g getrocknete Totentrompeten
(mit Einweichwasser)
2 EL in Öl eingelegte Schalotten,
Seite 143
½ l Weißwein, Wasser
2 EL Totentrompetenpaste, Seite 145,
nach Belieben
Pilzsalz, Seite 145
frisch gemahlener Pfeffer
Salbei für die Garnitur

1 Die Kaninchenschenkel mit Salz und Pfeffer würzen, mit 1 EL Mehl bestäuben, in einem Schmortopf in der Bratbutter portionsweise anbraten. Alles Fleisch, Totentrompeten und Schalotten beigeben, kurz andünsten, mit dem restlichen Mehl bestäuben, mit dem Weißwein ablöschen, so viel Wasser zugeben, dass das Fleisch mit Flüssigkeit gut bedeckt ist, aufkochen, bei schwacher Hitze eine Stunde zugedeckt schmoren.

2 Das Kaninchenfleisch herausnehmen und warm stellen. Die Sauce auf die gewünschte Konsistenz einkochen.

TIPP Mit Quarkspätzle, Seite 74, servieren.

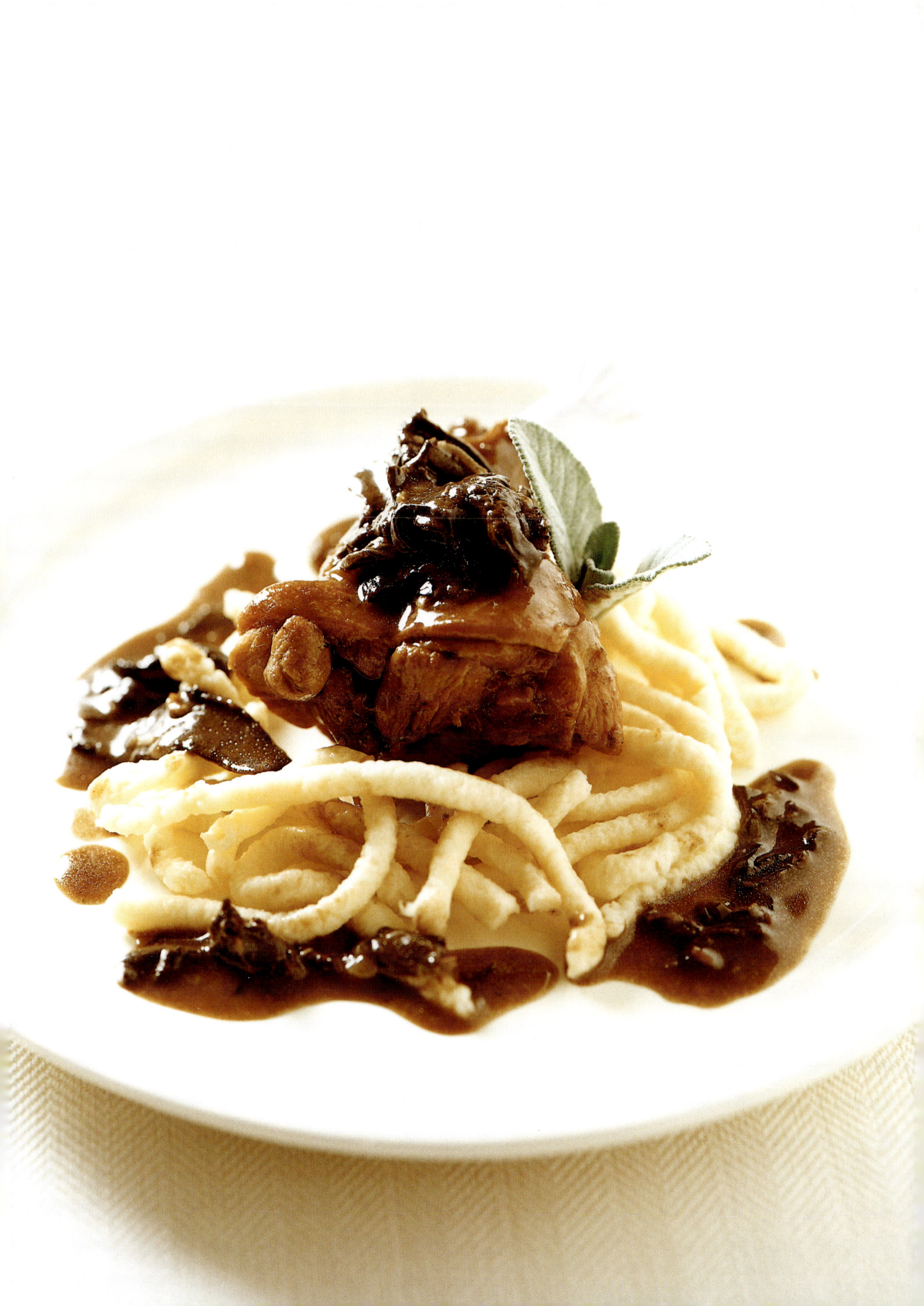

FLEISCH | FISCH

Dieses Rezept ist in Anlehnung an eines der bekanntesten Schweizer Gerichte, das «Züri-Gschnätzlete» (geschnetzeltes Kalbfleisch nach Zürcher Art) entstanden. Das Originalrezept schreibt zwar Kalbfleisch vor, man kann aber auch Schweinefilet/-lende, Maispoularde, Perlhuhnbrust, Kaninchenrückenfilet) nehmen. Wichtig ist, dass das Fleisch richtig geschnitten (geschnetzelt) wird, d. h. quer zur Faser, in Rechtecke von 5 mm Dicke und 2 cm x 4 cm Größe.

Geschnetzeltes
mit Waldpilzen

für 4 Personen

320–500 g geschnetzeltes Fleisch von
Schwein, Kalb, Poulet/Huhn
Pilzsalz, Seite 145; frisch gemahlener Pfeffer
1 EL Mehl, 1 EL Butter
200–300 g gemischte Waldpilze
2 EL in Öl eingelegte Schalotten, Seite 143
1 EL Butter
1 dl/100 ml Weißwein
1 dl/100 ml Pilzessenz, Seite 32, oder
1 dl/100 ml brauner Kalbsfond, Seite 136
2 dl/200 ml Rahm/Sahne
½ EL grob gehackte Petersilie

1 Das Fleisch mit Salz und Pfeffer würzen, mit dem Mehl bestäuben. Fleisch und Butter zusammen in eine rauchendheiße Bratpfanne geben, unter ständigem Rühren anbraten. Das Fleisch soll eine helle Farbe bekommen. In ein Sieb abgießen, den Saft auffangen.
2 Pilze, Schalotten und Butter in der Fleischpfanne kräftig anbraten, mit Weißwein, aufgefangenem Fleischsaft und Pilzessenz ablöschen, mit dem Rahm auffüllen, Sauce ein wenig einkochen lassen. Fleisch und Petersilie zugeben, erhitzen. Auf vorgewärmten Tellern anrichten.

Rinderfilet
mit Trüffelsauce

für 4 Personen

500–600 g Rinderfilet
Meersalz; Pilzsalz, Seite 145
frisch gemahlener Pfeffer
2 EL Bratbutter/Butterschmalz
½ dl/50 ml kräftiger Rotwein
2 dl/200 ml Trüffelsauce, Seite 137

1 Rinderfilet würzen, in der Bratbutter rundum anbraten. Auf ein Gitter legen, mit Backblech als Auffangschale in den vorgeheizten Ofen bei 70 °C 1 Stunde sanft garen. Bratsatz mit Rotwein ablöschen, Trüffelsauce zugeben. Aufkochen.
2 Mit der heißen Trüffelsauce auf vorgewärmten Tellern einen Spiegel gießen. Das in Scheiben geschnittene Rinderfilet auf der Sauce anrichten.

TIPP Als Beilage eignen sich auch hervorragend Polenta, Gnocchi, Nudeln oder Quarkspätzle.

Zwingend für die Herstellung einer Farce ist ein Cutter/Mixerglas. Der Fisch kann nicht frisch genug sein. Bei den Meeresfischen ist wegen der langen Transportwege Vorsicht geboten. Wenn man unsicher ist, weicht man lieber auf einheimischen Fisch aus einer Fischzucht oder aus unseren Gewässern in der Nähe aus. Geeignete Süßwasserfische sind: Hecht, Zander, Forelle, Lachsforelle, Saibling, Salm/Lachs. Ungeeignete Süßwasserfische sind: Felchen, Egli und andere Weißfische. Geeignete Meeresfische sind: Meerhecht und Heilbutt. Seezunge, Steinbutt und Meerwolf sind zwar gut geeignet, aber für eine Farce fast zu schade. Ungeeignete Meeresfische sind: Flunder, Hering, Dorsch und Rotzunge.

Fischfarce – Grundrezept

100 g Fisch
1 dl/100 ml Rahm/Sahne, eiskalt
Meersalz, frisch gemahlener Pfeffer

1 Cutter oder Mixerglas in den Tiefkühler stellen.
2 Die Fischfilets auf Gräten kontrollieren. Gräten mit einer Pinzette zupfen. Fischfilets in Würfel schneiden. Die Fischwürfel 10 bis 15 Minuten in den Tiefkühler stellen.
3 Gekühlten Cutteraufsatz oder Mixer bereitstellen.
4 Die Fischwürfel mit Salz und Pfeffer leicht würzen. In den Cutter geben. Sobald der Fisch püriert ist, nach ca. 30 Sekunden, bei laufendem Gerät den Rahm nach und nach zugeben. Fischreste mit einem Gummischaber nach unten stoßen, damit sich der Inhalt gut mischen kann. Jetzt darf die Farce nach Belieben gewürzt werden, sei es mit Salz und Pfeffer, Pastis und Safran (für eine gelbe Farbe), gehackten Gartenkräutern, Bärlauchpaste (für eine grüne Farbe), gehackten Totentrompeten (für die Zanderwürstchen mit Totentrompeten, Seite 122).

WICHTIG Die Maschine soll nur kurz im Einsatz sein. Bei zu langem Mixen erwärmt sich die Farce und es besteht die Gefahr, dass sich Fisch und Rahm scheiden.

Meine klassische Ausbildung zum Koch erweist sich als Hemmschuh, wenn es um die Kombination von Fisch und Pilz geht. Doch keine Regel ohne Ausnahme. Für die Kombination von Fisch und Pilz sprechen das wachsende Angebot an Zuchtpilzen und die Verlockung von Form und Farbe.

Gefüllte Morcheln
mit weißem Spargel

für 4 Personen als Vorspeise
für 2 Personen als Mahlzeit

1 Portion Fischfarce, nebenan

8 dicke weiße Spargel (22 mm Durchmesser)
12 große Morcheln, je ca. 20 g
1 EL in Öl eingelegte Schalotten, Seite 143
½ dl/50 ml Weißwein
50 g kalte Butter
Fleur de Sel, frisch gemahlener Pfeffer

1 Spargel schälen, das untere Drittel großzügig, Rest sparsam, die Schnittstelle großzügig kappen. Spargelspitzen auf 5 cm kürzen und längs halbieren. Restlichen Spargel schräg in 1 cm dicke, schräge Scheiben schneiden. Spargel bissfest garen.
2 Die Schalotten in eine Gratinform verteilen.
3 Die Fischfarce in einen Spritzbeutel mit glatter Tülle füllen, in die gewaschenen, abgetropften Morcheln spritzen. In die Gratinform legen. Weißwein darüber gießen. Leicht würzen. Morcheln im vorgeheizten Ofen bei 220 °C 12 bis 15 Minuten garen.
4 Abgetropfte Spargelstücke auf vorgewärmten Tellern in der Tellermitte anrichten. Morcheln dazugeben.
5 Morchelsaft in ein Pfännchen gießen, aufkochen, Butter stückchenweise unterrühren. Auf die Teller verteilen.

TIPP Für eine Mahlzeit kleine in der Schale gebratene Frühkartoffeln dazu servieren.

FLEISCH | FISCH

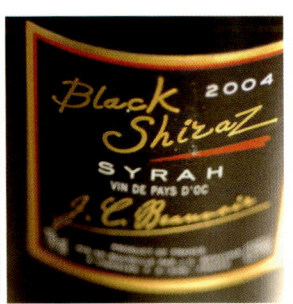

...pochieren...

Seezungenfilets mit Violettem Rötelritterling

für 4 Personen als Vorspeise
für 2 Personen als Mahlzeit

120 g frische Nudeln, Seite 66

1 EL in Öl eingelegte Schalotten, Seite 143
240 g Seezungenfilets (8 Filets) oder
2 ganze Seezungen à ca. 500 g
100 g Violette Rötelritterlinge
feines Meersalz
frisch gemahlener Pfeffer
1 dl/100 ml Syrah oder Rioja, Chianti
Classico, Vino Nobile di Montepulciano
1½ dl/150 ml Fischsauce, Seite 138
Kräuter für die Garnitur

1 Backofen auf 180 °C vorheizen.

2 Schalotten in einer feuerfesten Gratinform verteilen. Seezungenfilets leicht klopfen, falten, zusammen mit den Violetten Rötelritterlingen auf die Schalotten legen, Rotwein darüber gießen, mit Salz und Pfeffer würzen. Auf der Herdplatte kurz aufkochen. Gratinform mit Alufolie verschließen.

3 Form in den auf 180 °C vorgeheizten Ofen schieben, Fischfilets rund 10 Minuten pochieren.

4 Nudeln in reichlich Salzwasser al dente kochen, abgießen.

5 Nudeln auf vorgewärmten Tellern anrichten, Fischfilets darauf legen. Zugedeckt warm halten.

6 Pilze und Fond (aus der Gratinform) zur Fischsauce geben, aufkochen, auf die gewünschte Konsistenz einkochen lassen. Nudeln und Fisch mit der Sauce umgießen. Mit Kräutern garnieren.

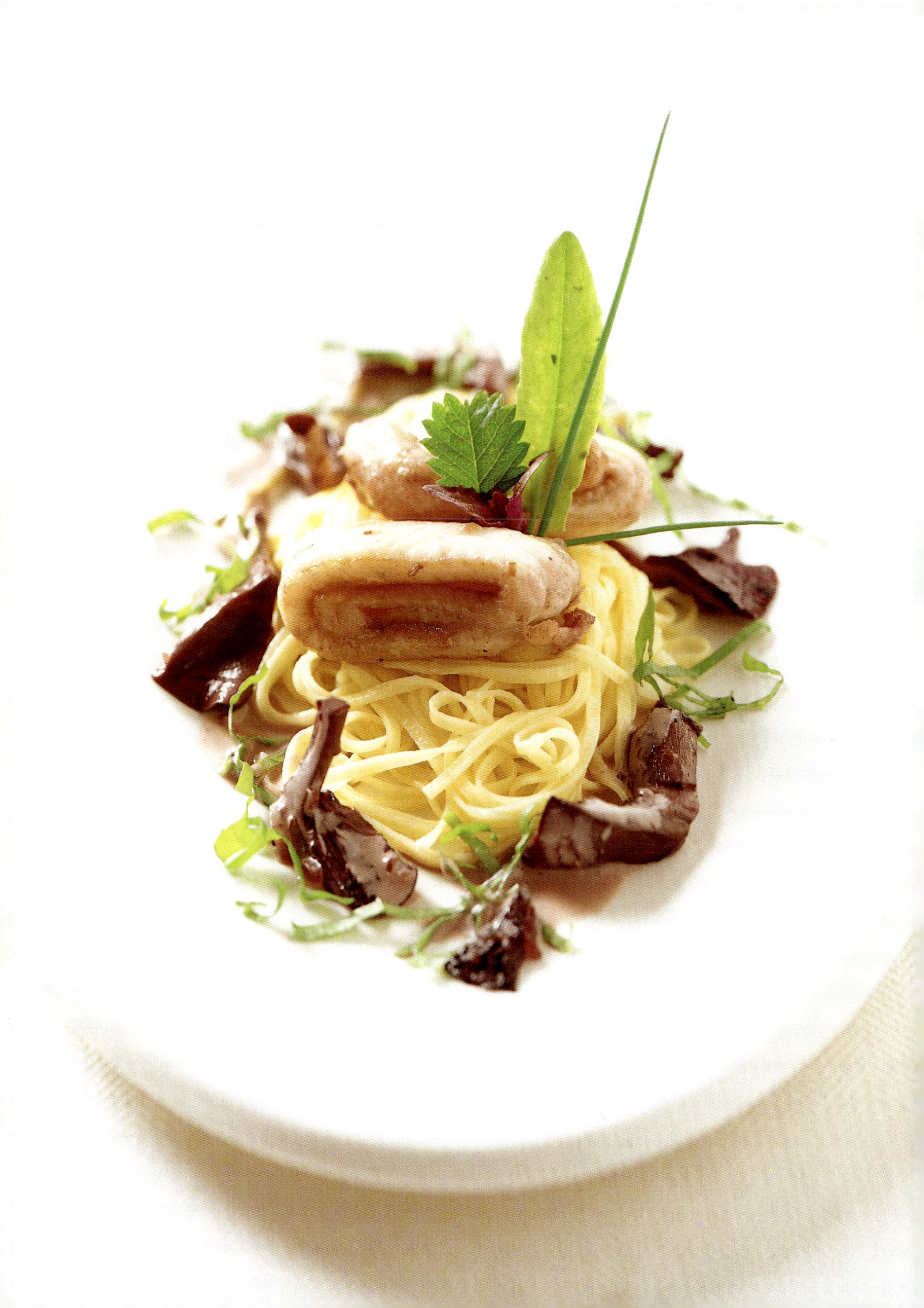

FLEISCH | FISCH

Zanderbratwürstchen auf Totentrompeten-Nudeln

für 6 Personen als Vorspeise

400 g Zander-Fischfarce, Seite 119
Naturdarmwursthülle, nach Belieben
2 EL Bratbutter/Butterschmalz
Fischsauce Seite 138

150 g frische Totentrompeten-Nudeln,
Seite 67
20 g frische oder eingeweichte Totentrompeten (ausgedrückt), nach Belieben
wenig Butter
feines Meersalz
frisch gemahlener Pfeffer

1 In einem großen Kochtopf reichlich Salzwasser aufkochen, von der Wärmequelle nehmen. Fischfarce in den Darm füllen, die Würstchen abbinden. Oder die Fischfarce in einen Spritzbeutel mit einer 15 mm großen Tülle füllen. Möglichst lange Fischwürstchen ins Wasser drücken. Das Wasser nochmals knapp vor dem Siedepunkt erhitzen. Topf von der Wärmequelle nehmen. Fischwürstchen zugedeckt 10 Minuten pochieren. Mit einer Schaumkelle vorsichtig aus dem Kochwasser fischen, auf einem Küchentuch abtropfen und leicht auskühlen lassen. In der Bratbutter bei schwacher Hitze auf beiden Seiten langsam braten.
2 Die Nudeln in reichlich Salzwasser al dente kochen, abgießen.
3 Totentrompeten in wenig Butter dünsten, mit Salz und Pfeffer würzen.
4 Die Fischsauce auf vorgewärmte Teller verteilen, Nudeln darauf anrichten, Zanderbratwürstchen darauf setzen, mit den Totentrompeten garnieren.

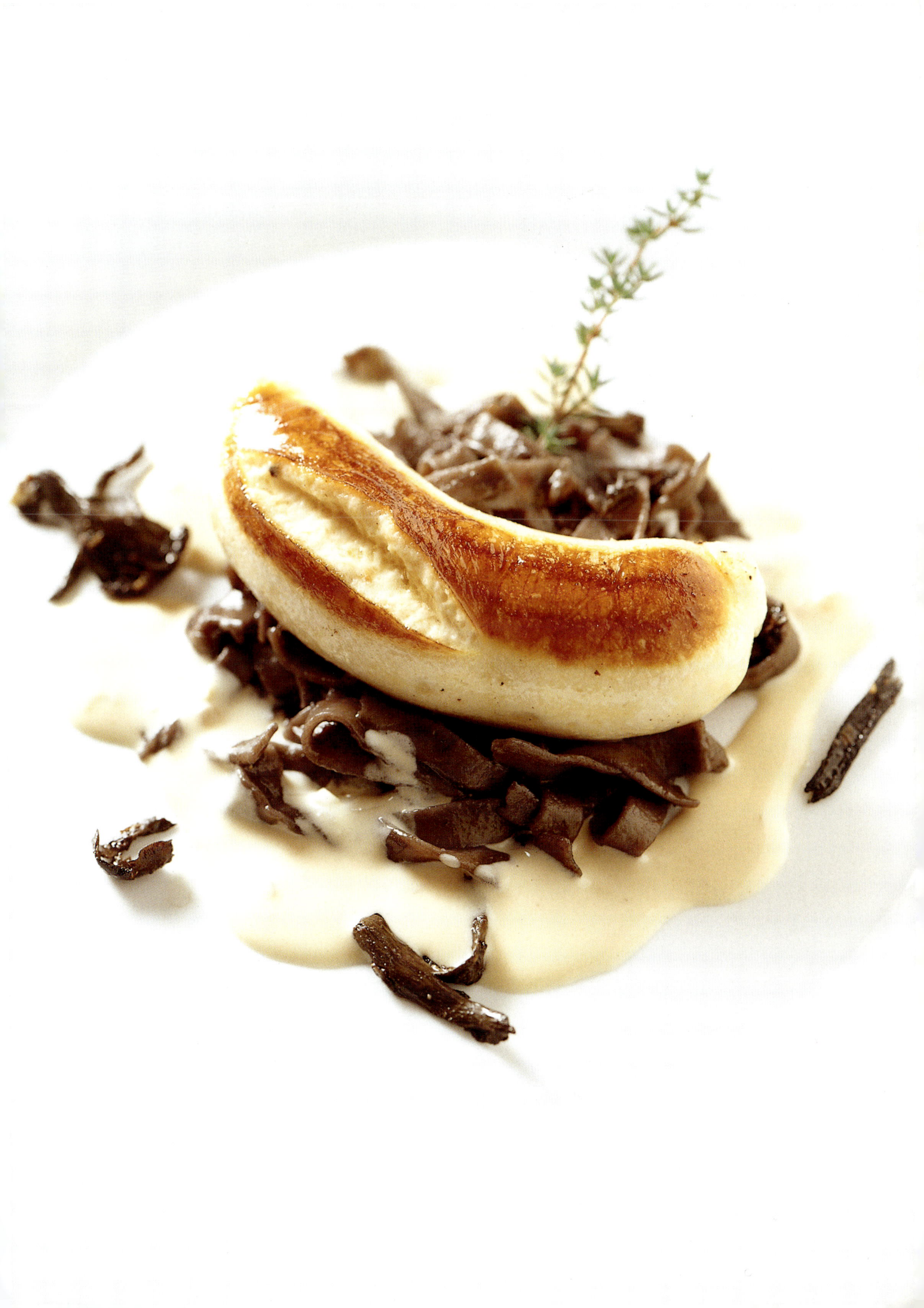

SCHALK

126 **Falsche Froschschenkel** mit Hallimasch und frischen Kräutern

128 **Falscher Spargel** mit Trüffelhollandaise

130 **Falsche Blutwurst** auf blauweißen Stampfkartoffeln mit Weißen Trüffeln

132 **Süße Pilze**

SCHALK

Man glaubt Froschschenkel serviert zu bekommen, und dann entpuppen sie sich als Geflügelschenkel. Ich mag die kleinen Verwirrspiele ... und ich freue mich, wenn die Gäste mitmachen! Gerade gewöhnliche Speisen regen meine Fantasie an. Das, was auf den Teller kommt, soll fröhlich, manchmal witzig aussehen.

...aufatmen...

Falsche Froschschenkel mit Hallimasch und frischen Kräutern

für 4 Personen als Vorspeise
für 2 Personen als Hauptgericht

Olivenöl extra nativ
8 Pouletschenkel/Hähnchenkeulen
Pilzsalz, Seite 145 frisch gemahlener Pfeffer
2 EL in Öl eingelegte Schalotten, Seite 143
2 Knoblauchzehen, halbiert, Keimling entfernt, Zehe durchgepresst
100 g blanchierte Hallimasch
1 EL fein geschnittener Schnittlauch
1 EL grob gehackte Petersilie
½ EL grob gezupfter Thymian
1 EL Butter

1 Pouleschenkel am Gelenk mit einem großen Messer durchtrennen. Beim Mittelstück den kleineren Knochen entfernen und die Haut samt Fleisch umstülpen, sodass die Stücke wie Froschschenkel aussehen. Am einfachsten geht das, wenn man die Knochen knapp unterhalb dem Gelenk durchtrennt.

2 Falsche Froschschenkel mit Salz und Pfeffer würzen, im Olivenöl langsam braten. Schalotten, Knoblauch, Hallimasch, Kräuter und Butter zugeben, nochmals aufschäumen lassen, sofort servieren.

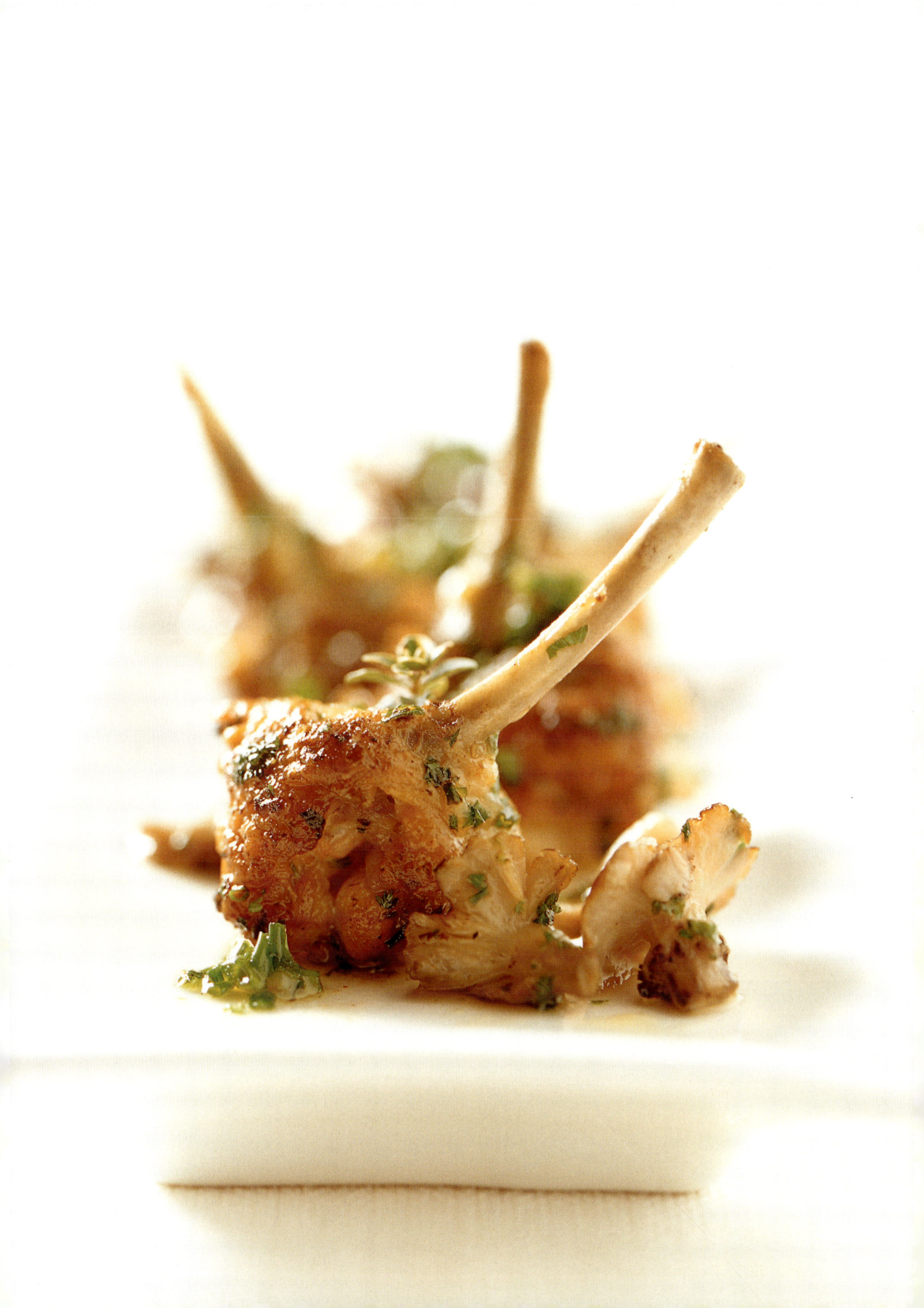

SCHALK

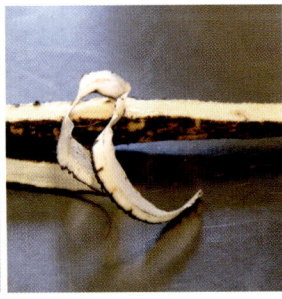

Spargel ist mein Lieblingsgemüse. Leider ist die Saison relativ kurz (es entspricht nicht meiner Philosophie, ganzjährig Spargel zu kochen, der von irgendwo auf der Welt eingeflogen worden ist).

Durch Zufall habe ich entdeckt, dass großzügig geschälte Brokkolistiele ähnlich schmecken wie grüner Spargel. Schwarzwurzeln schmecken zwar nicht wie weißer Spargel, sehen aber geschält sehr ähnlich aus! Im Volksmund werden sie Winterspargel genannt. Der höchste der Genüsse ist Spargel mit Trüffelhollandaise.

Falscher Spargel mit Trüffelhollandaise

für 4 Personen als Vorspeise
für 2 Personen als Mahlzeit

4 Brokkoli
12 dünne Schwarzwurzeln
Trüffelhollandaise, Seite 141
Weiße oder Schwarze Trüffel
Trüffelöl
Mandarinenöl (Olivenöl mit
10 % Mandarinenanteil ganzer Früchte)
Balsamico
Hibiskus-Balsamico
Schwarzes Meersalz
Rotes Meersalz

1 Die Brokkolistiele schälen, längs in etwa spargeldicke Stangen und leicht rund schneiden. In stark gesalzenem Wasser rund 4 Minuten kochen, unter kaltem Wasser abschrecken (nimmt dem Brokkoli den Kohlgeschmack), auf einem Tuch oder auf Küchenpapier abtropfen lassen.

2 Die großzügig geschälten Schwarzwurzeln mit ein wenig Zitronensaft und Butter im Salzwasser je nach Größe 20 bis 25 Minuten kochen. Auf einem Tuch oder auf Küchenpapier abtropfen lassen.

3 Brokkoli und Schwarzwurzeln auf Tellern anrichten, garnieren mit Trüffelhollandaise, Trüffeln, Trüffelöl, Mandarinenöl, Balsamico, Hibiskus-Balsamico, Schwarzem und Rotem Meersalz.

HIBISKUS-BALSAMICO Aromatisierter dickflüssiger Traubenmost. Feine Säure mit blumig-fruchtiger Note und wenig Chili-Schärfe. Für Rind- und Wildgerichte, kräftiges Gemüse, Salatkompositionen. Auch zum Abschmecken pikanter und süßer Speisen.

SCHWARZES MEERSALZ Sieht aus wie schwarze Lavastückchen. Die schwarze Farbe erhält es durch die Beifügung hoch reiner Aktivkohle (Nahrungsergänzungsmittel). Reich an Mineralstoffen und Spurenelementen.

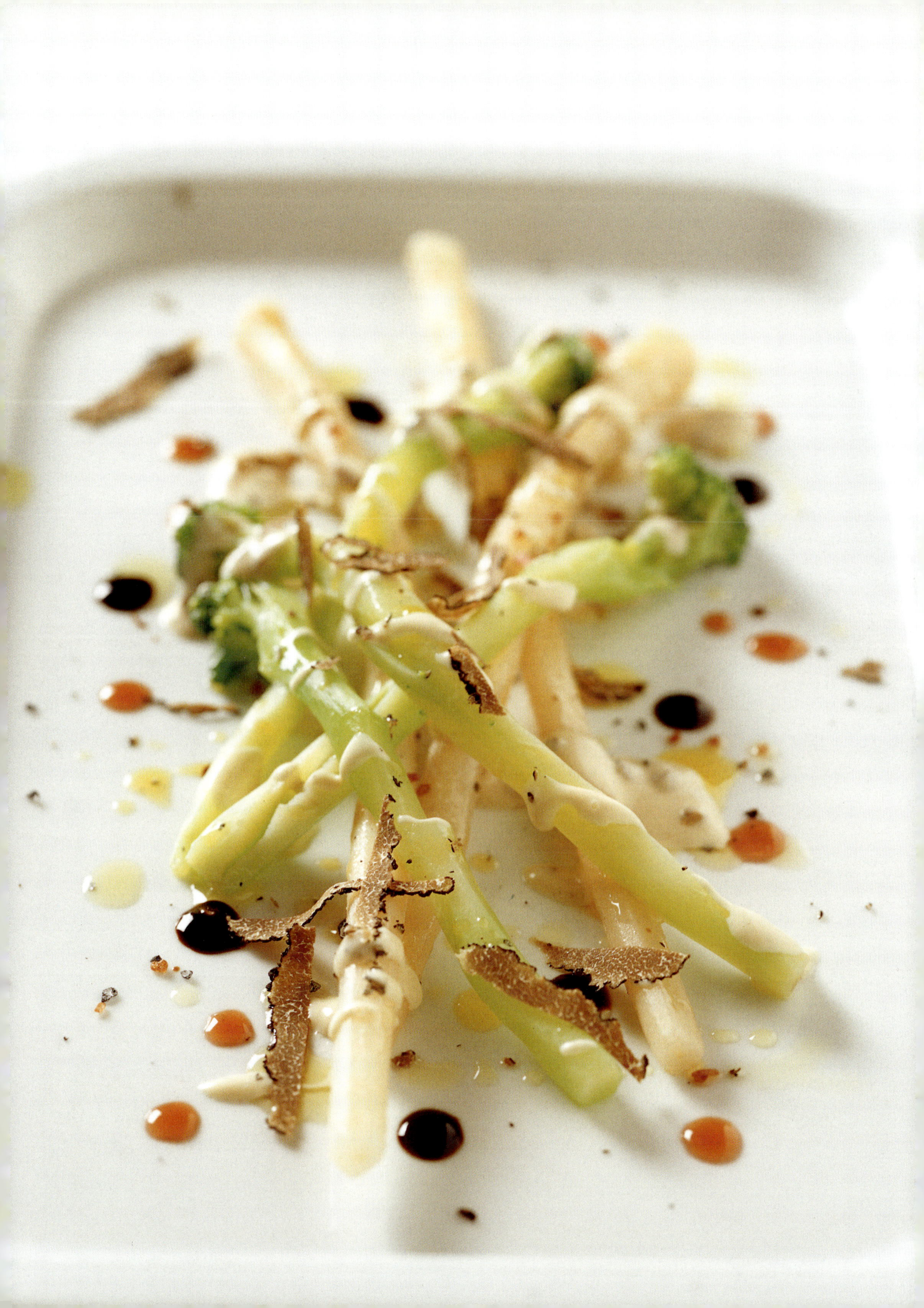

SCHALK

Dieses etwas verrückte Rezept ist für experimentierfreudige Berufskollegen und Hobbyköche gedacht. Der Schwierigkeitsgrad ist nicht allzu hoch, aber es ist sehr arbeitsintensiv.

Falsche Blutwurst auf blauweißen Stampfkartoffeln mit Weißen Trüffeln

für 6 Personen als Vorspeise
für 12 Würstchen von 35–40 g

600 g Pilzessenz, Seite 32
200 g frische Totentrompeten
1 TL in Öl eingelegte Schalotten, Seite 143
7 g Agar-Agar-Pulver
4 Blatt Gelatine, eingeweicht

Naturdarmwursthülle

STAMPFKARTOFFELN
300 g mehlig kochende Kartoffeln
100 g mehlig kochende blaue Kartoffeln
50 g Butter
Weiße Trüffel
Schwarzes Meersalz
frisches Eigelb

1 Totentrompeten in der Pilzessenz 4 Minuten kochen. Pilze ohne Flüssigkeit pürieren. 2 EL Pilzpüree (Rest für eine Raviolifüllung verwenden) zur Pilzessenz geben, auf $1/2$ l einkochen lassen, Schalotten und Agar-Agar-Pulver zugeben, unter ständigem Rühren 1 Minute köcheln, eingeweichte Gelatine unterrühren.

2 Wursthülle über das Ende eines Trichters stülpen, das Ende mit Bindfaden abbinden. Die Masse in den Trichter füllen. Mit Bindfaden 12 Würstchen abbinden. Im Kühlschrank fest werden lassen.

3 Kartoffeln schälen, in Würfel schneiden, im Dampf sehr weich kochen, mit der Gabel zerdrücken/stampfen, die Butter unterrühren.

4 Die Würstchen im Bambusdämpfer/Steam-Basket erwärmen.

5 Stampfkartoffeln auf vorgewärmten Tellern anrichten, die Würstchen darauf setzen, weiße Trüffel darüber hobeln, mit schwarzem Meersalz und Eigelb garnieren.

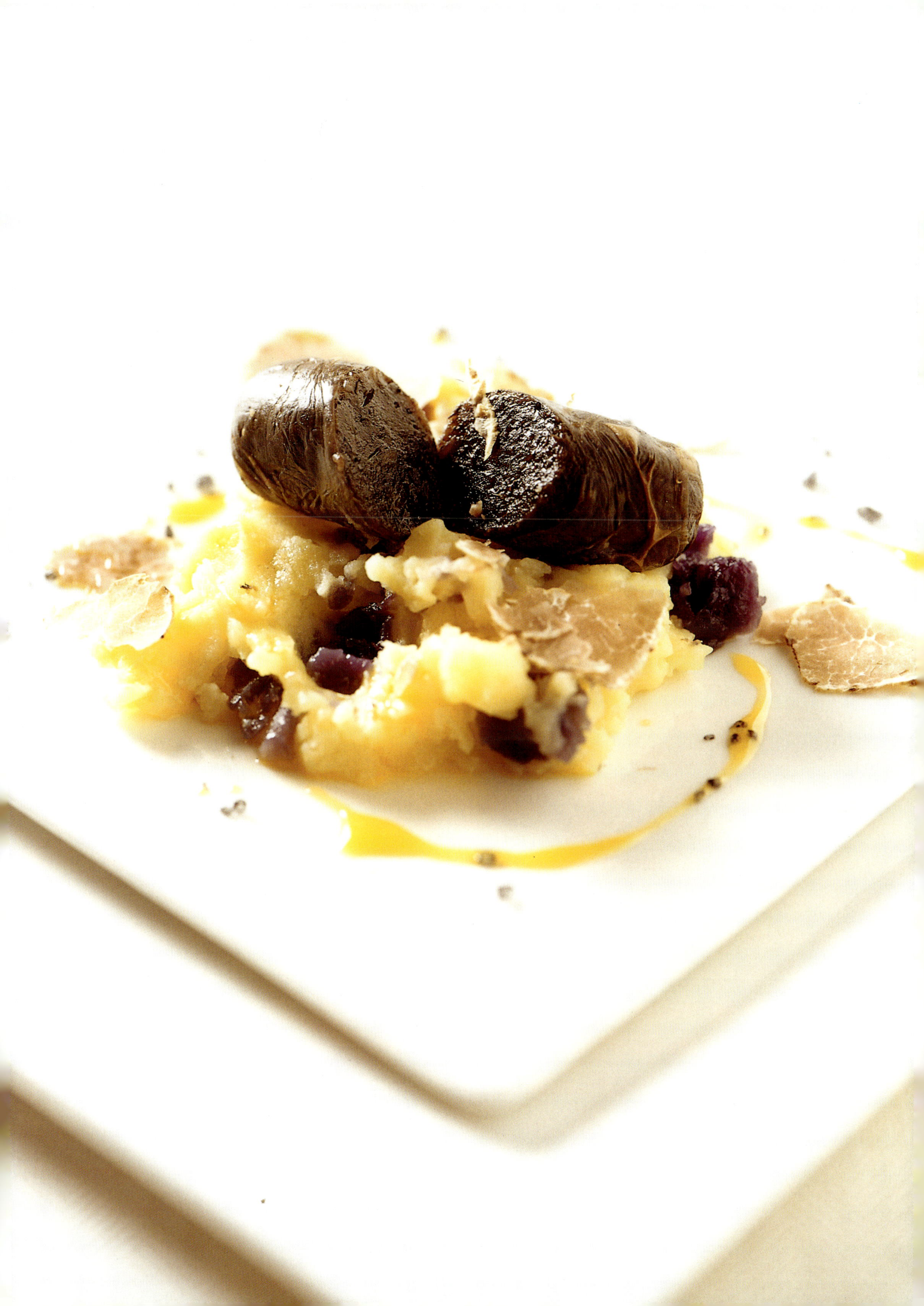

SCHALK

Der kleine kulinarische Witz zu Kaffee/Cappuccino nach einer erfolgreichen Pilzjagd!!

...verweht...

Süße Pilze

150 g Eiweiß
1 Prise Salz
150 g Puderzucker
Kakaopulver
flüssige dunkle Schokolade oder Couverture

1 Backofen auf 150 °C vorheizen.
2 Eiweiß mit Salz und 50 g Puderzucker in der Küchenmaschine oder mit dem Schneebesen zu Schnee schlagen, restlichen Puderzucker unterrühren.
3 Eischnee in einen Spritzbeutel füllen. Zu gleichen Teilen Pilzstiele und Köpfe auf einen mit Backpapier belegten Blechrücken spritzen. Die Köpfe mit Kakaopulver bestreuen.
4 Pilze in den Ofen schieben und bei 150 °C mindestens 3 Stunden trocknen lassen. Auskühlen lassen.
5 Pilzköpfe auf der Unterseite mit einem kleinen Messer leicht aushöhlen, die Stiele in die flüssige Schokolade/Couverture tauchen, in den Hut einsetzen.

TIPP In einer gut schließenden Blechdose aufbewahren.

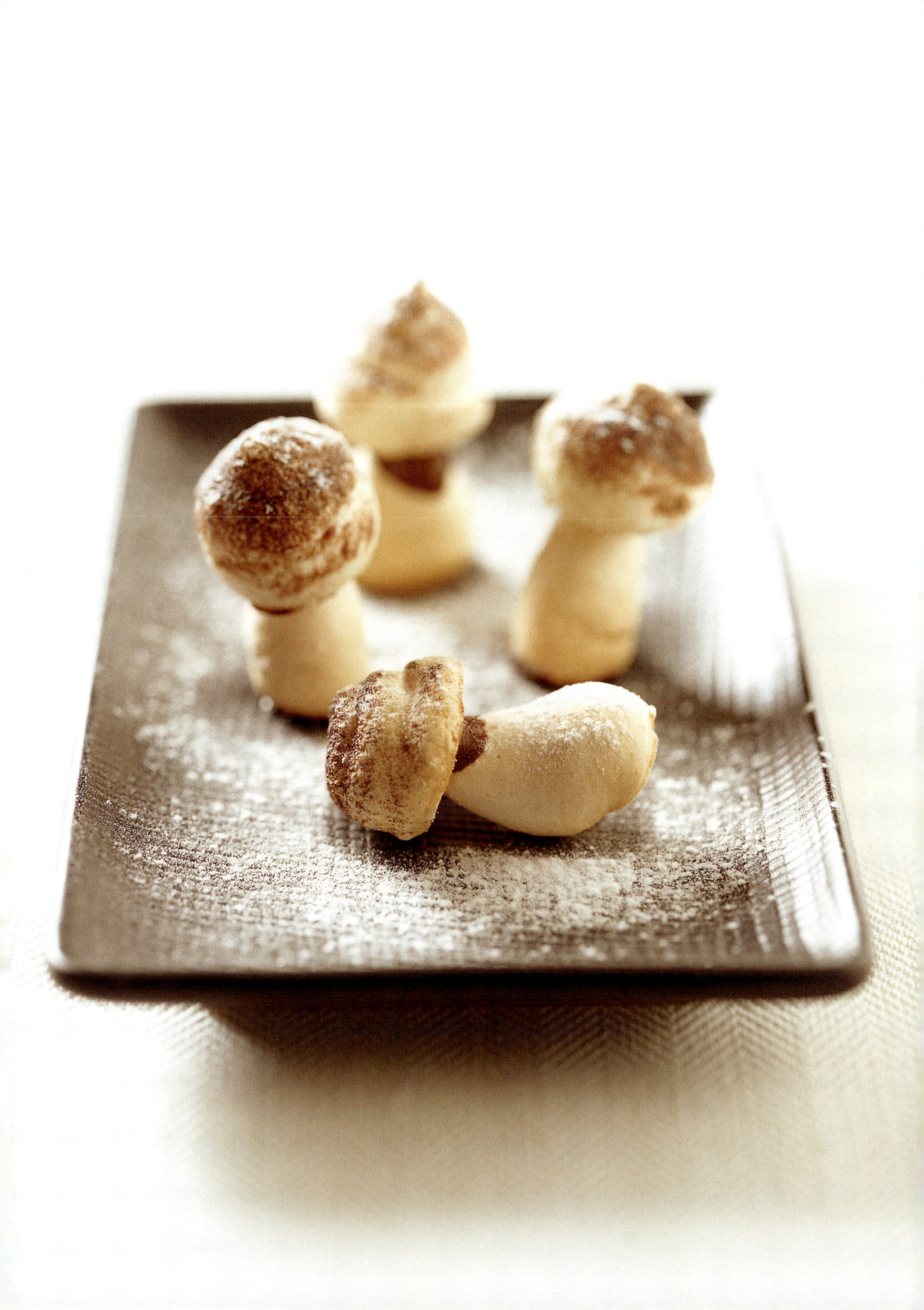

SAUCEN | BASICS

- 136 Brauner Kalbsfond
- 137 Pilzrahmsauce
- 137 Trüffelsauce
- 138 Fischfond
- 138 Fischsauce
- 139 Trüffelmayonnaise
- 139 Sauce «Limonello»
- 139 Kräuterbutter
- 140 Beurre blanc
- 140 Beurre rouge
- 141 Trüffelhollandaise

- 143 Mie de pain
- 143 In Öl eingelegte Schalotten
- 144 Bärlauchpaste
- 144 Bärlauchkonzentrat
- 145 Himbeeressig
- 145 Roter Basilikum-Essig
- 145 Totentrompetenpaste
- 145 Pilzsalz

SAUCEN | BASICS

An der Sauce erkennt man den guten Koch! Dass diese Aussage richtig ist, brachte schon Auguste Escoffier, König der Köche, auf den Punkt: «Die Küchenbrigade ist wie ein Symphonieorchester – und der Saucier (Saucenkoch) ist ihr Solist!»

In einem großen Gastrobetrieb ist ein Saucier auch für die Pilze und Pilzsaucen zuständig. In einem kleineren Betrieb wie dem unsrigen ist die Sauce (Küchen)chef-Sache. Vom Aufwand her ist es sinnvoll, Saucen und Grundbrühen auf Vorrat zuzubereiten. Kalbs- und Fischfonds sind zwar vielerorts in Spezialitäten- und Feinkostläden erhältlich, wenn man die Fonds von Grund auf selber zubereitet, hat man die Gewissheit, dass sie weder Stabilisatoren noch Konservierungsstoffe, Farbstoffe, Geschmacksverstärker usw. enthalten.

Brauner Kalbsfond

für ca. 1,4 l Fond

1 EL Bratbutter/Butterschmalz
1 kg Kalbsknochen, klein gehackt
wenig Abschnitte vom Kalbsrücken
2 EL (25 g) Meersalz
frisch gemahlener schwarzer Pfeffer (2 Umdrehungen)
2 EL (20 g) milder Senf
200 g Zwiebeln, geschält und geviertelt
40 g Knoblauch, ungeschält
(ergibt ein milderes Aroma)
40 g Mehl (fakultativ)
½ l Weißwein, 2 l Wasser

1 Backofen auf 250 °C vorheizen.
2 Knochen und Rückenabschnitte mit Salz und Pfeffer würzen, mit Senf einstreichen.
3 Bratbutter in einem großen Brattopf erhitzen, Knochen und Rückenabschnitte beifügen. Den Brattopf in den vorgeheizten Ofen schieben, alles bei 220 bis 250 °C rösten, öfter wenden. Nach etwa 30 Minuten Bratzeit Zwiebeln und Knoblauch beifügen. Nochmals 10 Minuten rösten. Topfinhalt mit dem Mehl bestäuben, mit Weißwein ablöschen. Bei 200 °C 2 Stunden köcheln. Nicht abschäumen und auch nicht entfetten.
4 Knochen und Rückenabschnitte entfernen. Fond durch ein Saucensieb passieren. Auskühlen lassen.
5 Den Fond in den Kühlschrank stellen. Das auf der Oberfläche abgelagerte Fett ist nach etwa 6 Stunden hart und kann entfernt werden. Fond mit dem Schneebesen gut verrühren. Frisch verwenden oder portionsweise tiefkühlen.

...sämig...

Pilzrahmsauce

für 4 Personen

200 g gemischte Pilze, Wald- oder Zuchtpilze
frisch gemahlener schwarzer Pfeffer
1 Msp Pilzsalz, Seite 145
1 EL Butter
1 EL in Öl eingelegte Schalotten, Seite 143
1 dl/100 ml Weißwein
1½ dl/150 ml Rahm/Sahne
2 EL fein gehackte Petersilie

Pilze, Pfeffer und Pilzsalz mit der Butter in eine sehr heiße Bratpfanne geben, bei hoher Temperatur anbraten. Schalotten zugeben, mit dem Weißwein ablöschen, Rahm beifügen, die Sauce auf die gewünschte Konsistenz einköcheln lassen. Petersilie unterrühren.

Trüffelsauce

für 8 Personen

1½ dl/150 ml kräftiger Rotwein
½ dl/50 ml Portwein
½ EL in Öl eingelegte Schalotten, Seite 152
1 Prise Totentrompetenpulver, Seite 145
1 Prise Pilzsalz, Seite 145
wenig frisch gemahlener schwarzer Pfeffer
3 dl/300 ml Kalbsfond, Seite 136
1 TL Maisstärke oder Pfeilwurzelmehl
100 g Butter
2 EL Trüffeljus, 210
20–50 g frische Trüffeln, gewürfelt

1 Rotwein, Portwein und Schalotten aufkochen, mit Totentrompetenpulver, Pilzsalz und Pfeffer würzen, Füssigkeit bei starker Hitze vollständig einkochen lassen. Kalbsfond beifügen, aufkochen, Sauce mit Maisstärke oder Pfeilwurzelmehl binden. Butter mit dem Schneebesen unterrühren. Sauce durch ein Saucensieb passieren.
2 Trüffeljus und Trüffel unter die Sauce rühren. Aufkochen. Sofort servieren.

SAUCEN | BASICS

...Fisch pur...

Fischfond

für ca. 1½ l Brühe

3 EL Olivenöl
100 g Zwiebeln oder Schalotten, geschält
und grob zerkleinert
50 g weißer Lauch
1 Sträußchen Thymian oder
1 Prise getrockneter Thymian
2 EL (20 g) Meersalz
15 Pfefferkörner, zerdrückt
4–5 Fischmittelgräten (400–500 g) von Seezunge,
Steinbutt, Wolfsbarsch oder Seeteufel
½ l Weißwein
1 l Wasser

1 Zwiebeln, Lauch und Gewürze im Olivenöl 5 Minuten dünsten, Gräten kurz mitdünsten, mit Weißwein und Wasser ablöschen, aufkochen, bei schwacher Hitze 15 Minuten köcheln lassen.
2 Topfinhalt durch ein Passiertuch oder ein Saucensieb gießen. Erkalten lassen.
3 Den Fischfond frisch verwenden oder portionsweise tiefkühlen.

TIPP Gräten von Süßwasserfischen sind für einen Fond nicht geeignet, weil sie ihn tranig machen und dadurch das Aroma der Sauce beeinträchtigen. Dann lieber keine Sauce oder auf eine Buttersauce ausweichen.

Fischsauce

für 4 Personen

1½ dl / 150 ml Weißwein
1 EL in Öl eingelegte Schalotten, Seite 143
1 Prise Meersalz
wenig frisch gemahlener Pfeffer
1½ dl / 150 ml Fischfond, nebenan
1½ dl / 150 ml Rahm/Sahne
1 EL Mehlbutter, fakultativ
(halb Mehl und halb Butter verkneten)

Weißwein und Schalotten aufkochen, mit Salz und Pfeffer würzen, Flüssigkeit bei starker Hitze ganz einkochen lassen, Fischfond und Rahm beifügen, Mehlbutter krümelig dazugeben, Sauce binden. Oder die Sauce ohne Butter auf die gewünschte Konsistenz einkochen lassen.

KALTE SAUCEN

Trüffelmayonnaise

für 8 Personen

1 Eigelb von einem Freilandei oder
1 Freilandei, 1 TL milder Senf
1 EL Balsamico, 3-jährig
1 dl/100 ml Trüffeljus, Seite 210
½ EL Pilzsalz, Seite 145; 1 Prise Meersalz
wenig frisch gemahlener Pfeffer
4 dl/400 ml kalt gepresstes Traubenkernöl
10 g frische Schwarze oder Weiße Trüffeln,
je nach Rezept

Eigelb, Senf, Balsamico und Trüffeljus in ein hohes Gefäß geben, mit Stabmixer schaumig rühren, mit Pilzsalz, Salz, schwarzem oder weißem Pfeffer würzen. Das Öl nach und nach unter Rühren mit dem Mixer zugeben. Trüffeln auf einer feinen Reibe zur Mayonnaise reiben.

TIPP Die Mayonnaise wird leichter, wenn ¼ des Öls durch Crème double/Doppelrahm (45 % Fettanteil) ersetzt wird.

Sauce «Limonello»

für 8 Personen

1 Freilandei
50 g gekochte weiße Bohnen
½ dl/50 ml Wasser
1 Limette, abgeriebene Schale und Saft
1 Msp Meersalz
2 dl/200 ml kalt gepresstes Traubenkernöl
1 dl/100 ml Limettenöl (Olivenöl mit
10 % Limettenanteil von ganzen Früchten)
1 dl/100 ml Rahm/Sahne

Ei, Bohnen, Wasser, Limettenschalen und -saft sowie Salz in ein hohes Gefäß geben, mit dem Stabmixer sämig rühren. Öl nach und nach unter Rühren mit dem Mixer zugeben. Schlagrahm unterziehen.

TIPP Die Bohnen machen die Sauce sehr sämig.

Kräuterbutter

100 g weiche Butter
½ EL in Öl eingelegte Schalotten, Seite 143
3 EL fein gehackte/geschnittene gemischte Kräuter,
z. B. Basilikum, Kerbel, Petersilie, Schnittlauch,
Thymian, Oregano, Estragon
½ TL milder Senf
1 TL Weißwein- oder Kräuteressig

Butter mit Schneebesen oder Stabmixer luftig aufschlagen. Schalotten, Kräuter, Senf und Essig unterrühren, mit Salz und Pfeffer abschmecken.

SAUCEN | BASICS

...Natur pur...

Beurre blanc

für ca. 1½ l Brühe
für 4 Personen

1½ dl / 150 ml Weißwein
1 EL in Öl eingelegte Schalotten, Seite 143
1 Prise Meersalz
wenig frisch gemahlener Pfeffer
½ dl / 50 ml Rahm/Sahne
100 g Butter

Weißwein und Schalotten aufkochen, mit Salz und Pfeffer würzen, Flüssigkeit bei hoher Temperatur vollständig einkochen lassen. Rahm beifügen, Butter unter kräftigem Rühren mit dem Schneebesen unter die Sauce rühren. Sauce nach Belieben durch ein Sieb passieren.

VARIANTE Das Grundrezept kann beliebig variiert werden, sei es durch Beigabe von Pilzpulver (mit dem Weißwein kochen) oder frischen Pilzen wie Morcheln, Semmelstoppelpilzen, Pfifferlingen/Eierschwämmen.

Beurre blanc mit Trüffeln

für 4 Personen

1½ dl / 150 ml Weißwein
1 EL in Öl eingelegte Schalotten, Seite 143
1 Prise Meersalz
wenig frisch gemahlener Pfeffer
½ dl / 50 ml Trüffeljus, Seite 210
100 g Butter
wenig fein gehackte rohe Trüffeln

Zubereitung: siehe Beurre blanc. Frische Trüffeln am Schluss zur Sauce geben.

Beurre rouge

für 4 Personen

2 dl / 200 ml kräftiger, fruchtiger Rotwein
1 EL in Öl eingelegte Schalotten, Seite 143
1 Prise Meersalz
wenig frisch gemahlener Pfeffer
½ dl / 50 ml brauner Kalbsfond, Seite 136
100 g Butter

Zubereitung: siehe Beurre blanc

Mit der Zubereitung der Sauce hollandaise tun sich viele schwer, egal ob Hobbykoch, Kochlehrling oder Jungkoch. Dabei ist diese Sauce gar nicht schwierig, wenn man sich an das Rezept hält. In einer Zeit, da Kalorien und Cholesterin immer wieder für negative Schlagzeilen sorgen und so manche in Panik versetzen, hat man auch als Koch ambivalente Gefühle, diese üppige Sauce zu rezeptieren. Drücken wir dieses eine Mal beide Augen zu und genießen wir diese nicht alltägliche Sauce ohne Reue. Den weißen Spargel in Begleitung einer Trüffelhollandaise wird man so schnell nicht mehr vergessen. Weil Trüffeln und Spargel nicht zur gleichen Zeit Saison haben, muss man sich mit in Jus eingemachten Trüffeln behelfen. Eine kleine Hoffnung bleibt: Wenn wir Glück haben, können wir die letzten Bianchetti-Trüffeln (Tuber albidum) und den ersten weißen Spargel (Ende Februar bis Anfang März) zusammen genießen.

Trüffelhollandaise

für 4 bis 6 Personen

200 g Butter
1½ dl / 150 ml Weißwein
1 EL in Öl eingelegte Schalotten, Seite 143
8 schwarze Pfefferkörner, zerdrückt
1 Prise Meersalz
4 EL Trüffeljus, Seite 210
2 Eigelbe von Freilandeiern
10–20 g Trüffeln, grob geraspelt
oder klein gewürfelt

1 Die Butter bei schwacher Hitze schmelzen. Pfanne von der Wärmequelle nehmen. 10 Minuten stehen lassen. Das geronnene Eiweiß abschöpfen, nur flüssige, klare Butter in eine Schüssel gießen. Was übrig bleibt, das heißt der Schaum und die Buttermilch, schmecken hervorragend in einer Pilzsauce oder in einem Pilzragout.

2 Weißwein, Schalotten, Pfefferkörner und Salz aufkochen und bei starker Hitze vollständig einkochen lassen. Die Pfanne von der Wärmequelle nehmen. Ein wenig auskühlen lassen. Trüffelsaft und Eigelbe unterrühren. Eigelbmasse bei schwacher Hitze cremig rühren. Oder die Masse in eine kleine Schüssel füllen, über dem kochenden Wasserbad cremig rühren. Pfanne/Schüssel von der Herdplatte nehmen, flüssige Butter unter ständigem Rühren mit dem Schneebesen tropfenweise zur Eigelbmasse geben. Durch ein feines Sieb passieren. Trüffeln beifügen. Sofort servieren oder in lauwarmem Wasser warm stellen.

TIPPS Je größer die Saucenmenge, desto einfacher die Zubereitung. Also möglichst viele Leute zum Spargelfestival einladen! Etwas mehr Säure bekommt die Sauce durch Zugabe von wenig Balsamico (3-jährig).

VARIANTE Experimentierfreudige mit dem nötigen Fingerspitzengefühl versuchen vielleicht die Sauce (nur bei kleiner Menge möglich) auf diese Art zuzubereiten: Zu einem Stabmixer gehört normalerweise ein Hartplastikbecher, der knapp größer als der Mixerkopf ist. Fehlt der Becher, nimmt man ein gleich großes (der Durchmesser ist sehr wichtig) Gefäß. Einreduzierten Wein, Eigelbe und Trüffeljus in das Gefäß geben, 1 Minute schaumig rühren. Vorbereitete Butter aufkochen, tropfenweise bei laufendem Gerät zur Eigelbmasse geben. Sauce nicht passieren.

SAUCEN | BASICS

MISE EN PLACE In meinen Pilzkochkursen sehe ich häufig staunende Gesichter, wenn ich einer Kühlschublade dies und jenes entnehme und innerhalb kürzester Zeit ein Gericht auf dem Tisch steht. Natürlich kann man von Hausfrauen/Hausmännern oder Hobbyköchinnen/Hobbyköchen nicht erwarten, dass sie die gleichen Vorbereitungen treffen wie ein Profikoch. Aber wenn Sie dieses Kapitel gelesen haben, werden Sie bestimmt zum Schluss kommen, dass manches auch im Privathaushalt ohne weiteres möglich ist und vieles vereinfachen kann. Ein kleines Beispiel: in Öl eingelegte Schalotten.

Paniermehl respektive Semmelbrösel aus dem Laden haben mit der «Mie de pain» wenig Gemeinsames, handelt es sich doch normalerweise um speziell behandeltes Weizengrieß und nicht um getrocknetes, geriebenes Brot. Erhältlich sind Paniermehl/Semmelbrösel noch am ehesten bei einem guten Bäcker. Die echte «Mie de pain», die man als Bindemittel für Farcen (Füllungen) oder als Panade für ein Wiener Schnitzel braucht, wird aus Weißbrot ohne Rinde hergestellt. Vollkornbrot sollte nur verwendet werden, wenn das Gericht einen ausgeprägten, würzigen Geschmack haben darf.

Mie de pain

Weißbrot/Semmeln

1 Brot in dicke Scheiben schneiden. Krume/Rinde wegschneiden.
2 Brot in Klarsichtfolie einwickeln. Tiefkühlen.
3 Gefrorenes Brot auf einer feinen Reibe reiben.
4 Paniermehl/Semmelbrösel sofort verwenden oder in Tiefkühldosen füllen und tiefkühlen.

Die in Öl eingelegten Schalotten/Zwiebeln dürfen weder in meiner Küche und schon gar nicht in meiner Pilzküche fehlen. Schalotten und Zwiebeln sind unentbehrliche Geschmacksträger und Geschmacksverbesserer – somit also Garanten für das gute Gelingen eines Gerichtes!
Damit man nicht für jedes Rezept Schalotten oder Zwiebeln schälen und hacken muss, dabei noch tränende Augen bekommt, empfehle ich, sie auf Vorrat zuzubereiten.

In Öl eingelegte Schalotten/Zwiebeln können in einem Glas mit Schraubverschluss im Kühlschrank 3 bis 4 Wochen aufbewahrt werden. Das Mise en place hat den Vorteil, dass die Schalotten/Zwiebeln bereits gar sind und so auf die Garzeit des Gerichts keinen Einfluss haben. Für das Einlegen in Öl eignet sich das relativ geschmacksneutrale Erdnussöl am besten. Andere Ölsorten sind im Geschmack zu intensiv.

In Öl eingelegte
Schalotten/Zwiebeln

200 g Schalotten oder
2 mittelgroße Zwiebeln
1½ dl/150 ml Erdnussöl

1 Schalotten schälen und sehr fein hacken.
2 Schalotten und Erdnussöl in einen kleinen Kochtopf geben und unter öfterem Rühren mit einer Holzkelle 10 Minuten auf kleinem Feuer dünsten. Auskühlen lassen.
3 Schalotten mit dem Öl in ein Glas mit Schraubverschluss füllen. Im Kühlschrank lagern.

SAUCEN | BASICS

Bärlauch und Pilze gehören für mich irgendwie zusammen. Ich mag die Kombination von Bärlauchnudeln und Pilzen, verwende den Bärlauch aber auch gerne anstelle des Knoblauchs zum Würzen eines Pilzgerichtes. Wer sich schon an die Herstellung der Bärlauchpaste macht, sollte gleich eine größere Menge zubereiten. Denn grüne Spritzer sind nicht zu vermeiden. Zudem kann die Paste bis zur nächsten Ernte problemlos eingefroren werden.

Bärlauchpaste

500 g junge Bärlauchblätter
½ l kalt gepresstes Erdnussöl
50 g feines Meersalz

1 Bärlauchblätter waschen. Trocken schleudern. Durch die feinste Scheibe des Fleischwolfs drücken.
2 Bärlauchpüree samt Saft, Öl und Meersalz gut verrühren.
3 Paste einige Stunden kühl stellen. Nun das Ganze mit dem Stabmixer mixen. Das Resultat ist eine homogene, herrlich grüne Paste.
4 Bärlauchpaste in Gläser mit Schraubverschluss füllen. Kühl stellen oder tiefkühlen.

VARIANTE Wer keinen Fleischwolf besitzt, zerkleinert die Blätter und püriert sie mit dem Stabmixer mit einem Teil des Öls und mit dem Salz. Restliches Öl unterrühren.

Für dieses Rezept benötigt man einen Pacojet. Diese einzigartige Küchenmaschine ist zwar für Profiköche konzipiert, aber ich kenne immer mehr Hobbyköchinnen und -köche, die sich diese nicht ganz günstige Küchenfee leisten. Das Gerät arbeitet unter Vakuum bei sehr tiefer Temperatur. Mit einem schonenden Verfahren werden die ätherischen Öle aus den Blättern gelöst, mit dem Resultat, dass Geschmack und Farbe von ungewohnter Intensität sind. Nur so ist es möglich, dass beispielsweise gegarte Basilikum-Gnocchi die knackig grüne Farbe behalten.

Bärlauchkonzentrat

700 g junge Bärlauchblätter
2 EL gehackte Schalotten
3 dl/300 ml Wasser

1 Die Bärlauchblätter waschen und in breite Streifen schneiden.
2 Bärlauchstreifen, Schalotten und Wasser in den Pacojetbehälter füllen, vermengen, bei minus 20 °C 24 Stunden gefrieren lassen.
3 Bärlauchpulver in kleine Vorratsdosen füllen. Im Tiefkühler lagern.

VARIANTE Bärlauch durch Basilikum oder Rucola ersetzen.

Himbeeressig

500 g sehr reife Himbeeren
7 dl/700 ml Weißweinessig
6 dl/600 ml Weiß- oder Roséwein

1 Zutaten in Flaschen mit Schraubverschluss füllen. Bei Zimmertemperatur 2 Tage durchziehen lassen.
2 Flascheninhalt durch ein Sieb oder ein feines Tuch passieren. Früchte nicht ausdrücken.

TIPP Auch mit gefrorenen Himbeeren erzielt man ein erstaunlich gutes Resultat.
HALTBARBKEIT wie normaler Essig

Zuerst ist der Rote Basilikum wie wild ins Kraut geschossen. Dann war das Rezept. Das Resultat war so phantastisch, dass der Essig nun fest zum Mise en place gehört.

Roter Basilikum-Essig

250 g roter Basilikum
je ½ l Weißweinessig und Weiß- oder Roséwein

1 Basilikum samt Stängeln in ein Einmachglas von mehr als einem Liter Inhalt schichten. Mit Essig und Wein übergießen. Glas verschließen.
2 Das verschlossene Glas 2 Tage an die Sonne stellen.
3 Glasinhalt durch ein Sieb oder durch ein feines Tuch passieren. Blätter leicht auspressen.
4 Den Essig in eine Flasche füllen.

TIPP Der rote Basilikumessig ist in einer durchsichtigen «Verpackung» ein persönliches Geschenk für Menschen, die schon alles haben.
HALTBARKEIT wie normaler Essig

Totentrompetenpaste

100 g frische, gut gewaschene Totentrompeten
2 g Salz
20 g Bratbutter/Butterschmalz oder Olivenöl

ZUBEREITUNG siehe Bärlauchpaste

Die Küche birgt größere und kleinere Geheimnisse. Die einen gibt man gerne preis, andere weniger gerne. Die Pilzstreuwürze zählt zu den letzteren. Da in einem guten Pilzkochbuch dieses wichtige Hilfsmittel nicht fehlen darf, sei es an dieser Stelle verraten. Es lohnt sich, gleich eine größere Menge herzustellen.

Pilzsalz

70 g Waldpilzpulver, Seite 152
350 g feines Meersalz

Pilzpulver und Salz mischen, in ein Glas mit Schraubverschluss füllen.

TIPP Eignet sich zum Würzen von Fleisch, Geflügel und Wild. Zuchtpilzen gibt das Pilzsalz einen natürlichen kräftigen Geschmack.

HALTBAR MACHEN

148 Pilze tiefkühlen

149 Pilze trocknen

150 Pilze in Öl einlegen

151 Pilze in Essig einlegen

152 Pilzpulvermischungen

153 Champignonduxelles

HALTBAR MACHEN

Bei reicher Pilzernte bieten sich verschiedene bewährte traditionelle Konservierungsmethoden zum Haltbarmachen an: das Trocknen, das Einlegen in Öl oder Essig oder das Tiefkülen. Das Einlegen in Salzlake und die Milchsäuregärung kann ich nicht empfehlen. Ich habe die Milchsäuregärung einmal mit Weißen Raslingen ausprobiert, und ich denke heute noch mit Grausen an das Resultat.

Ich bin kein großer Fan tiefgefrorener Pilze, weil der Gefrierprozess zwangsläufig zu einer Geschmacks- und Qualitätseinbuße führt. Die Tiefkühlprodukte im Handel machen bis auf zwei Pilze (Morcheln, Totentrompeten) keinen Sinn. Wunderschöne kleine Steinpilze werden durch den Tiefkühlschock zum reinen Abklatsch frischer Pilze. Hier wünscht man sich bei allen Beteiligten etwas mehr Sensibilität für einen unverfälschten natürlichen Geschmack und die Frage der Saison.

Pilze tiefkühlen

Morcheln und Totentrompeten: Roh tiefkühlen. Die Pilze werden durch den Gefrierprozess etwas zäh.
Hallimasch: Im Gegensatz zu anderen Pilzköchen finde ich diesen Pilz zum Tiefkühlen bestens geeignet. Man verwendet die Hüte und 1 bis 3 cm des Stiels. Die geputzten Pilze mindestens 5 Minuten in Salzwasser kochen, abgießen, erkalten lassen. In Tiefkühldosen oder Vorratsbeutel (eventuell vakuumieren) füllen, tiefkühlen. Gefrorene Pilze im Beutel in kaltes Wasser legen; nach 5 bis 10 Minuten sind sie aufgetaut.
Stockschwämmchen, Violetter Rötelritterling und **Mairitterling** im Salzwasser überbrühen. Tiefkühlen: siehe «Hallimasch».
Zuchtpilze sind das ganze Jahr erhältlich; somit erübrigt sich das Tiefkühlen.
Wer Pilze selber züchtet oder große Mengen zu verarbeiten hat, kann sie zu «Duxelles», Seite 153, verarbeiten und in kleinen Portionen einfrieren.

Alle anderen Pilze, vor allem **die Röhrlinge** (Steinpilze, Maronenröhrlinge, Rotfußröhrlinge usw. müssen **vor dem Tiefkühlen in Butter oder Öl gebraten werden.** Dazu nimmt man am besten einen Gusseisentopf oder eine beschichtete, hoch erhitzbare Bratpfanne. Röhrlinge in Scheiben schneiden. Pilze in Portionen (um das Saften zu verhindern) gleichzeitig mit dem gewünschten Fett in die aufgeheizte Bratpfanne geben. Beim Braten der Pilze entsteht dichter Rauch. Also die Fenster öffnen oder die Lüftung auf volle Leistung einstellen. Den Pfanneninhalt kräftig schütteln und die Pilze unter ständigem Rühren 4 bis 5 Minuten braten. Pilze flach ausbreiten und erkalten lassen. In kleinen Portionen in Gefrierdosen oder Plastikbeutel füllen. Mit Namen und Datum versehen.

VERWENDUNG Gefrorene Pilze nach Möglichkeit nicht für Einzelgerichte (Pilzragout), sondern für Suppen, Saucen, Gehacktes, Fleischterrinen, Risotto, Pasteten, Ravioliffüllungen usw. verwenden.

Morcheln, Totentrompeten, Shiitake, Trompetenpfifferlinge, Nelkenschwindlinge, Steinpilze, Maronenröhrlinge, Judasohren, Krause Glucke, Habichtspilze, Wiesen- und Zuchtchampignons, Safranschirmlinge (zähe Stiele für Pilzpulver verwenden) und Riesenschirmlinge (zähe Stiele für Pilzpulver verwenden) eignen sich ausgezeichnet zum Trocknen/Dörren. Einige Pilzsorten werden später gezielt zur Verbesserung des Geschmacks und der Farbe eingesetzt. Siehe «Pilzpulver», Seite 152. Pfifferlinge/Eierschwämme eignen sich nicht zum Trocknen. Auch stark wasserhaltige und überreife Pilze sind zum Trocknen ungeeignet.

Pilze trocknen

Das Trocknen/Dörren von Nahrungsmitteln weckt bei mir Kindheitserinnerungen. Wir wohnten damals im gleichen Haus, in dem mein Onkel im Erdgeschoss eine Bäckerei hatte. Unsere Küche lag direkt über der Backstube mit dem großen Brotbackofen. Dieser Ofen gab so viel Wärme ab, dass meine Mutter auf dem Küchenboden problemlos Bohnen, Pilze, Apfelstückchen, Minze und vieles mehr trocknen/dörren konnte.

Das Luft- und Sonnentrocknen ist in unseren Breitengraden nur beschränkt möglich, weil man eine Temperatur von 50–70 °C benötigt. Als Alternative bieten sich verschiedene künstliche Wärmequellen an. Glücklich dürfen sich Kachelofenbesitzer schätzen. Auch ohne Kachelofen kann man im Privathaushalt Lebensmittel trocknen/dörren. Der Umluft- und Heißluftbackofen ist ein ebenbürtiger Ersatz und insofern günstig, als dank der starken Luftzirkulation die Verdunstung beschleunigt wird. Bei größeren Mengen Pilzen, Gemüse und Früchten lohnt sich der Kauf eines elektrischen Dörrapparates.

1 Pilze nie waschen! Nur mit einem trockenen Tuch, einem Pinsel oder einer Bürste reinigen.
2 Pilze in dünne Scheiben schneiden.
3 Totentrompeten längs auseinander reißen, um eventuell anhaftenden Schmutz zu entfernen.
4 Pilze nach Anleitung des Backofen- oder Dörrapparate-Herstellers trocknen.
5 Getrocknete Pilze in Gläser mit Schraubverschluss füllen, mit Datum und Sorte beschriften.

HALTBAR MACHEN

Das Einlegen von Waldpilzen in Öl ist nicht ganz billig. Dafür bleibt aber das feine Aroma optimal erhalten. Zudem handelt es sich um eine sehr zuverlässige Konservierungsmethode. In Öl eingelegte Pilze passen zu kaltem Fleisch, zu Fondue bourguignonne und Fondue chinoise. Der Italiener liebt die Pilze als klassischen Antipasto, der Franzose genießt sie zu einer rustikalen Terrine oder Wildpastete. Die meisten in diesem Buch vorgestellten Speisepilze eignen sich für das Einmachen in Öl: Steinpilze, Rotfußröhrlinge, Flockenstieliger Hexenröhrling, Maronenröhrlinge, Goldröhrlinge, Hainbuchenröhrlinge, Täublinge oder Reizker, Hallimasch (blanchieren, bevor man sie im Wein-Essig-Sud kocht). Morcheln und Nelkenschwindlinge sind zu kostbar zum Einlegen. Totentrompeten und Pfifferlinge/Eierschwämme höchstens als Farbtupfer verwenden.

Pilze in Öl einlegen

1½ kg junge, knackige Waldpilz-Mischung

KOCHSUD

je ½ l Weißweinessig und Weißwein
2 EL Gewürzbouquet (in Stoffsäcklein)
1 EL schwarze Pfefferkörner
2 EL Meersalz

GEWÜRZBOUQUET

getrocknete Kräuter und Gewürze: Majoran oder Oregano, Salbei, Rosmarin, Bohnenkraut, Thymian, Lorbeerblatt, schwarze oder weiße Pfefferkörner und Korianderkörner

ZUM EINLEGEN

Mischung aus ⅓ Olivenöl extra nativ und ⅔ kalt gepresstem Sonnenblumenöl oder nur Olivenöl; Meersalz
frische Kräuter, z. B. Basilikum, Oregano, Salbei, Thymian
Gewürze, z. B. Lorbeerblätter, Pfeffer- und Korianderkörner

1 Die Pilze putzen. Kleine Pilze ganz lassen, größere halbieren, vierteln oder in Scheiben schneiden.

2 Die Zutaten für den Kochsud aufkochen, Pilze zugeben, nochmals aufkochen, bei schwacher Hitze 3 Minuten köcheln. Topfinhalt in ein Sieb abgießen und auskühlen lassen. Pilze mit einem Küchentuch trocken tupfen, ohne sie zu berühren.

3 Pilze, Öl, Meersalz, frische Kräuter und Gewürze mischen. In kleine Gläser mit Schraubverschluss füllen. Wichtig: Die Pilze müssen mit dem Öl bedeckt sein. Gläser verschließen und beschriften. Im Kühlschrank lagern.

TIPPS Frische Kräuter und Gewürze durch eine fertige Provence-Kräutermischung ersetzen. Die Pilze können auch nach Sorten getrennt eingelegt werden. Ich persönlich ziehe ein buntes Potpourri vor.
HALTBARKEIT im Kühlschrank einige Monate

Das Konservieren von Pilzen in Essig ist einfach und preiswert. Häufig vorkommende Pilze wie Violetter Rötelritterling, Hallimasch, Wiesenchampignon, Schopftintling, Rotfußröhrling, Flockenstieliger Hexenröhrling, Maronenröhrling, Goldröhrling, Hainbuchenröhrling, Täubling, junger Habichtspilz, Kaffeebrauner Gabeltrichterling, Mehlräsling, Stoppelpilz und Reizker eignen sich besonders gut für diese Konservierungsart. Hier gilt vor allem: Je bunter, desto besser; denn das Auge isst mit. Es ist unbestritten, dass die Pilze bei dieser Konservierungsart viel von ihrem Eigengeschmack einbüßen, anderseits behalten sie aber ihre Knackigkeit, ihre Struktur und ihr Aussehen.

Meine bunt gemischten Essigpilze sind ein beliebtes Mitbringsel zu privaten Einladungen oder ich verschenke sie an meine Gäste. Ihr säuerliches Aroma harmoniert mit Raclette, Fleischpasteten, mit geräuchertem/getrocknetem Fleisch wie Bündner Fleisch, Rohschinken, Speck, Salami und Coppa.

Pilze in Essig einlegen

500 g gemischte Pilze

KOCHSUD

¾ l Wasser
2 EL Meersalz
½ EL Pfefferkörner
½ EL Gewürzbouquet, Seite 150
(in Stoffsäcklein)
½ Knoblauchzehe, geschält, ohne Keimling
3 kleine Frühlingszwiebeln, halbiert, oder
einige Perlzwiebelchen oder
1 mittelgroße Zwiebel, geviertelt

ZUM EINLEGEN

Weißweinessig
frische Kräuter, z. B. Estragon, Thymian,
Oregano oder Bärlauch

1 Pilze putzen und ausnahmsweise kurz vor dem Kochen waschen, halbieren, vierteln oder in Scheiben schneiden.
2 Den Sud aufkochen, Pilze zugeben, wieder aufkochen, bei schwacher Hitze 5 Minuten köcheln lassen. Topfinhalt in ein Sieb abgießen und auskühlen lassen.
3 Essig und Kräuter mischen.
4 Pilze in kleine Gläser füllen, gut mit dem Kräuteressig bedecken. Die Gläser schließen.

VARIANTE Diese Essigpilze sind ziemlich sauer, dafür lange haltbar und können wie Essiggurken verwendet werden. Weniger sauer werden die Pilze, wenn man den Essig zu gleichen Teilen mit gekochtem, erkaltetem Wasser mischt. In diesem Fall muss das Einmachgut aber im Kühlschrank aufbewahrt werden.

HALTBAR MACHEN

Das Pilzpulver habe ich sehr spät entdeckt und schätzen gelernt. Ein befreundeter Pilzsammler und Hobbykoch schenkte mir einmal nach einem ausgedehnten «Pilzausflug», von dem wir rund 30 Krause Glucken (Sparassis crispa) zurückbrachten, ein Einmachglas mit würzigem Waldpilzpulver. Er ermunterte mich, es auch zu probieren. Und ich probierte ... Heute stehen Pulver von Steinpilz, Totentrompete und verschiedenen Waldpilzmischungen im Regal. Das Pilzpulver hat sich als so vielseitig entpuppt, dass ich nicht mehr darauf verzichten möchte.

Die Herstellung von Pilzpulver ist zwar zeitaufwändig, staubig und etwas eintönig, vor allem, wenn man größere Mengen pulverisieren will. Das Resultat lohnt aber bei weitem die Mühe und Arbeit. Zudem ist ein Pilzpulver fast unbeschränkt haltbar. Wichtig ist, dass die Pilze absolut trocken sind und sofort zerbröseln. Die Pilzmischung kann vor dem Verarbeiten bei Bedarf nochmals im Backofen nachgetrocknet werden. Zum Pulverisieren eignen sich ein Mörser, eine alte Kaffeemühle, ein Kräutermixer, ein Cutter oder eine Getreidemühle.

Pulver-Pilzmischung
(auch für Nichtsammler)

250 g getrocknete Champignons
400 g getrocknete Steinpilze
150 g Totentrompeten

TIPPS Für Pilzpulver können die Pilze auch von minderer Qualität, das heißt zerbröckelt sein. Solche Pilze gibt es normalerweise günstig zu kaufen. Trockenpilze sind in guten Fachgeschäften erhältlich.

Steinpilzpulver

Für Nudel- und Ravioliteig, zum Verstärken des Steinpilzgeschmacks in Suppen und Saucen, zum Würzen von gebratenen oder gegrillten Steinpilzköpfen.

Pulver-Pilzmischung
(für passionierte Pilzsammler)

250 g getrocknete Anischampignons
100 g getrocknete Habichtspilze
300 g getrocknete Steinpilze oder gemischte Röhrlinge
50 g getrocknete Stiele von Safranschirmlingen
50 g getrocknete Stiele von Aniszählingen
50 g getrocknete Stiele von Nelkenschwindlingen
50 g getrocknete Totentrompeten
50 g getrocknete Trompetenpfifferlinge

Natürlich können die Pilze nach Belieben und persönlichen Vorlieben variiert werden.

Totentrompetenpulver

Zum Würzen von Saucen und Suppen, als Geschmacksträger in einer Fleischpastete oder zum Schwarzfärben von Nudel- oder Ravioliteig.

Ein Rezept aus der klassischen französischen Küche, das ich während meiner Lehr- und Wanderjahre in Frankreich kennen gelernt habe. Dass für dieses Rezept Champignons verwendet werden – selbstverständlich eignen sich auch andere Pilzsorten, z. B. Steinpilze, Maronenröhrlinge, andere Röhrlinge, Schopftintlinge, gemischte Pilze –, hat seinen Grund. Wer kennt sie nicht, die unappetitlich dunkel gefärbten Champignons, die so gar keine Lust aufs Essen aufkommen lassen wollen. Dabei kann man diesem Übel, d. h. dem dunklen Aussehen, problemlos und ohne viel Aufwand begegnen, wenn die richtigen Zutaten, u. a. Weißwein, verwendet werden und rasch gearbeitet wird. Trockene Sommer verwöhnen uns nicht selten mit vielen Wiesenchampignons. Hier haben wir die Möglichkeit, die Pilze zu «Duxelles» zu verarbeiten und in kleinen Portionen tiefzukühlen. In einem älteren Pilzkochbuch empfiehlt der Autor, «Duxelles» in einen Eiswürfelbehälter zu füllen und die gefrorenen Würfel in einem Plastikbeutel im Tiefkühler zu lagern. Ich finde dies eine gute Idee.

Champignonduxelles

500 g Champignons
1 EL in Öl eingelegte Schalotten, Seite 143
1 EL Butter
2 dl/200 ml Weißwein
1 KL Waldpilzpulver, nach Belieben, nebenan
Meersalz, frisch gemahlener Pfeffer

1 Pilze mit einem trockenen Tuch abreiben.
2 Einen großen Kochtopf aufheizen.
3 Pilze nicht allzu fein hacken oder rasch im Cutter zerkleinern.
4 Alle Zutaten zusammen in den heißen Topf geben, den Deckel aufsetzen. Es muss rasch gearbeitet werden, damit die Pilze ihre helle Farbe behalten. Sobald der Topfinhalt kocht, Deckel entfernen. Pilze unter öfterem Rühren weiterdünsten, bis die Flüssigkeit verdampft ist.
5 Ausgekühlte Pilze bis zur Weiterverarbeitung in den Kühlschrank stellen oder portionsweise tiefkühlen.

TIPP Pilze-«Duxelles» sind ideal für Suppen, Saucen, Fleischpasteten, zum Füllen von Ravioli und Gemüse.

Pilze sammeln

Ein unkontrolliertes, gieriges Sammeln wertvoller Speisepilze ist verwerflich und nicht «waidmännisch», wenn man keine Verwendung hat. Massenpilze wie der Hallimasch können ohne Bedenken geerntet werden, weil sie ohne Qualitätseinbuße tiefgekühlt werden können.
In guten Pilzjahren, wenn es Totentrompeten, Steinpilze oder Trompetenpfifferlinge zuhauf gibt, ist trocknen/dörren ideal.

Pilze sammeln

Vermutlich wissen Sie schon, dass Plastiktüten beim Pilzsammeln nichts zu suchen haben. Zur Ausrüstung gehören ein geräumiger, luftdurchlässiger Weiden- oder Spankorb und ein scharfes Taschen-, Küchen- oder Pilzmesser, mit dem der Schmutz schon am Fundort entfernt werden kann. Pilze sollten nicht schwitzen! Saubere Leinensäcke können bei einem unerwartet großen Fund sehr nützlich sein. Ebenso empfiehlt sich ein Extrasack für Pilze, die erst zu Hause bestimmt werden können. Pilze sind reich an Eiweiß und verderben je nach Pilzsorte entsprechend schnell. Verdorbene Pilze dürfen nicht mehr gegessen werden; es besteht die Gefahr einer Lebensmittelvergiftung, wie bei Fleisch und Fisch.

Pilze ernten

Die sogenannten Pilze sind nur die «Früchte» eines weiterästelten, unterirdischen Pilzgeflechts, das Myzel heißt. Der Pilz wird sorgfältig aus der Erde gedreht (nicht abgeschnitten). Wenn man ihn abschneidet, besteht die Gefahr, das die faulende Stelle das Pilzgeflecht zerstört und so den Fortbestand der Pilze gefährdet.
Bei den auf Holz wachsenden Pilzen kann man die Fruchtkörper mit gutem Gewissen abschneiden.

Pilze putzen

Der geübte Pilzsammler putzt seine Pilze am besten vor Ort, und zwar mit einem Pilzmesser mit integriertem Pinsel. Gut gereinigte Pilze brauchen später nicht gewaschen zu werden.

Pilze waschen

Die meisten Pilze saugen das Wasser wie ein Schwamm auf, weshalb sie möglichst nicht gewaschen, sondern nur mit Pinsel oder trockenem Tuch gereinigt werden sollten. Das empfiehlt sich besonders für Röhrlinge. Morchel, Totentrompete, Pfifferling, Krause Glucke und viele der im Handel erhältlichen Pilze werden gewaschen. Eine große Schüssel oder ein Waschbecken mit kaltem Wasser füllen. Pilze längs halbieren, damit Sand und Erde besser ausgewaschen werden können. Die Pilze kurz ins Wasser legen, sorgfältig von oben entnehmen. Das Prozedere solange wiederholen, bis sich auf dem Boden kein Sand mehr ablagert. Gewaschene Pilze gut ausdrücken oder trocken tupfen.

Artenvielfalt

Mein Pilzbuch soll dazu beitragen, nicht nur Steinpilze und Pfifferlinge zu sammeln. Die Vielfalt in der Natur ist so beeindruckend groß, dass es eine Verschwendung wäre, nicht auch einmal die übrigen Pilze zu probieren. Vergessen Sie die Vorurteile über Reizker, Hallimasch, Schopftintlinge ... Gehen Sie so oft wie möglich Pilze suchen. Ihr Pilzwissen wird so wachsen und Ihnen je länger je mehr Spaß machen. Pflücken Sie nur junge (aber nicht zu junge) Pilze. Alte, wässerige, madige und stark angefressene Pilze lassen Sie am besten stehen – sie werden Sporen werfen und so den Fortbestand sichern.

PILZERNTE

Maronenröhrling   Krause Glucke   Frauentäubling

Trompeten Rüssler   Flockenstieliger Hexenröhrling   Steinpilz

Safranschirmling   Bovist   Frauentäubling

Steinpilz   Steinpilz

Safranschirmling

PILZLEXIKON

158	Austernseitling, Austernpilz
160	Birkenpilz
161	Bovist, Stäubling
161	Flaschenstäubling, Flaschenbovist
162	Riesenbovist
162	Champignon
166	Frauentäubling
167	Kaffeebrauner Gabeltrichterling
168	Krause Glucke
170	Goldröhrling
171	Habichtspilz, Rehpilz
172	Hallimasch
174	Hainbuchenröhrlling
175	Flockenstieliger Hexenröhrling
176	Judasohr
177	Kaiserling
178	Kräuterseitling
179	Mairitterling, Maipilz
180	Maronenröhrling
181	Mehlräsling
182	Morchel
183	Nameko-Schüppling
184	Nelkenschwindling, Feldschwindling
185	Parasol, Riesenschirmling
186	Perlpilz
187	Pfifferling, Eierschwamm
188	Falscher Pfifferlling
189	Pom Pom blanc, Igel-Stachelbart
190	Brauner Rasling, Geselliger Rasling
191	Reizker, Edelreizker
192	Violetter Rötelritterling
194	Rotfußröhrling
195	Veilchenrötelritterling
196	Rotkappe, Birkenrotkappe
197	Samtfußrübling, Winterpilz
198	Schopftintling
200	Schwarzpunktierter Schneckling
201	Rauch-/Graublättriger Schwefelkopf
202	Semmelstoppelpilz
203	Shiitake
204	Steinpilz, Herrenpilz
206	Stockschwämmchen
207	Totentrompete
208	Trompetenpfifferling
210	Trüffel

PILZLEXIKON

Austernseitling, Austernpilz
Pleurotus ostreatus

Volksnamen: Kalbfleischpilz, Muschelpilz
F: pleurote en forme d'huitre, pleurote en coquille
I: fungo ostrica
E: oyster mushroom

Allgemeines

Am Anfang meiner «Pilzkarriere» las ich in diversen Pilzbüchern, man könne im Spätherbst, Winter oder Frühling bei einem Waldspaziergang auf kranken Laubbaumstrünken gelegentlich einen großen, dunkel gefärbten, muschelförmigen Pilz wachsen sehen. Ich warte bis heute auf diese Entdeckung. So habe ich angefangen, diesen Pilz (mit Erfolg) selber zu züchten. Über den Wert des Austernseitlings wird in Fach- und Gastronomiekreisen häufig gestritten. Für den Pilzsammler ist er zäh und wässerig. Ein Gastrokritiker bemängelte den bitteren Geschmack. Im Handel waren früher häufig zu große und zu alte Exemplare, die bitter schmeckten. Aber nicht nur das, damit die Pilze möglichst viel Gewicht auf die Waage brachten, wurden sie im Transportgebinde mit Wasser besprizt. Heute pflückt man den kultivierten Austernseitling im Jungstadium, teils auch ohne Stiel, obwohl dieser ohne jede Einschränkung gegessen werden kann.

Vorkommen

Auf lebenden und toten Laubholzstämmen, vorwiegend im Herbst und Winter, außer in anhaltenden Frostperioden.

Verwandte

Mit dem wachsenden Anbau sind neue Stämme mit unterschiedlichen Eigenschaften gezüchtet worden. Aus den USA kommen die «Baby Blue Oysters», kleine, buschig gewachsene, taubenblaue Pilze. Eine gelblichbraune Züchtung sieht ihr sehr ähnlich, hat aber eine traubenförmige Dolde und ist etwas zarter und zerbrechlicher. Ein anderer aus den USA eingeführter Stamm unterscheidet sich vom einheimischen Pilz durch die höhere Temperatur während des Wachstums. «Pleurotus ostreatus Florida» ist sein Name, in der Umgangssprache heißt er auch Sommer-Austernseitling. Er gedeiht bei Temperaturen über 15 °C bis etwa 25 °C, im Gegensatz zum hiesigen, der den Fruchtkörper bei Temperaturen zwischen 4 und 15 °C entwickelt und noch einen Kälteschock (Frost) braucht.

Merkmale

Hut: 5–15 cm Durchmesser, seitlich gestielt (deshalb der Name). Muschelförmiger Hut, in der Mitte zuerst gewölbt, danach vertieft er sich zur Stielansatzstelle hin und ist oft etwas niedergedrückt. Der Rand ist dünn, anfangs eingerollt und später mehr oder weniger ausgebreitet. Glatte und kahle Oberfläche. Der Hut ist grau oder schwarz bis dezent violett mit Brauntönen. Die Hüte wachsen meist dachziegelartig übereinander, so dass sich das helle Sporenpulver manchmal auf den unteren Hüten ablagert.
Lamellen: Gedrängt, ungleich lang, am Rand schmaler werdend, dem Hutprofil entsprechend gebogen, am Stiel herablaufend. Zuerst weiß, später cremefarbene oder graue Reflexe.
Stiel: Weißlich, seitlich sitzend, oft kurz und zylindrisch, Basis filzig und voll.
Fleisch: Weißlich, elastisch, im Alter zäh. Geruch und Geschmack sind unbedeutend; erinnert schwach an Schuppigen Porling.

Verwendung

Der Austernseitling besteht zu einem Viertel aus Eiweiß. Geringer Fettgehalt, nur 30 bis 40 Kalorien je 100 g. Guter, festfleischiger Pilz. Nur junge Exemplare verwenden. Weil er wie Kalbfleisch zubereitet werden kann, wird er auch «Kalbfleischpilz» genannt. Ideal zum Grillen, Panieren und für Piccata. Die zähren Stiele der jungen Fruchtkörper sind ein wichtiger Bestandteil der Pilzessenz (Seite 32), sie können auch zu «Duxelles» (Seite 153) verarbeitet werden. Zarte Stiele geben einer Raviolifüllung den richtigen Biss.

Austernseitling

Birkenpilz Birkenröhrling, Kapuzinerröhrling
Leccinum scabrum

F: bolet rude
I: porcinello grigio
E: brown birch bolete

Allgemeines
Mittelgroßer bis großer Röhrenpilz mit bräunlichem, feinfilzigem Hut, deutlich schwarzschuppigem Stiel und weißem Fleisch.

Vorkommen
Juni bis Oktober unter Birken in Parks, Wäldern usw., vom Flachland bis zur Waldgrenze.

Verwechslung
Mit einigen verwandten Arten, von denen sich der Birkenpilz jedoch durch das weiße, nicht verfärbende, relativ feste Fleisch und eine nicht blaugrüne, sondern ockerfarbige oder rötlich verfärbende Stielbasis unterscheidet.

Merkmale
Hut: Bräunlich, in Variationen – gelbbraun, rotbraun oder graubraun, anfangs halbkugelig, später polsterförmig, 3–15 cm breit, glatt, kahl, feinfilzig, trocken matt, feucht leicht schmierig, recht dickfleischig, Huthaut kaum abziehbar.
Röhren: Anfangs weißlich, später zunehmend schmutzig-weiß bis grau, 1–3 cm lang, am Stiel niedergedrückt und durch eine Ringfurche scharf abgegrenzt, leicht ablösbar, bei Druck bräunlich verfärbend, Mündungen eng, klein und rund.
Stiel: Bis 15 cm lang und 3 cm breit, voll, schlank, nach oben verjüngt, etwas brüchig, im Alter strähnig und holzig zäh, Stielbasis ocker oder rötlich verfärbend; deutliche, faserige, schwärzliche oder graue Schuppen, welche im oberen Teil manchmal längsstreifig angeordnet sein können.
Fleisch: Im jungen Stadium fest, später schwammig und bei Regen oft sehr wässrig, erst weiß, dann grauweiß, Schnitt- oder Bruchstelle nicht verfärbend.
Geruch: angenehm
Geschmack: mild

Verwendung
Junge Pilze eignen sich zum Braten in Butter oder Olivenöl, allein oder mit anderen Röhrlingen. Polenta ist ein optimaler Begleiter. Größere, aber noch nicht alte Fruchtkörper trocknen und zu Pilzpulver verarbeiten.

Bovist und Stäubling

Zu diesen Pilzen gibt es zahlreiche Legenden. So sollen die Boviste auf den nächtlichen Tanzplätzen der Hexen wachsen. In England nennt man sie «Elfenknöpfe». Wenn die Pilze im Inneren schwarz werden, soll der Teufel seine Hand aufgelegt und die Elfen vertrieben haben.

Bovist

Flaschenstäubling oder Flaschenbovist

Lycoperdon perlatum

F vesse de loup perlée,
vesse de loup à pierreries
I vescia
E gem-studded puffball,
devil's snuff-box

Allgemeines

Der Flaschenstäubling ist einer der häufigsten Stäublinge. Man findet ihn von Juni bis November häufig in Gruppen in Laub- und Nadelwäldern. Lange Zeit wurde er den Bauchpilzen (Gastromycetidae) zugeordnet, heute gehört er zusammen mit seinen Verwandten zu den Blätterpilzen, auch wenn er lamellenlos ist.

Verwechslungsgefahr

Mit anderen Stäublingen, die aber bis auf einen, den giftigen Kartoffelbovist, essbar sind, solange das Fleisch weiß ist. Der Kartoffelbovist sieht deutlich anders aus als der Flaschenstäubling und hat beim Durchschneiden eine violettschwarze Fruchtmasse.

Merkmale

Größe: 2–4 cm breiter und 2–10 cm hoher Fruchtkörper. Sieht einer umgedrehten Flasche ähnlich und ist mit unzähligen gröberen Warzen und Stacheln bedeckt. Junge Flaschenboviste sind weiß, im reiferen Stadium werden sie gelb bis graubraun. Die Wärzchen werden zum Stiel immer kleiner und fallen auf Berührung leicht ab.
Fruchtmasse: Bei jungen Exemplaren im Inneren des Kopfes fest und weiß, später trocken, staubig und flockig.
Sporenpulver: Gelblich bis olivbraun, entweicht durch eine kleine Öffnung am Scheitel und wird vom Wind verbreitet.

Verwendung

Junge Flaschenstäublinge, welche innen noch weiß und knackig sind, sind von guter Qualität. Sie werden wie die anderen Stäublinge/Boviste weder gedünstet noch in ein Mischgericht gegeben, sondern in der Butter gebraten (mit oder ohne Panade).

Riesenbovist

Langermannia gigantea

F: vesse de loup géante, tête de mort
I: vescia maggiore, loffa
E: giant puffball

Allgemeines

Unverwechselbarer Wiesenpilz mit einem außerordentlich großen Fruchtkörper. Früher gehörte er wie der Flaschenbovist zur Klasse oder Unterklasse der Bauchpilze.

Vorkommen

Der Riesenbovist wächst von Juni bis September vorwiegend auf Wiesen, auf Weiden und in lichten Wäldern (aufgelockerte Kiefernwälder an eher trockenen Standorten). Ein charakteristischer Standort sind auch Wiesen mit einem alten Streuobstbaumbestand, wo schon Hexenringe von 10 oder mehr Metern Durchmesser beobachtet werden konnten.

Verwechslungsgefahr

Der Riesenbovist zählt zu den Pilzarten, welche kaum verwechselt werden können. Im jungen Stadium, wenn die Fruchtkörper noch klein sind, ist eventuell eine Verwechslung mit anderen, ebenfalls essbaren Stäublingen (Beutel- und Hasenstäubling) möglich.

Merkmale

Größe: Der Riesenbovist hat einen Durchmesser von 10–50 cm, er ist rundlich und ohne Stiel. Die Haut ist glatt und lederartig. Im jungen Stadium ist er weißlich, später grau- bis dunkelbraun. Die Fruchtmasse ist anfangs ebenfalls weiß und wird während der Reifung olivbraun und pulverig.

Fruchtkörper: Sehr groß, 10–60 cm breit und hoch, vereinzelt 2–5 kg schwer, rund oder abgeflacht. Jung – und noch lange Zeit später – weißlich oder cremigweiß, glatt, fein lederartig, allmählich graugelb, gelbbräunlich und schließlich braun und gefeldert. Anfangs fest, später zunehmend weicher. Stiellos, an der Basis gefurcht, mit schnurartigen Myzel-Strängen, alt vom Myzel gelöst und umherrollend. Die äußere Hülle (Exoperidie) stets ohne Stacheln oder Warzen, die innere Hülle (Endoperidie) dünnhäutig (3 mm stark), sehr zerbrechlich, zuerst weiß, dann gelb bis schließlich graugelb oder grau verfärbend, dann allmählich unregelmäßig zerfallend, so dass nur der untere Teil, ähnlich einem Becher, stehen bleibt – mitunter bis zum folgenden Frühjahr.

Sporenpulver: je nach Reifegrad oliv- bis graubraun

Verwendung

Junge, noch weiße Riesenboviste sind vorzügliche Speisepilze, welche in Scheiben geschnitten ähnlich wie ein Wiener Schnitzel oder gegrillt zubereitet werden können. Weil sie wenig Eigengeschmack haben, passt ein pikanter Dipp oder eine würzige Sauce bestens dazu. Im reifen Stadium riechen die Boviste unangenehm nach Harn und sind ungenießbar. Größere Mengen Riesenboviste in Scheiben, Stäbchen oder Würfel schneiden, in einer Panade wenden und einfrieren. Später gefroren ins Frittieröl geben.

Wiesenchampignon

Agaricus campestris

F: agaric champêtre, rosé des prés, pratelle
I: prataiolo
E: field mushroom, pink bottom

Verwechslungsgefahr

Die meisten Pilzvergiftungen unter Anfängern und Unvorsichtigen sind auf eine Verwechslung des Champignons mit Giftpilzen zurückzuführen. Der schwach giftige Karbolchampignon (Agaricus xanthoderma) wächst auf Wiesen und Pferdekoppeln, oft in Hexenringen oder Kolonien. Nur erfahrene Pilzsammler können ihn aufgrund des unangenehmen Geruchs nach Tinte, Jod oder «Krankenhaus» von anderen gelbfärbenden Champignonarten unterscheiden. Es ist wichtig, dass man die Farbe der Lamellen prüft, am Pilz riecht oder das Pilzfleisch roh kostet und es danach ausspuckt. Der unangenehme Geruch wird durch das Kochen noch verstärkt. Schwach widerlich riechen junge Exemplare der tödlich giftigen Weißen Knollenblätterpilze (Amanita virosa und Amanita verna). Weiße Champignons haben im reifen Stadium immer rosa, später dunkle schokoladenbraune bis schwarze Lamellen und nie eine Scheide an der Stielbasis.

Riesenchampignon

Wild wachsender Champignon

Es gibt eine Vielzahl essbarer Champignons oder Egerlinge. Einige wild wachsende Sorten sind: Schafegerling, Anischampignon (Agaricus arvensis), Stadtchampignon, Asphaltchampignon (Agaricus bitorquis), Riesenchampignon, Riesenegerling (Agaricus augustus), Dünnfleischiger Anischampignon (Agaricus silvicola). Typisch bei gelbfärbenden, essbaren Champignons ist der mehr oder weniger starke Anisduft oder ein schwacher Geruch nach Mandeln, Bittermandeln oder Marzipan. Natürlich sind junge und feste wild wachsende Exemplare nicht zu verachten; sie zählen im Gegenteil zu den besten Speisepilzen.

Vorkommen

Sommer bis Herbst in Ringen oder in Gruppen auf Wiesen, Weiden, Äckern oder im Hausgarten. In trockenen Jahren gedeiht er besonders gut, weil für die Fruchtkörperbildung Morgentau genügt.

PILZLEXIKON

Zuchtchampignon

Der Zuchtchampignon wird in fast allen Pilzkochbüchern als „quantité négligeable" (nicht zu berücksichtigen) behandelt, und es wird behauptet, der Wiesenchampignon sei ihm bezüglich Geschmack weit überlegen. Ich bin nicht gleicher Meinung, denn der Champignon lebt von seinem Biss und seiner Knackigkeit. Und hier hat der Zuchtchampignon einiges zu bieten, kommt er doch absolut frisch und genau im richtigen Wachstumsstadium in den Handel – das ist bei wild wachsenden Champignons selten der Fall. Mittlerweile gibt es neben dem herkömmlichen Zuchtchampignon (Agaricus bisporus) auch noch den etwas aromatischeren Braunen Zuchtchampignon (Agaricus brunescens, besser bekannt unter dem falschen Namen Agaricus bisporus americanus). An ihm haftet meist noch etwas Erde, weil er aus der Deckerde gedreht wird. Der Braune bleibt etwas länger knackig.

Der in jüngster Zeit im Handel erhältliche Portobello ist in den USA sehr populär. Es handelt sich um eine große braune Varietät des gemeinen Zuchtchampignons (Agaricus bisporus). Mit seiner stattlichen Größe ist er zum Füllen prädestiniert.

Merkmale

Hut: 6–10 cm Durchmesser, weiß, später gelegentlich graubraun. Der Hut ist fleischig, zuerst halbkugelig, später gewölbt, schließlich abgeflacht, mit kleinen, bräunlichen Schuppen. Der eingerollte Rand überragt die Lamellen und ist oft von flockigen Velumresten bedeckt.

Lamellen: Frei, ziemlich gedrängt, zu Beginn blassrosa, dann fleischrot, schokoladenbraun und schließlich fast schwarz.

Stiel: 3–7 cm lang und 1–3 cm dick, weißlich, gegen die Basis leicht verjüngt und bisweilen etwas gilbend. Innen zuerst voll, später röhrig hohl. Er trägt einen einfachen, hängenden, vergänglichen, schmalen, oft nur flüchtigen weißen Ring.

Fleisch: Weiß, fest. Bei Anschnitt wird es in der Nähe der Lamellen und an der Basis leicht rosa. Geschmack und Geruch angenehm.

Verwendung

Champignons nach Möglichkeit nicht waschen, nur mit einem trockenen Tuch abreiben und die Erde mit einem Küchenmesser abschaben. Für «Champignonduxelles» dürfen die Pilze bei Bedarf gewaschen werden. Kleine, feste Champignons eignen sich roh für Salate oder sie werden auf einem Trüffelhobel über einen Blattsalat oder einen Fleischcarpaccio gehobelt. Das rauchendheiße Braten (vor allem die Zuchtchampignons werden bei großer Hitze gebraten, damit sie kein Wasser ziehen können) gibt den Pilzen mehr Aroma. Ältere Anischampignons trocknen und später mit anderen Pilzen zu Pilzpulver verarbeiten. Oder man macht daraus «Champignonduxelles». «A la grecque» (Seite 42) eignen sich die Champignons für die Vorratshaltung. Im Pilz-Mischgericht sollten einige knackige Champignons nie fehlen.

Blutchampignon im Wald

Waldchampignon, Blutchampignon, kleiner Blutegerling

Agaricus silvaticus

F: agaric des forêts
I: prataiolo
E: blushing wood mushroom, red-staining mushroom

Allgemeines
Der Waldchampignon ist unter Sammlern weniger bekannt als andere Arten der Gattung Agaricus. Er sollte im jungen Stadium geerntet werden.

Merkmale
Hut: 4–8 cm Durchmesser. Auf blassbräunlichem Grund dichte, dunklere, konzentrisch angeordnete, anliegende Schüppchen. Hut jung kugelig, bald flach gewölbt. Dünnfleischig, Scheitel fleischiger.
Stiel: 5–6 cm lang und 5 mm breit, schlank, blasser als der Hut, bepudert oder feinflockig, bei einer Verletzung rötlich anlaufend. Ring hängend, dünnhäutig, flüchtig. Stielbasis leicht verdickt, mit Myzel weiß überwachsen.
Lamellen: Jung zuerst blassrosa, dann dunkelgraubraun bis schwärzlich.
Fleisch: Weiß, im Schnitt sofort weinrot verfärbend.
Geruch: auf Reiben holzartig
Geschmack: mild

Verwendung
Wie andere Champignons.

Blutchampignon

PILZLEXIKON

Frauentäubling

Russula cyanoxantha

F: russule charbonnière
I: colombina maggiore, russula verde
E: charcoal burner

Allgemeines

Die Familie der Täublinge ist sehr groß und farbenprächtig. Der Täubling kommt in Hunderten von Varietäten vor.
In Abweichung zu den meisten Täublingen hat der Frauentäubling nicht spröde, sondern weiche Lamellen. Meinem verstorbenen väterlichen Pilzfreund, Helmut Jäger, verdanke ich die folgende witzige Eselsbrücke: «Die Lamellen müssen weich und anschmiegsam sein wie eine Frau (sein sollte)!»
Der Frauentäubling ist ein sehr guter, wunderbar knackiger Speisepilz.

Vorkommen

Der Frauentäubling wächst auf leicht saurem, aber nährstoffreichem Boden. Wie alle Täublinge ist er ein typischer Mykorrhizapilz. Erscheinungszeit: Mai bis November, mit Schwerpunkt Juli bis September.

Verwechslungsgefahr

Hier gibt es endlich eine Regel! Jedoch kann sich nur ein fortgeschrittener Pilzsammler darauf verlassen, das heißt man muss die Familie der Täublinge hundertprozentig bestimmen können! Die Täublinge, welche roh scharf schmecken, sind ungenießbar oder giftig. Wichtig: Das Pilzfleisch unbedingt ausspucken.

Merkmale

Hut: 5–10 cm breit, zuerst gewölbt und dunkel, später ausflachend und grünlich bis hellbraun (in den Farben veränderlich).
Lamellen: Wichtigstes Merkmal sind die weichen Blätter. Bei Berührung fühlen sie sich schmierig an, sind nicht steif und brechen auch nicht.
Stiel: Bis 10 cm hoch und 1,5–2,5 cm dick, reinweiß, nach unten leicht bauchig. Sporenstaub auch reinweiß.

Verwendung

Einer meiner Lieblingspilze. Weil man ihn schon früh im Jahr findet, hat er seinen besonderen Reiz. Zudem kommt er häufig und in erfreulichen Mengen vor.

Frauentäubling

Kaffeebrauner Gabeltrichterling

Pseudoclitocybe cyathiformis

F: clitocybe en vase
E: goblet

Vorkommen

September bis November in Laub- und Nadelwäldern auf dem Waldboden, auf Holz und Holzplätzen sowie auf kultiviertem Boden, einzeln oder gesellig, sehr häufig bei feuchtem Wetter.

Verwechslungsgefahr

Durch seine Farbe, seinen schlanken hohen Wuchs und die gegabelten Lamellen kann er von anderen Trichterlingen gut unterschieden werden.

Merkmale

Hut: Blassbraun, braunrötlich, auch schmutzig grauweißlich, gedrängt, oft gegabelt und mit Querverbindungen (manchmal erst bei genauem Hinsehen sichtbar), stark herablaufend.
Stiel: 5–8 cm lang und 5–10 mm dick, braun, im Verhältnis zum Hut recht schlank, zylindrisch, Oberfläche netzfaserig, Basis meist weißfilzig und verdickt.
Fleisch: gleichfarbig oder grau-beige-bräunlich, dünn, wässrig
Geschmack: mild, pilzartig
Geruch: schwach aromatisch

Verwendung

Ideal für Misch-Pilzgerichte.

Frauentäubling

Kaffeebrauner
Gabeltrichterling

Krause Glucke, Fette Henne
Sparassis crispa

F: sparassis crêpue, clavaire crêpue
I: arricciata
E: cauliflower fungus

Vorkommen
Die Krause Glucke wächst am Fuße von Stämmen oder um Stümpfe von Nadelbäumen, insbesondere von Kiefern. Der Fruchtkörper wächst jedes Jahr wieder an der gleichen Stelle, wenn er nicht zu tief abgeschnitten worden ist.

Verwechslung
Eichhase und Eichenglucke, ebenso gute, jedoch noch seltener zu findende Speisepilze.

Merkmale
Form: Groß, schwer, bis 50 cm breit, blumenkohl- oder schwammähnlich, mit vielen Verästelungen. Die Basis ist dickfleischig, wie der Strunk eines Kohlkopfs.
Fruchtkörper: 5–20 cm hoch, bis 30 cm breit, manchmal auch größer, bis 5 kg schwer, mitunter auch deutlich schwerer bei besonders großen Fruchtkörpern. Zuerst weißlich, später gelblich und im Alter bräunlich verfärbt. Sieht aus großer Distanz einer am Baum sitzenden Glucke ähnlich. Der Strunk wächst meist tief in die Erde hinein, zum Beispiel auf einer Kieferwurzel.
Fleisch: Im Strunk weiß, ansonsten ockerfarben, wachsähnlich, bricht leicht, etwas knorpelig.
Sporen: farblos, Sporenpulver weiß
Geruch: würzig, aromatisch, schwach gummiartig
Geschmack: nussartig

Verwendung
Gekocht ist die Glucke – sie erinnert an Morcheln – angenehm bissfest und von sehr gutem Geschmack. Ein Kalbssteak, aber auch eine Suppe mit Krauser Glucke, sind Gerichte, die bei einer Bewertung von 1 bis 20 gute 19,5 Punkten bekommen. Im Kühlschrank kann der angeschnittene Pilz eine Woche und länger gelagert werden. Die Krause Glucke eignet sich auch zum Trocknen. Sie wird später für Suppen und Saucen verwendet.

Querschnitt einer Krausen Glucke

Krause Glucke

PILZLEXIKON

Hainbuchenröhrling

Goldröhrling

Goldröhrling, Goldgelber Lärchenröhrling

Suillus grevillei

F: bolet élégant
I: boleto elegante, laricino
E: larch bolet, tamarack jack

Allgemeines

Pilz aus der Gattung der Schmierröhrlinge (Suillus), deren Hutoberfläche und Ringzone insbesondere bei Feuchtigkeit oft ausgeprägt schleimig aussieht. Er sieht den Röhrenpilzen ähnlich, ist aber viel eleganter («boleto elegante») als seine Artgenossen. Er zählt nicht zu den begehrtesten Speisepilzen, hat aber sehr wohl seine Vorzüge. Freude bereitet vor allem seine starke Präsenz. Deshalb nur kleine, noch nicht aufgeschirmte, festfleischige Exemplare in den Pilzkorb legen.

Vorkommen

Man findet ihn von Sommer bis Herbst vor allem unter Lärchen und Kiefern sowie in Parks und Baumgärten. Er ist bei jeder Witterung immer ein wenig feucht. Weil vollentwickelte Exemplare sich mit Wasser vollsaugen, sollte man sie nach einem starken Regen lieber zur Versporung stehen lassen.

Verwechslungsgefahr

Der Goldröhrling ist leicht mit einigen Varietäten des stark giftigen Cortinarius zu verwechseln; die giftigen Pilze haben aber Lamellen.
Es gibt auch einige essbare, seltenere nahe Verwandte des Goldröhrlings mit deutlich größeren, eckigen Röhren, wie den Grauen Lärchenröhrling (Suillus viscidus), der graubräunlich gefärbt ist, und den Rostroten Lärchenröhrling (Suillus tridentinus) mit deutlich geschupptem zimtorangem bis rostrotem Hut, der sich auf Druck rotbräunlich verfärbt.

Merkmale

Hut: 15 cm Durchmesser, gelborange
Röhren: Zuerst leuchtend gelb, dann bräunlichgelb bis graugelb, bei Druck rotbräunlich verfärbend.
Stiel: 4–15 cm hoch, 1–2,5 cm dick
Ring: Rund um den Stiel befindet sich der Rest der Hülle, die beim jungen Pilz Hutrand und Stiel verbindet.
Röhren: unter der Haut leuchtend gelb
Fleisch: Zitronengelb, etwas weich. Stiel beim Durchschneiden schwach rosa bis bräunlich verfärbend.

Verwendung

Junge Pilze allein oder mit andern Röhrlingen in Butter oder Olivenöl braten. Größere, jedoch noch nicht alte Fruchtkörper zu Pilzpulver verarbeiten.

Habichtspilz, Rehpilz

Sarcodon imbricatus

F: sarcodon imbriqué, barbe de bouc
I: sarcodon imbricatus, steccherino bruno
E: tiled hydnum

Allgemeines

Der zu den Stachelingen zählende Habichtspilz ist wegen der zunehmenden Seltenheit zum Pilz des Jahres 1996 gewählt worden. Er wird deshalb immer häufiger lediglich als Würzpilz und getrocknet empfohlen.

Vorkommen

Der Habichtspilz wächst auf saurem Untergrund, stets auf Humus, nicht an Holz. Man findet ihn von August bis November überwiegend in Fichten- und Kiefernwäldern. In vielen Bergregionen ist er noch häufiger zu finden.

Verwechslung

Die ähnlichen Stacheling-Arten sind selten und erreichen nicht die Größe des Habichtspilzes. Verwechseln könnte man ihn höchstens noch mit den essbaren Stoppelpilzen.

Merkmale

Hut: 5–20 cm breit, konvex, später flach gewölbt bis trichterförmig, Oberseite samtig-filzig-rissig gefeldert, in große, konzentrisch überlappende Schuppen aufbrechend, welche dunkel und rötlich-schwarzbraun sind. Hutunterseite stachelig, zuerst weiß, dann grau bis purpurbraun.
Stiel: 40–70 cm lang, 20–40 mm dick, gegen die Basis leicht keulig verdickt, Stacheln am Stiel herablaufend.
Geschmack: leicht bitter
Geruch: schwach würzig bis mehlig

Verwendung

Rohe Habichtspilze sind giftig: immer gut kochen. Junge Pilze können in Essig eingelegt werden. Das Pilzpulver gibt Suppen und Saucen Würze und Aroma.

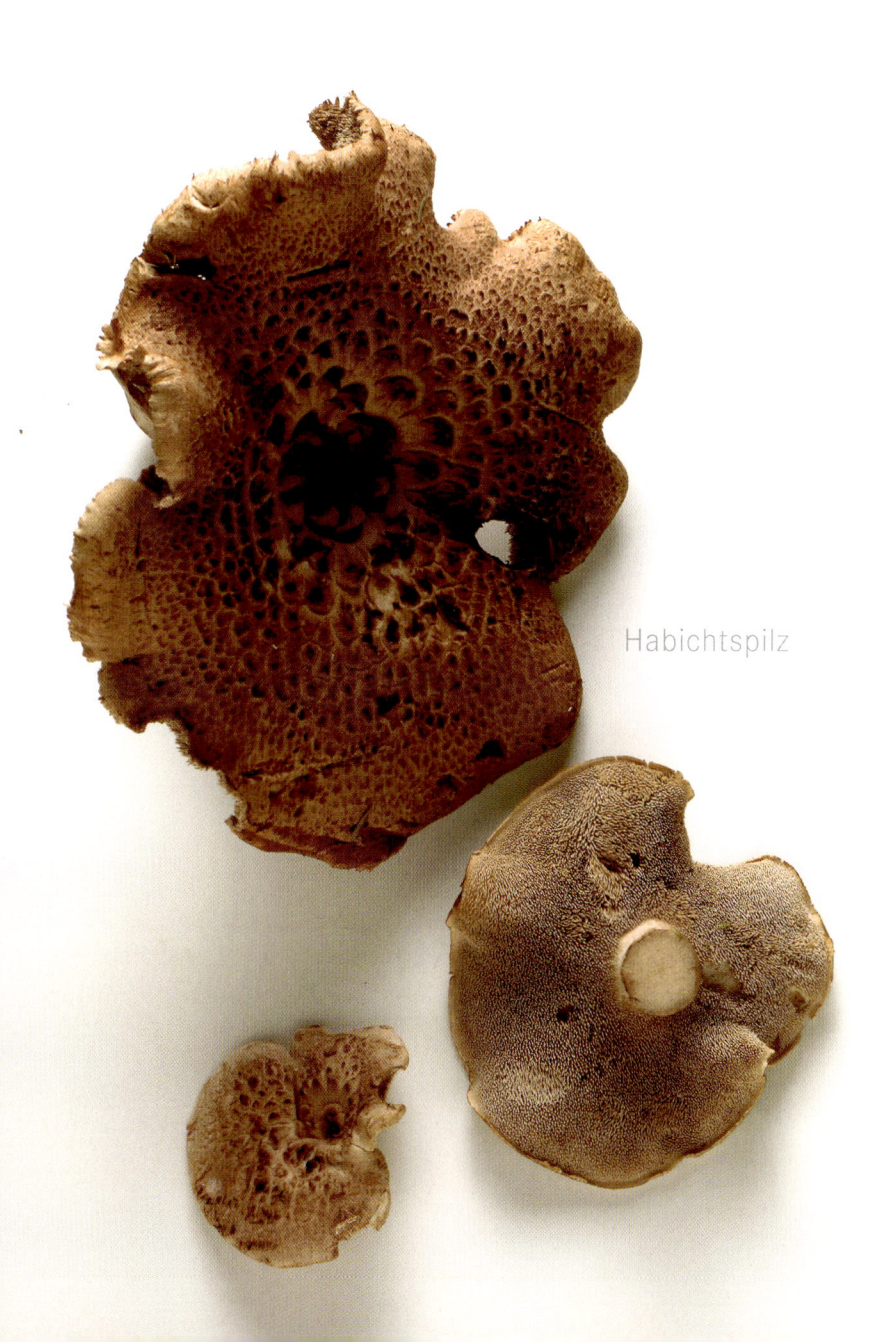

Hallimasch

Armillariella mellea

F: armillaire couleur de miel
I: chiodino
E: boot-lace fungus, honey fungus

Allgemeines

Der Hallimasch zählt zu den interessantesten und kulinarisch besten unter den weniger bekannten Pilzen. In italienischen Bestimmungsbüchern findet man ihn unter den zehn besten Pilzen. Bis 1970 wurde in der Fachliteratur nur von Armillariella mellea (= honigfarben, wegen der Farbe des Huts) als Sammelbegriff gesprochen. Heute unterscheidet man etwa sieben gute Arten, je nach Farbe des Sporenpulvers, nach Standort, Substrat und Sporenform.

Der Hallimasch ist sowohl Saprophyt, d.h. er wächst auf vermoderndem Holz, als auch Parasit und deshalb eine Bedrohung für die Bäume des Waldes, sobald das Myzelium in den unteren Teil des Stammes und in die Wurzeln von gesunden Bäume eingedrungen ist.

Der Name Hallimasch soll so entstanden sein: Wenn man den Pilz nicht blanchiert, bekommt man den Hall im Arsch! An anderer Stelle ist zu lesen, dass er bei Verstopfung hilft.

Vorkommen

Vor allem im Herbst auf Nadel- und Laubholzstämmen sowie auf Stümpfen und Wurzeln. Der Hallimasch ist weit verbreitet. Er kommt oft in dichten Beständen in großen Mengen vor.

Merkmale

Hut: 4–12 cm, manchmal sogar 15 cm und mehr Durchmesser. Ziemlich fleischig. Zuerst halbkugelig oder abgestumpft kegelig, dann gewölbt und mehr oder weniger ausgebreitet. Fast immer mit kleinem Buckel, mehr oder weniger deutlich honiggelb, in der Mitte jedoch meist dunkler rötlichbraun oder rußbraun, zuweilen auch schwach olivfarben, mit feinen braunen oder rußigen Schüppchen, die sich gegen den Rand hin verlieren und bei alten Pilzen verschwinden. Der Rand ist zuerst eingebogen, dünn gerieft und schließlich leicht gewellt.

Lamellen: Nicht sehr gedrängt, dünn und am Stiel herablaufend. Weißlich, gelblich oder bräunlich und am Schluss schmutzigrot gefleckt.

Stiel: 5–12 cm, manchmal bis 20 cm lang, 8–15 mm Durchmesser. Faseriger Stiel, gerade oder etwas gekrümmt, kann lang und schlank sein, vereinzelt auch mit knollig verdickter Basis. Spitze gerieft, gelblich oder bräunlich, an der Basis geschwärzt. Der Stiel trägt einen häutigen, flockigen, dauerhaften Ring, oberflächlich gerieft, im typischen Fall weiß.

Fleisch: Weiß oder blass. Schwacher, bei älteren Pilzen aasartiger Geruch, der zu Übelkeit führen kann. Durch das Kochen verschwindet der bittere Geschmack.

Verwendung

Junge Hüte und mit 1–3 cm Stiel ernten. Alte Fruchtkörper sind schwer verdaulich. Den Hallimasch nie roh essen, (leicht giftig). Wenn er 5 Minuten abgebrüht ist (das Wasser weggießen), ist er aber völlig unbedenklich.
Der Hallimasch ist ideal für Pilz-Mischgerichte. Oder Pilze mit gehackten Zwiebeln und gehacktem Knoblauch in Olivenöl braten und mit Teigwaren vermengen. Speziell ist die Hallimaschtorte mit Beurre rouge, Seite 108. Der Hallimasch eignet sich auch bestens für Fleischterrinen, Pasteten-/Raviolifüllungen. Ganz kleine, geschlossene Köpfe in Essig einlegen. Ein idealer Pilz zum Tiefkühlen.

Hallimasch

PILZLEXIKON

Hainbuchenröhrling, Bild Seite 170
Leccinum griseum

F: bolet rude des charmes
E: bolete

Vorkommen
Vom Sommer bis in den Herbst unter Hainbuchen und Espen, seltener unter anderen Laubbäumen.

Verwechslungsgefahr
Der Hainbuchenröhrling sieht dem Birkenröhrling (L. scabrum) ähnlich und wird häufig mit ihm verwechselt. Nebst dem meist grubigen Hut ist das schwärzende Fleisch das beste Erkennungszeichen. Der Birkenröhrling ist ein strikter Birkenbegleiter und verfärbt sich kaum. Der schwärzende Pappel-Rauhfuß (L. duriusculum) läuft zusätzlich in der Stielbasis blaugrünlich an. Seine Huthaut steht leicht über, wie bei den Rotkappen. Der Gelbe Rauhfuß (L. nigrescens) schwärzt ebenfalls, ist aber wegen der gelblichen Farbe von Hut, Stiel und Röhren kaum zu verwechseln.

Merkmale
Hut: 4–10 (15) cm breit, hellbraun, braun, porphyrbraun, manchmal auch mit oliv bis gelblichen Farbtönen. Jung oft runzelig, alt rissig-felderig.
Röhren: Schmutzig-weißlich, schwärzend, der Anfang der Röhren zuerst weißlich, dann graugelblich.
Fleisch: Dickfleischig, ziemlich fest, im Schnitt zuerst rötlich, dann violettschwärzlich verfärbend.
Stiel: Bis 15 cm lang und 2–4 cm dick, berindet, auf weißgelblichem Grund mit dunkleren Schüppchen besetzt. Im Schnitt schwärzend, an der Basis bisweilen mit grünlichen Farbtönen.
Geruch: schwach, angenehm pilzartig
Geschmack: mild

Verwendung
Junge Pilze in Butter oder Olivenöl braten, allein oder zusammen mit anderen Röhrlingen. Größere, aber noch nicht alte Fruchtkörper trocknen und u Pilzpulver verarbeiten.

Flockenstieliger Hexenröhling

Boletus erythropus

F: bolet à pied rouge
I: gambo ingrassato, piede rosso
E: boletus erythropus mushroom

Allgemeines

Häufig vorkommender Dickröhrling. Heißt im Volksmund je nach Standort Tannen-, Schuster- und Donnerpilz.

Vorkommen

Von Mai bis Oktober in Laub- und Nadelwäldern, im Flachland vor allem unter Eichen und Rotbuchen, in den Bergen unter Fichten und Tannen, besonders auf neutralem und saurem Boden, nicht auf Kalkboden.

Verwechslungsgefahr

In Farbe und Aussehen dem Netzstieligen Hexenröhrling (Boletus luridus) ähnlich, der beim Schneiden ebenso rasch und dunkel anläuft, dessen Stiel aber deutlich von einem orangeroten bis purpurfarbenen Netz überzogen ist. Auch der Netzstielige Hexenröhrling ist roh giftig. Verwechselt werden kann er möglicherweise mit dem Schwarzblauenden Röhrling (Boletus pulverulentus), der schon auf sanfte Berührung mit Schwarzfärbung reagiert.

Merkmale

Hut: 8–20 cm Durchmesser, dickfleischig und fest. Hellbraun, olivbraun, dunkelbraun oder schwarzbraun. Trocken samtig oder feinfilzig, feucht klebrig, schmierig. Alt glänzend und kahl. Anfangs halbkugelig, dann posterförmig gewölbt. Hutrand überragt die Röhren ein wenig.

Röhren: 1–3 cm lang. Am Stiel ausgebuchtet angewachsen. Grünlichgelb, bei Druck dunkelblau oder schwarzblau verfärbend. Mündungen eng, rundlich und kräftig orange bis dunkelrot.

Fleisch: Zuerst fest und derb, zunehmend weicher, gelblich. Bei Schneiden oder Brechen sofort dunkelgrünblau anlaufend, nach einiger Zeit wieder verblassend und graubläulich. Madenfraßstellen schwach rötlich gefärbt.

Stiel: 5–12 cm lang, 2–4 cm dick. Anfangs bauchig, später gestreckt, voll, fest. Auf gelbem Grund dicht mit orange- oder karminroten Flöckchen besetzt oder punktiert, am Grund mehr gelblichgrau oder -bräunlich. Auf Druck schnell dunkel verfärbend.

Geruch/Geschmack: mild, angenehm

Verwendung

Der beliebte Speisepilz wird oft mit dem Steinpilz verglichen. Im Biss ist er aber knackiger. Die Alkohol-Unverträglichkeit stimmt für den Netzstieligen, aber nicht für den Flockenstieligen Hexenröhrling. Roh ist er giftig! Das Aroma wird durch die Blaufärbung nicht beeinträchtigt. Sie verschwindet beim Kochen.

Flockenstieliger Hexenröhring

PILZLEXIKON

Judasohr

Auricularia auricula-judae

F: oreille de Judas, champignon noir
I: orecchio di maiale, ariccia di poccu
E: jelly ear

Zuchtpilz: Wolkenohr, Black Fungus, Mu-Err

Allgemeines

Das Judasohr ist ziemlich verbreitet, nur sucht man im Winter und Vorfrühling in der Regel keine Pilze. Die gelatinösen, becher- oder ohrenförmigen Pilze wachsen einzeln oder reihenförmig auf lebenden oder abgestorbenen Stämmen und Ästen. Einzig der Gezonte Ohrlappenpilz (Auricularia mesenterica) ist dem Judasohr entfernt ähnlich, ist aber ungenießbar. Bei uns schätzt man den Pilz nicht besonders – zu Unrecht. Er gibt einem Pilzgericht zwar wenig Geschmack, aber fein geschnitten sorgt er mit seiner Knackigkeit für Abwechslung.

Vorkommen

Vor allem auf alten Holunderstämmen, ganzjährig, vor allem aber von August bis März.

Zuchtpilz

Im Handel werden manchmal frische Pilze aus dem Fernen Osten angeboten, eine fast weiße und eine dunkle Sorte. Die Zucht von Judasohren hat dort eine lange Tradition. In der chinesischen Küche ist der Zuchtpilz unverzichtbar.

Merkmale

Fruchtkörper: 3–8 cm Durchmesser, glatt, biegsam, weichknorpelig, gallertartig, unregelmäßig ohrenförmig, häufig gewunden mit mehreren Lappen. Durch den kurzen Stielansatz mit dem Substrat verbunden. Graubraun bis dunkelkastanienbraun. Oberseite sehr fein filzig, Unterseite mit verzweigten Adern durchzogen.

Fleisch: Junge Judasohren sind gallertartig-knorpelig, sie schrumpfen bei Trockenheit zusammen und werden hart und brüchig. Nach Feuchtigkeitsaufnahme werden sie wieder ohrenförmig.

Verwendung

Roh in feinen Scheiben für Salate oder als Salatgarnitur. Chinesische Pilzsuppe (Seite 33), Gemüse-«Nudeln» mit chinesischen Pilzen, Seite 84, oder Hallimasch-Torte, Seite 108

Judasohr

Kaiserling

Amanita caesarea

F: amanite, amanite des Césars, oronge
I: ovolo, cocco
E: caesar's mushroom

Allgemeines

Der aus der Gattung der Wulstlinge (Amanita) stammende Kaiserling wird auch Kaiserpilz oder Orangegelber Wulstling genannt. Den Kaiserling kennt man schon seit der Antike als außergewöhnlich wohlschmeckenden Speisepilz. Den Namen verdankt er dem römischen Imperator Cäsar, der ihn gerne gegessen hat. In Italien ist er einer der begehrtesten Pilze. Er dürfte den sehr beliebten Steinpilz bezüglich Köstlichkeit und Schönheit sogar überflügeln. Er erinnert beim Heranwachsen an ein weißes Ei, aus dem das orangefarbene Eigelb hervorbricht, daher sein italienischer Name ovolo oder cocco.

Kaiserling

Verwechslungsgefahr

Der Kaiserling hat mit dem Fliegenpilz (Amanita muscaria) Ähnlichkeit, er unterscheidet sich von diesem aber durch die kräftigere orangerote Hutfarbe, die meist fehlenden flächigen Velumreste, die ausgeprägte Scheide an der Stielbasis und die intensiv gelbe Farbe von Lamellen und Stiel.

Vorkommen

Juni bis September in warmen Lagen in lichten Laubwäldern, bei Eichen und Kastanien. In Mitteleuropa ist er nur selten und nur in warmen Gebieten anzutreffen, in Italien und in Südosteuropa ist er ein bekannter Marktpilz.

Merkmale

Lamellen: Freistehend, nicht am Stiel angewachsen, gelb, dicht, Sporenpulver weißlichgelb.
Stiel: gelb, faserig, mit knolliger Basis, großer tütenförmiger Scheide, oben geriefte gelbe Manschette.
Fleisch: weißlich bis gelblich
Geruch/Geschmack: angenehm

Verwendung

Die Italiener lieben den Kaiserling roh und in dünne Scheiben gehobelt in Kombination mit Trüffelscheiben in Salaten mit einer Sauce aus Olivenöl und einigen Tropfen Zitronensaft.

PILZLEXIKON

Kräuterseitling
Pleurotus eryngii

F: pleurote du panicaut, oreille de cardon
I: cardarello, cardoncello
E: eryngii mushroom, kingoyster mushroom

Allgemeines
Dieser wunderbare Zuchtpilz wird noch nicht allzu lang kultiviert. Sein Name ist identisch mit seinem Wachstumsstandort, den stärkereichen Wurzeln von Kräutern, hauptsächlich Männertreu. Bekannter ist sein naher Verwandter, der Austernseitling (Pleurotus ostreatus). Die beiden gehören mit dem Grifola zur Klasse der Ständerpilze (Basidiomyceten), die Holz und andere pflanzliche Stoffe zersetzen. Diese Pilze wandeln chemische Verbindungen in Komponenten um, welche von andern Organismen aufgenommen werden können und spielen so eine wichtige Rolle in der natürlichen Nahrungskette. Die Fruchtkörper erscheinen bei 8 bis 18 °C und wiegen bis 300 g. Die großen Exemplare sind genauso schmackhaft. Die Kräuterseitlinge sind im Kühlschrank gut zwei Wochen haltbar.

Produktion
Kräuterseitlinge werden auf einem pflanzlichen Substrat gezüchtet. Das Wachstum wird in die Inkubations- und Fruchtbildungsphase aufgeteilt. In der ersten Phase besiedelt der Pilzsamen (Myzel oder fadenförmiges Stadium der Pilze) das Substrat, in der zweiten entsteht der Fruchthalter (Karpophor). Die klimatischen Bedingungen (Luftfeuchtigkeit, Temperatur und CO_2) werden streng kontrolliert.

Verwendung
Von den Zuchtpilzen ist er bezüglich Biss dem Steinpilz am ähnlichsten. Dank sorgfältiger Handernte kommt der Pilz ohne Substratreste in den Handel. Waschen erübrigt sich. Stiel möglichst dünn schneiden!

Kräuterseitling

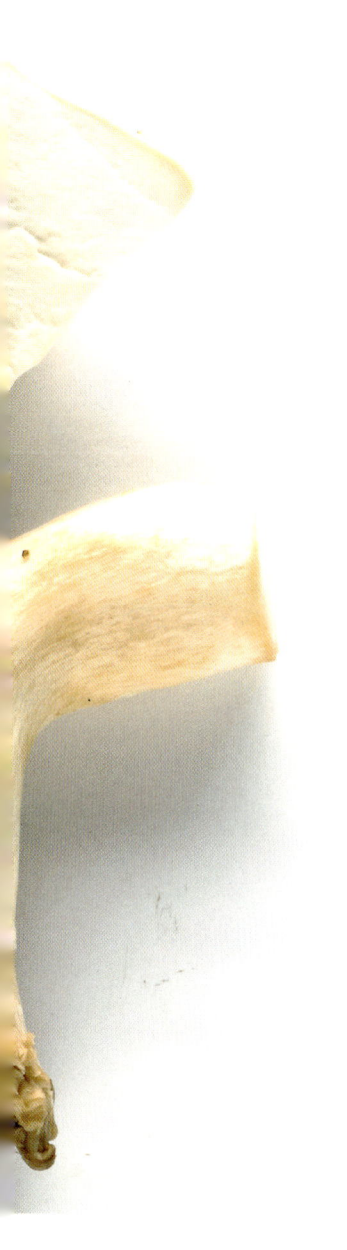

Mairitterling, Maipilz

Calocybe gambosa

F: Tricholome de la Saint-Georges, Saint-Georges, mousseron vrai, mousseron de printemps
I: tricoloma georgi, prugnolo
E: St. George's mushroom

Allgemeines

Hurra – der Mai ist da! Jetzt beginnt – anfangs vielleicht noch ein wenig verhalten – die Zeit der Sommerpilze, also auch des Mairitterlings. Wichtig und interessant ist seine Standorttreue, gleiches gilt für die «Saison». Gemäß meinen Eintragungen ins Pilztagebuch habe ich in den letzten fünf Jahren die ersten Mairitterlinge stets zwischen dem 3. und dem 12. Mai gepflückt.

Verwechslungsgefahr

Viele Bestimmungsbücher warnen vor einer Verwechslung mit dem Riesenrötling (Entoloma lividum). In meiner langen «Pilzkarriere» bin ich diesem Pilz allerdings noch nie begegnet.

Merkmale

Hut: 3–10 cm Durchmesser, gewölbt bis abgeflacht und am Rand häufig verbogen, matt, glatt, ziemlich fleischig. Farbe cremeweiß bis blass rehbraun oder grau-fuchsig. Manchmal gefleckt und rissig. Insbesondere bei jungen Exemplaren ist der Rand stark eingerollt.
Lamellen: Gedrängt, abgerundet bis ausgebuchtet, weiß bis blass ockerfarben, kurze herablaufende Zähnchen.
Stiel: 4–8 cm lang, 1–4 cm dick. Weiß, voll, fleischig, leicht faserig, häufig etwas gebogen.
Fleisch: Weiß, fest, gegen Hutrand dick.
Geschmack: angenehm; Geruch nach frischem Mehl.
Aroma: Der Geschmack des Mairitterlings ist extravagant: er riecht nach Mehl und frischen Gurken. Für die einen ist er der schmackhafteste Speisepilz, andere rümpfen die Nase. Die Saison ist kurz, freuen wir uns also über seinen einzigartigen Geschmack.

Verwendung

Das Besondere ist sein festes, zartes weißes Fleisch. Blanchiert können die Pilze wie Champignons verwendet werden.

Mairitterling

PILZLEXIKON

Maronenröhrling
Boletus badius

F: bolet bai
I: boleto baio
E: bay bolete

Maronen-
röhrling

Allgemeines

Keine Angst vor blaufärbenden Pilzen! Der Maronenröhrling ist ein guter Speisepilz. Lange Zeit wurde er unterschätzt, nun gewinnt er zunehmend an Bedeutung als Ersatz für den vielerorts wegen zu eifrigen Sammelns seltener gewordenen Steinpilz. Das Blauen von Röhre und Fleisch schreckt den Kenner nicht ab, ist aber mit ein Grund, weshalb viele den Pilz für giftig halten und ihn nicht essen.
In Europa ist er überall im Handel. Man findet ihn in einem guten Pilzjahr sehr häufig. Verwandte Arten wie Brauner Filzröhrling (Xerocomus spadiceus), Ziegenlippe/Filziger Röhrling (Xerocomus subtomentosus) sowie Rotfußröhrling (Xerocomus chrysenteron) können gleich verwendet werden. Bei großem Vorkommen sollte man ältere Maronenröhrlinge großzügig stehen lassen – sie sichern die nächste «Pilzjagd».

Vorkommen

Von Juli bis November, vorwiegend im Nadelwald, einzeln oder gesellig, standorttreu.

Merkmale

Hut: 5–15 cm Durchmesser, fleischig, halbkugelig, dann unregelmäßig gewölbt, breitet sich in der Folge aus, bleibt jedoch immer mehr oder weniger deutlich gewölbt. Feinfilzig, samtartig, fast glatt. Die Farbe variiert zwischen Kastanienbraun und dunklem Rotbraun; gelegentlich gibt es Pilze mit schwarzem Hut. Der Rand ist anfangs eingerollt.
Röhren: Die ziemlich langen, blassgelben Röhren laufen am Stielansatz bisweilen hakenförmig herab und grünen im Schnitt. Die ziemlich kleinen, eckigen Poren sind anfangs hellgelb oder weißlich, im Alter gelbgrünlich. Auf Druck blauen sie je nach Feuchtigkeitsgehalt mehr oder weniger intensiv. Die Röhren können leicht vom Hutfleisch abgelöst werden.
Stiel: 6–12 cm lang, 1,5–5 cm dick, fleischig, fest, dick oder schmächtig, fein faserig oder fein samtig. Die gelbe Oberfläche ist glatt und ungenetzt.
Fleisch: Weißlich, stellenweise gelblich, unter der Huthaut und am Stielgrund bräunlich. Besonders unter den Röhren blauend. Das dicke Fleisch ist zuerst fest und hart, im Alter weicher. Geruch obstartig, Geschmack mild.

Verwendung

Röhrlinge nie waschen, weil sich die Röhren mit Wasser vollsaugen.
Nur mit Messer und trockenem Tuch reinigen. Die Röhren älterer Exemplare entfernen. Die Pilze auf Maden kontrollieren.
Kleine bis mittelgroße Pilze verbessern ein Pilz-Mischgericht. Als Beilage zu Fleischgerichten, zu Polenta, für eine feine Pilzcremesuppe.
Getrocknete Pilze haben einen zarten, feinen Geschmack und können zu Pilzpulver gemahlen oder für beliebige Rezepte verwendet werden.

Maronenröhrling

Mehlräsling

Clitopilus prunulus

F: clitopile petite prune, meunier
I: prugnolo, spione
E: the miller

Allgemeines

In 90 % der Fälle gibt es am Standort von Steinpilzen auch Mehlräslinge. Auch Fliegenpilze (Wahrscheinlichkeit 30 %) siedeln sich in der Nähe an.

Verwechslungsgefahr

Der Mehlräsling sollte nur von Pilzkennern gesammelt werden. Er kann mit den gefährlichen giftigen Weißen Trichterlingen verwechselt werden. Sie unterscheiden sich in den weißen Sporen. Die Lamellen sind auch beim reifen Pilz weiß.

Merkmale

Hut: 4–12 cm breit, weiß bis grauweiß, jung oft gebuckelt, konvex, später trichterig, niedergedrückt. Rand dünn, eingebogen, oft wellig. Oberfläche matt, samtig (wie Handschuhleder).
Lamellen: Weit herablaufend, zuerst weiß, mit der Sporenreife rosa.
Stiel: 2–6 cm lang, 8–15 mm dick, zur Basis hin verjüngt und filzig. Gleiche Farbe wie der Hut.
Fleisch: weiß, brüchig
Geruch: Stark mehlartig oder Weißschimmelkäse ähnlich, z. B. junger Camembert.
Geschmack: mild, mehlig

Mehlräsling

Verwendung

Ausgezeichnet in Pilz-Mischgerichten. Durch das Kochen kann der Mehl- respektive Camembertgeruch eliminiert werden!

PILZLEXIKON

Morchel

Morchella

F: morille
I: spugnola
E: morel

Allgemeines

Die sehr begehrte, aber nicht immer verfügbare Morchel wird weltweit zu hohen Preisen gehandelt. Morcheln gedeihen an den verschiedensten Standorten, im Frühling zum Beispiel an Wiesenrändern bei Eschen. Oft findet man sie an ganz ungewöhnlichen Stellen: im Wald, an Waldrändern oder in Waldlichtungen, in Parkanlagen, Gärten, auf Sportplätzen, in Weinbergen, auf Schutthalden und Baustellen, an Autobahndämmen. Über den Wert und die Qualität der einzelnen Morcheln ist man sich nicht einig. Für mich ist die Frische der Pilze entscheidend, vor allem wenn man sie im Handel bezieht. Frisch geerntete Morcheln, bei denen die Kühlkette nie unterbrochen worden ist, sind auch länger haltbar, sind frei von Schimmel und riechen nicht muffig. Handelsware kommt vor allem aus der Türkei und später im Jahr aus Kanada und den USA. Waschen ist bei Morcheln unerlässlich. Man halbiert sie dazu in Längsrichtung. Nie im Wasser liegen lassen. Wie viele andere Pilze ist die rohe, ungenügend gekochte Morchel leicht giftig.

Morchel getrocknet

Morchel eingeweicht

Zuchtmorchel

Die neueste Entwicklung in der Zucht lässt erahnen, dass es wegen der großen finanziellen Risiken noch ein weiter Weg bis zur Zuchtmorchel ist. Morcheln in genügender Menge, ohne Verunreinigungen, Gift und Schwermetallbelastung und radioaktive Rückstände kaufen zu können, sind eine schöne Zukunftsvision.

Nameko-Schüppling

Pholiota Nameko

Verwandte

Es gibt verschiedene, für Laien kaum feststellbare Unterschiede unter den folgenden Morchelarten: Speisemorchel (Morchella esculenta), Spitzmorchel (Morchella conica), Graue Morchel (Morchella vulgaris), Hohe Morchel (Morchella elata), Köstliche Morchel (Morchella conica var. deliciosa) sowie Käppchen-, Glocken- oder Halbfreie Morchel (Mitrophora hybrida).

Merkmale

Hut: 4–8 cm Durchmesser, hohl, meist rundlich oder etwas länglich bis spitz ausgezogen, mit weiten, wabenartigen Vertiefungen (Kammern), die unregelmäßig angeordnet und durch wellige Rippen getrennt sind. Die Farbe variiert von Karamellbraun über Gelbocker bis ins Graue und fast Olivschwarze.
Stiel: 4–6 cm lang und 2–3 cm dick, kurz, nach oben etwas bereift, am Grund verdickt, grubig-runzelig, hohl
Fleisch: brüchig, Geruch schwach

Verwendung

Große Exemplare eignen sich zum Füllen. Als Sauce zu einem Kalbssteak. Zum Trocknen längs aufschneiden. Nicht roh essen!

Allgemeines

Der Zuchtpilz ist in Japan sehr bekannt und geschätzt. Zu uns kommt der Verwandte des Stockschwämmchens (Kuehneromyces mutabilis) über Kalifornien in den Handel. Der Pilz ist ein wenig schleimig und ziemlich zerbrechlich. Er muss rasch verarbeitet werden. Die Forschung steckt noch in den Kinderschuhen. Man kann gespannt sein. Ich habe schon Bilder von fliegenpilzroten Pilzen gesehen.

Vorkommen

In Büscheln in Grüppchen wachsend, auf Substrat aus Sägemehl und kleinen Holzstücken.

Merkmale

Hut: 2–5 cm breit, rot- bis orangebraun, glänzend, in der Mitte etwas lebhafter gefärbt; dunklere Schuppen, die wie aufgeklebt aussehen, teilweise abfließend; schmierig, halbkugelig. Rand lange eingerollt.
Lamellen: Sehr jung cremefarben, bald milchkaffeebraun, mit rostbraunen Reflexen. Mäßig gedrängt, abgerundet, angeheftet.
Stiel: 5–8 cm lang und 5–10 mm dick, gelblichweiß, mit hutfarbenen Schuppen, die wie genattert aussehen. Flüchtiger, bald zerreißender Ring.
Fleisch: Hellgelb, gegen die Stielbasis etwas dunkler. Geruch leicht an Muscheln erinnernd.

Verwendung

Der Zuchtpilz mit dem Wildgeschmack. Gibt einem Ragout aus Zuchtpilzen in kleiner Menge die gewisse Würze. Nicht roh essen!

Stockschwämmchen, mit Nameko-Schüppling verwandt

Nelkenschwindling, Feldschwindling

Marasmius oreades

F: marasme des Oréades, faux mousseron, petit mousseron des prés
I: gambesecche
E: fairy ring mushroom

Vorkommen

Der Nelkenschwindling sprießt von Frühling bis Herbst. Er wächst in Hexenringen oder Reihen auf Wiesen, auf mit Gras überwachsenen Waldstellen, auf Weiden und an Waldrändern. Er wächst sogar auf Rasenflächen und Sportplätzen inmitten großer Städte. Im Pilz-Umfeld ist das Gras abgestorben, sodass man die Hexenringe schon von weitem erkennen kann. Obwohl er häufig vorkommt und nach einem heftigen Regen in großer Zahl auftreten kann, braucht man lange, bis man eine ansehnliche Menge gesammelt hat, weil die Pilze klein und wenig ergiebig sind. In Frankreich ist der Nelkenschwindling äußerst populär und wird frisch und getrocknet angeboten. Auch bei uns sieht man ihn manchmal auf dem Markt, und er findet den Weg in die Restaurants.

Merkmale

Hut: 1,5-4 cm Durchmesser. Jung gewölbt oder glockig, dann flach, meist leicht gebuckelt, fleischig-ledrig, glatt. Fleisch ocker bis blass rotbräunlich, dann nussbraun oder weißlich. Rand bisweilen etwas gefurcht.
Lamellen: Entfernt stehend, anfangs weiß, dann nussbraun mit Queradern.
Stiel: 4-6 cm lang und 3 mm dick, schlank, voll, zylindrisch. Basis filzig, weiß-nussbraun.
Fleisch: weißlich
Geruch: sehr angenehm, typisch
Geschmack: Mild, erinnert an frische Haselnüsse. Oft madig.

Verwendung

Weil Nelkenschwindlinge sehr würzig und dominant sind, mischt man sie (wenn überhaupt) nur in kleinsten Mengen mit anderen Pilzen. Saubere Pilze nicht waschen, jedoch Stiele entfernen (sind sehr hart; können zu Pilzpulver verarbeitet werden), mit Schalotten und Knoblauch in Olivenöl oder Butter braten. Eignen sich als Beilage zu Kalbssteak, zum Füllen von Omeletts usw. Nicht roh essen!

Nelkenschwindling

Safranschirmling

Parasol, Riesenschirmling
Macrolepiota procera

Volksname: Großer Schirmling
F: lépiote élevée, coulemelle, chevalier bagué
I: mazza di tamburo
E: parasol

Vorkommen

Man streift durch Wald und Wiese: und plötzlich steht man einer Gruppe von Parasol gegenüber, die wie schlanke Burschen mit ihren breitkrempigen Sombreros dastehen. Ein eindrückliches Bild. Auch unerfahrene Pilzsammler können den Parasol nicht übersehen und haben ein Erfolgserlebnis.
Der zuweilen stark verbreitete Parasol wächst von Juli bis Oktober gesellig im Unterholz des Waldes, am Waldweg, aber auch auf Wiesen und an Wald- und Wegrändern.
Sein rötlich anlaufender Bruder, der Safranschirmling/Rötender Schirmling (Macrolepiota rhacodes) wächst an ähnlichen Orten, ist gleich gut und kann gleich zubereitet werden. Bei großer «Präsenz» nicht unkontrolliert sammeln, denn er ist nur begrenzt verwendbar.

Merkmale

Hut: 10–25, vereinzelt 35 cm Durchmesser. Zuerst eiförmig respektive kugelig, dann aufgeschirmt, gebuckelt. Rand eingebogen oder flach. Hut bräunlich bis braungrau; unregelmäßige, dunkle, zerrissene Schuppen. Buckel glatt, Farbe wie Schuppen.
Lamellen: Gedrängt, unregelmäßig, bauchig, frei; weiß, bräunen auf Druck und im Alter auf den Scheiden.
Stiel: 1–3 cm Durchmesser, 10–40 cm hoch, faserig, zäh, auffallend lang und schlank; zylindrisch, am Anfang ausgestopft, später hohl, an der Basis zu einer großen Knolle verdickt, die blasser als der Rest des Stiels ist. Braunfaserige Natterung. Großer, doppelter, komplex strukturierter Ring, frei und am Stiel beweglich, weiß. Am Stiel braun, am Rand flockig, nicht herabhängend.
Fleisch: Wenig fest, zart, im Hut weich, im Stiel faserig, weiß, verfärbt sich an der Luft leicht rosa oder bräunlich.
Geruch/Geschmack: haselnussartig

Verwendung

Der Parasol schmeckt ausgezeichnet als Schnitzel, Piccata sowie im Bierteig. Ungeeignet zum Grillen, Einfrieren, Einlegen in Essig oder Öl. Junge, noch geschlossene Exemplare für Misch-Pilzgerichte verwenden. Frische Stiele sind ungenießbar, getrocknet jedoch von großer Würzkraft. Nicht roh essen!

Safranschirmling

PILZLEXIKON

Perlpilz
Amanita rubescens

F: amanite rougissante, golmotte
I: tignosa vinata
E: blusher

Allgemeines
Der Perlpilz gehört zur Gattung der Wulstlinge (Amanita). Ab Juni vor allem in Laub- und Nadelwäldern.

Verwechslungsgefahr
Unerfahrene Pilzsammler verwechseln den Perlpilz leicht mit dem tödlich giftigen Pantherpilz (Amanita pantherina). Weil er an den gleichen Standorten vorkommt, ist höchste Vorsicht geboten. Unterschieden werden können die beiden Pilze aufgrund der rosaroten bis rötlichen Verfärbung, welche der Perlpilz an verletzten Stellen aufweist und die beim Pantherpilz immer fehlen. 100 g frischer Pantherpilz (Fruchtkörper von mittlerer Größe) führt bereits zum Tod.

Perlpilz

Merkmale
Hut: 3–15 cm breit, anfangs fast rund, später abschirmend, Huthaut abziehbar, fleisch- bis rotbraun, weißliche oder hellroten Velumresten, ähnlich wie beim Fliegenpilz). Hutrand nicht gerieft.
Lamellen: Anfangs weiß, später rötlich-fleckig, breit, weich, eng stehend, am Stiel angeheftet.
Stiel: Bis 15 cm hoch, weißlich, mit rotbraunen Flecken oder Streifen. Ring gerieft. Basis zwiebelartig verdickt.
Fleisch: weiß, langsam rötend, oft madig
Geruch/Geschmack: geruchlos, herb

Verwendung
Guter Speisepilz. Vor dem Kochen Huthaut abziehen. Für Einzelgerichte, Sommerpilzsalate usw. Enthält wie viele Pilze das hitzelabile Magen-Darm-Gift und Hämolysine, beide sind nur bei Rohverzehr gefährlich.

Perlpilz in freier Natur

Pfifferling, Eierschwamm

Cantharellus cibarius

F: chanterelle commune, girolle
I: gallinaccio, cantarello, finiferlo, giallerello
E: chanterelle

Allgemeines

Leider ist der Pfifferling an vielen Orten sehr rar geworden, weil er aufgrund der eindeutigen Erkennungsmerkmale nicht verwechselt werden kann. Zudem ist er für den Handel prädestiniert, weil er kaum von Maden befallen wird und äußerst lange frisch bleibt.
Je kleiner, umso besser schmeckt er?! Eine Irr-Meinung, die leider noch in vielen Köpfen herumgeistert, auch in denen von Küchenchefs und Einkäufern in der Konservenindustrie. Pfifferlinge werden leider häufig so winzig klein geerntet, dass keine Zeit zum Sporenbilden bleibt, was ihre Ausrottung weiter beschleunigt. Exemplare von 5–8 cm Durchmesser sind meines Erachtens die besten.
Weil der Pfifferling schwer verdaulich ist, sollte er nur in kleinen Mengen gegessen werden. Mitunter wirkt er abführend. Er kann auch zu leichten Magen-Darm-Störungen führen.

Verwandte

Der Pfifferling ist seit der Antike als wohlschmeckender Speisepilz bekannt. Er gehört – wie Totentrompete (Craterellus cornucopioides), Kraterelle/ Goldstieliger Leistling (Cantharellus lutescens) und Trompetenpfifferling (Cantharellus tubaeformis) – zur Familie der Leistlinge. Die Hutunterseite der Pfifferlinge ist mit Leisten und nicht mit Lamellen besetzt wie beispielsweise bei den Champignons oder mit Röhren wie beispielsweise bei den Steinpilzen.

Vorkommen

In Laub- und Nadelwäldern, häufig unter Blättern oder im Moos verborgen, vom späten Frühjahr bis Herbst.

Merkmale

Hut: 4–12 cm Durchmesser, zunächst gewölbt, breitet sich dann aus und wird im Alter trichterförmig. Rand lang eingerollt, meist wellig-buchtig und unregelmäßig gelappt. Satt dottergelb bis hellgelb, im Alter verblassend.
Leisten: Am Stiel weit herablaufend, faltenförmig, wiederholt gabelig verästelt, meist aderig-netzförmig verbunden und lebhafter gefärbt als der Hut.
Stiel: 3–7 cm hoch und 1–2 cm dick, nach oben etwas verbreitert, kahl, gleiche Farbe wie der Hut.

Fleisch: weiß, unter der Oberfläche leicht gelblich, fest
Geruch: angenehm obstartig
Geschmack: roh pfefferartig scharf, gekocht mild

Verwendung

Die Pfifferlinge in feine Scheiben schneiden, mit gehackten Schalotten in Butter und Weißwein dünsten, mit Petersilie abrunden. Pfifferlinge verbessern Pilzmischgerichte und geben Essigpilzen ein farbiges Aussehen. Durch das Einfrieren werden sie bitter, durch das Trocknen zäh. Nicht roh essen!

Pfifferling

Falscher Pfifferling

Hygrophoropsis aurantiaca

F: fausse chanterelle
I: cantharellus aurantiacus
E: false chanterelle

Allgemeines

Der Falsche Pfifferling ist ein Doppelgänger des häufig gesammelten und beliebten Pfifferlings. So mancher Anfänger unter den Pilzsammlern hat ihn vermutlich schon einmal mit dem Pfifferling/Eierschwamm verwechselt. Glücklicherweise ist er nur roh leicht giftig, sodass eine Verwechslung keine schlimmeren Folgen hat. Mit seinem 2–7 cm breiten, dottergelben bis orangegelben und feinfilzigen Hut sieht er von weitem einem Pfifferling täuschend ähnlich. Während der Pfifferling auf der Unterseite des Hutes aderige Leisten besitzt, sind es beim Falschen Pfifferling gegabelte, herablaufende Lamellen. Das Fleisch ist viel dünner. Die Lamellen sind meist ein wenig dunkler als der Hut. Die Sporen sind blassgelblich. Sein biegsamer Stiel ist ziemlich dünn und hohl und ähnlich gefärbt wie der Hut.

Merkmale

Hut: Bis 12 cm breit, jung knopfartig-winzig, alt schwach trichterförmig, eidotterfarben, auch fast weiß.
Lamellen: in den Stiel übergehend
Stiel: 1–5 cm lang, zuweilen etwas heller als der Hut.
Fleisch: weiß, Aprikosengeruch, selten madig

Vorkommen

In jungen Fichtenwäldern, auch unter Buchen und in älteren Beständen in der Nähe von Birken, Eichen und Kiefern, vor allem auf nährstoffarmem Boden.
Saison: Juni bis November, größeres Aufkommen im Spätsommer und Herbst (Mitte August bis Ende Oktober)

Verwendung

Als Speisepilz nur in kleinen Mengen und als Farbtupfer für Misch-Pilzgerichte geeignet.

Pom Pom blanc, Igel-Stachelbart

Hericium erinaceum

Allgemeines

Den Igel-Stachelbart habe ich in der Natur noch nie gefunden. Die Zuchtform wird unter der Bezeichnung Pom Pom in hervorragender Qualität aus Amerika importiert, wo sie unter der Leitung von Malcolm Clark in Sebastopol (Kalifornien) mit großem Erfolg gezüchtet wird. Der etablierte Handelsname Pom Pom ist gut gewählt, denn der Pilz sieht in der Tat wie ein Pompon/Bommel an einer Zipfelmütze aus.

Vorkommen

In den Herbst- und Wintermonaten auf morschen Strünken von Eiche, Buche und Nussbaum.

Merkmale

Fruchtkörper: 15–20 cm Durchmesser. Der Pom Pom wird im Jungstadium mit einem Durchmesser von 8–10 cm geerntet. Ältere Pilze sind zäh. Herzförmig. Tiefsitzender Stiel, nach unten leicht verjüngt und bis 6 cm lang. Weißes Fleisch, Oberfläche später gelblich-schmutzig.
Stacheln: Sehr gedrängt, zuerst kaum als solche erkennbar; schließlich gerade, einheitlich dick, schneeweiß, später an den Spitzen gelblich.

Verwendung

Pom Pom in Scheiben schneiden, in Olivenöl oder Butter braten, panieren wie Schopftintlinge, auf chinesische Art zubereiten, für ein Ragout von frischen Zuchtpilzen verwenden. Sehr dekorativ sind die Pilze in einer Pilzkraftbrühe. Als Ersatz für den Austernseitling (Piccata) verwenden. Nicht roh essen!

Falscher Pfifferling

PILZLEXIKON

Brauner Rasling

Brauner Rasling, Geselliger Rasling

Lyophyllum decastes

F: tricholome en touffes à pied velouté
E: chicken mushroom, clostered domecape
Zuchtpilz: Shimeji

Allgemeines

Das ist einer meiner Lieblingspilze; es gibt ihn auch als Zuchtpilz. Ganz am Anfang meiner Pilzsammlerzeit hatte ich Probleme mit den Namen der Pilze. So war dieser Rasling für mich immer der «Knackpilz», weil er so schön knackte und auch gekocht seinen knackigen Biss behielt. Diese wichtige, schnelle Bestimmungshilfe wird leider in kaum einem Pilzbestimmungsbuch erwähnt.

In der freien Natur wächst der Braune Rasling in gedrängten, aus vielen Fruchtkörpern zusammengesetzten Büscheln.

Vorkommen

In Laubwäldern, bevorzugt bei Eichen und Buchen, jedoch auch in Wiesen und an Waldrändern. Mein bester Sammelplatz befindet sich aber in einem Jungwald mit Rottannen/Fichten. Der Pilz ist standorttreu und kann in großen Mengen auftreten. Seine bevorzugte Zeit ist der Herbst; ich habe aber auch schon Mitte Juni erste Pilze gesammelt.

Zuchtpilz

Der Shimeji hat vielleicht einen etwas weniger intensiven Pilzgeschmack und ist auch etwas weniger elastisch und knackig. Frisch ist er für mich aber der gegenwärtig beste Zuchtpilz.

Merkmale

Hut: 5–7 cm, manchmal bis 15 cm Durchmesser. Jung rundlich-kegelförmig, nachher ausgebreitet, später geduckt, stumpfbuckelig oder unregelmäßig gewellt. Konsistenz zäh-elastisch. Huthaut kahl, dunkelockerbraun, rötlichbraun oder schwärzlich-braun, im Alter etwas heller. Der Hutrand ist zuerst eingerollt; er biegt sich erst recht spät.
Lamellen: Dicht stehend, abgerundet angewachsen oder ein wenig herablaufend, zunächst leicht weißlich, später schmutziggelblich.
Stiel: 5–12 cm lang, 1–2 cm dick. Voll, unregelmäßig, an der Basis entweder angeschwollen oder verjüngt, oft gekrümmt, weißlich, gelegentlich ockerbräunlich getönt und an der Basis mit grauer Oberfläche. Die Stielspitze bleibt meist weiß und ist leicht bereift.
Fleisch: Weißlich, fest, elastisch, im Alter etwas schlaff und zäh.
Geruch: Erinnert angenehm an grüne Bohnen. Ältere Zuchtpilze haben einen leicht fischartigen Geruch.

Verwendung

Geselliger Rasling: Vielseitig verwendbar. Shimeji: Für Fischgerichte. Nicht roh essen.

Reizker, Edelreizker

Lactarius deliciosus

F: lactaire délicieux
I: agarico delizioso
E: saffrun milk cap

Allgemeines

Ein Pilz aus der Gattung der Milchlinge (Lactarius). Der lateinische Name deliciosus bedeutet «köstlich». «Reizker» ist slawischen Ursprungs und lässt sich mit «Rotmilchling» übersetzen. Charakteristisches Merkmal des Edelreizkers ist wie bei allen Reizkern die wässerige Milch, welche an Verletzungsstellen austritt und im Unterschied zu den anderen Milchlingen und Reizkern lebhaft orangerot gefärbt ist.

Verwechslungsgefahr

Wenn man von «Echtem Reizker» oder «Blutreizker» spricht, kann es sich auch um ähnliche Arten handeln. Alle sind essbar oder zumindest ungiftig. Ein gemeinsames, sicheres Merkmal ist ihre orangerötliche Milch, die sie von ungenießbaren oder giftigen Milchlingen mit weißer Milch unterscheidet.

Vorkommen

Der Edelreizker ist ein Mykorrhiza-Pilz der Kiefern. Er bevorzugt neutralen bis kalkhaltigen Boden. Oft von Maden befallen.

Merkmale

Hut: Bis 20 cm breit und wellig. Huthaut mehr oder weniger fleckig, oft mit konzentrischen Ringzonen.
Lamellen: meist herablaufend, lebhaft orange gefärbt
Stiel: Im Alter hohl, gleiche Farbe wie Hut. Charakteristische flache Gruben.
Fleisch: Zunächst orange, kann im Alter auch grünlich sein.
Milch: Orangerot, vergrünt später
Urin: Nach dem Genuss von Reizkern kann sich der Urin rot verfärben, was völlig harmlos ist.

Verwendung

Nur Fruchtkörper von max. 6 cm Durchmesser sammeln, bei denen der Hutrand noch eingerollt ist. Ich ernte sie, wenn sie frisch aus der Erde schießen und 3 cm Durchmesser haben. Gäste und Kochkursteilnehmer sind immer wieder erstaunt, wie gut der häufig verpönte Pilz schmeckt, wenn man ihn in Olivenöl kräftig brät. Das gibt ihm ein angenehmes, etwas süßliches Aroma. Oder wie wärs, mit ein paar Reizkern in einem Käsefondue! Schmeckt wunderbar.

PILZLEXIKON

Violetter Rötelritterling
Lepista nuda

Volksname: Nackter Ritterling
F: pied bleu
I: agarico nudo
E: blewit mushroom

Verwandte

Beim Violetten Rötelritterling gibt es für einen erfahrenen Pilzsammler keine Verwechslungsmöglichkeit mit einem giftigen Pilz. Seine Verwandten sind der Langstielige Rötelritterling, der Maskenritterling (Lepista personata), der Schmutzige Rötelritterling (Lepista sordida) und der Blassblaue Rötelritterling (Lepista glaucocana). Alle sind sehr schmackhaft.

Allgemeines

Der Violette Rötelritterling ist wegen des leicht parfümierten, süßlichen Geschmacks eine interessante Varietät. Aufgrund seiner Widerstandskraft ist er vor allem im Spätherbst in großen Mengen in Hexenringen zu finden. Man hat im Nu eine beachtliche Menge gesammelt. Allerdings sind Rötelritterlinge häufig von Maden befallen, was das Sammelglück spätestens nach dem Aufschneiden trübt. Bei großen Vorkommen die Pilze nicht «abgrasen» – sie sichern die Artenerhaltung.
Auf der «Pilzjagd» mit einem befreundeten, sehr erfahrenen Pilzkontrolleur hielt mir dieser ein violett-ausblassendes Exemplar unter die Nase: «So hat der Pilz vermutlich seinen Namen bekommen, der sieht doch aus wie der Po eines nackten Ritters im Winter im ungeheizten Schloss!» «Lepista nuda», von lateinisch «nudus»: nackt, kahl. Seit man den Violetten Rötelritterling züchten kann, wird er vermehrt auch im Großhandel angeboten. Die Hobbyzüchter können im Handel behandelte Styroporkisten mit entsprechender Deckerde kaufen. Zu Hause, an einem Ort ohne direkte Sonneneinstrahlung, muss die Deckerde stets leicht feucht gehalten werden. Es empfiehlt sich, häufig, aber sparsam zu gießen. Bei der Idealtemperatur von 10 °C kann man zusehen, wie sich die Pilze vermehren.

Vorkommen

Der Pilz liebt humusreichen Waldboden, meist ist er unter Nadelbäumen, auf kalkhaltigem, saurem Boden, auch auf vermoderndem Reisig- oder Grashaufen. Vorwiegend im Spätherbst, gelegentlich auch im Frühjahr.

Merkmale

Hut: 5–15 cm Durchmesser, schöne violette Farbe, bräunlichlila ausblassend, wobei die Hutmitte meistens dunkler bleibt. Anfangs polsterförmig gewölbt, später flach oder vertieft, kahl, glatt. Der dünne, jung eingerollte und etwas bereifte, später dann kahle Rand ist oft wellig verbogen.
Lamellen: Sehr gedrängt, dünn, abgerundet, mehr oder weniger herablaufend. Erst hellviolett, dann violettbräunlich. Leicht ablösbar.
Stiel: 3–7 cm lang und 1–2,5 cm dick. Er ist voll, zylindrisch, faserig, biegsam. Lila oder graulila faserig gestreift oder faserig-schuppig.
Fleisch: Weiß, schwach violett, zart, weich. Geruch und Geschmack angenehm, fruchtig, fast parfümähnlich.

Verwendung

Der Violette Rötelritterling ist ein ausgezeichneter Speisepilz. Man muss aber seinen parfümierten Geschmack gern haben. Nach dem Abbrühen (ist kein Muss) eignet er sich sehr gut für ein Pilz-Mischgericht. Öl- und Essigpilzen gibt er ein buntes Aussehen. Die Quiche mit Violettem Rötelritterling (Seite 114) ist eines der Standardrezepte in meinen Pilzkochkursen. Nicht roh essen!

Violetter Rötelritterling

Rotfußröhrling

Boletus chrysenteron, syn. Xerocomus chrysenteron

F: bolet à chair jaune
I: boleto di carne amarilla
E: red-cracked boletus

Allgemeines

Der Rotfußröhrling gehört zur Gattung der Dickröhrlinge. Bis vor wenigen Jahren gehörte er noch in die Gattung der Filzröhrlinge (Xerocomus). Er kann in vielen Variationen auftreten. Meist ist sein Hut felderig-rissig.

Vorkommen

Einzeln oder gesellig, bereits früh im Jahr bis in den Spätherbst auf sauren Waldwiesen, im Laub- und Nadelwald. Nach einem Sommergewitter treten die Pilze häufig in großen Mengen auf.

Verwechslung

Dieser Pilz ist für Anfänger nur schwer von der ebenfalls essbaren Ziegenlippe (Boletus subtomentosus) zu unterscheiden. Diese hat eine olivbraune, samtige, nicht mit Rissen durchzogene Kappe und ist von größerem Wuchs.

Merkmale

Hut: 3–12 cm Durchmesser, grau-, gelb-, rötlich- oder olivbräunlich, ockergrau, oft feldrig rissig, filzig.
Röhren: Poren gelb bis grünlichgelb, bei älteren Exemplaren schwach olivenfarbig. Auf Druck blau anlaufend.
Stiel: Bis 8 cm lang und 10–25 mm Durchmesser, zylindrisch. Gelber Grund mit roten Pusteln besetzt oder rotfleckig gefärbt. Gegen die Basis ein wenig verdickt oder zugespitzt. Bei Berührung meist blaufleckig werdend.
Fleisch: gelblich, unter der Huthaut rötlich, etwas blauend
Geruch: unbedeutend, angenehm
Geschmack: mild, leicht säuerlich

Verwendung

Schmackhafter, guter Pilz, solange fest und jung. Ältere Pilze sind schwammig und sollten deshalb stehen gelassen werden. Kleine Exemplare sind ideal zum Einlegen in Essig oder Öl.

Rotfußröhrling

Veilchenrötelritterling

Lepista irina

F: tricholome irina
I: iepista irina

Vorkommen

Der Veilchenrötelritterling kommt im Herbst in Laub- und Nadelwäldern und im Garten vor, häufig in Hexenringen.

Verwechslungsgefahr

Rötelritterlinge können mit ähnlichen Trichterlingen oder Ritterlingen verwechselt werden. Das wichtigste Unterscheidungsmerkmal sind die bei den Rötelritterlingen oder Röteltrichterlingen leicht vom Hut lösbaren Lamellen und das oft rosa gefärbte Sporenpulver.

Wegen der Verwechslungsgefahr mit Giftpilzen sind sie nur für gute Pilzkenner zum Sammeln geeignet!

Merkmale

Hut: 4–15 cm Durchmesser. Cremefarben bis beigebräunlich. Anfangs halbkugelig, später ausgebreitet, trocken, matt, Rand stark eingerollt.
Lamellen: Cremefarben bis blasscremerosa, ausgebuchtet bis gerade angewachsen, vom Hutfleisch gut lösbar.
Stiel: 5–10 cm lang, 10–20 mm breit, Farbe wie Hut, längsfaserig, bei Berührung bräunend, Basis weiß filzig.
Fleisch: weißlich, marmoriert, dickfleischig, wässrig
Geruch: aromatisch, angenehm süßlich, an Veilchenwurzeln erinnernd
Geschmack: mild

Rotkappe, Birkenrotkappe

Leccinum versipelle, syn. Lecinum testaceoscaprum

F: bolet changeant, bolet orange terre
I: pocinello
E: orange bisch bolete

Allgemeines
Stattlicher, fester, ziegelrötlicher Röhrenpilz mit schwärzlichen Flocken auf kräftigem, weißlichem Stil.

Vorkommen
Von Juni bis Oktober, immer unter Birken. Im Nadelwald, wenn Birken eingestreut sind. In manchen Gegenden aber rückläufig.

Verwechslung
Mit weiteren Rotkappenarten, welche ebenfalls recht streng an Begleitbäume gebunden sind, wie Espenrotkappe, Eichenrotkappe, Fichtenrotkappe usw. (alle essbar).

Merkmale
Hut: orangerot, gelborange, ziegelrot, anfangs kugelig, später breit und flach gewölbt, 5-20 cm breit. Huthaut feinfilzig und trocken, feucht etwas schmierig, nicht abziehbar, am Hutrand wenige Millimeter überstehend wie ein lappiger Saum, der beim kugeligen Hut anfangs eng am Stiel anliegt, später aufreißt und herabhängt – typisch für alle Rotkappenarten!

Röhren: Fein, zuerst weiß und sehr kurz, später grau-weißlich und bis 3 cm lang, vom Stiel deutlich getrennt und niedergedrückt, leicht ablösbar, im Alter schwammig.

Stiel: 2-6 cm dick und sehr kräftig, 8-20 cm lang, weißlich, schwärzliche oder bräunliche Flocken oder Schuppen, mit Runzeln und Längsstreifen, Druckstellen grünblau, graublau oder schwärzlich verlaufend.

Fleisch: Weiß, zuerst fest, später weich, an Schnittstellen graublau, grauviolett, schwärzlich oder weinrötlich.

Geruch und Geschmack: angenehm

Verwendung
Junge Exemplare in Butter oder Olivenöl braten, allein oder mit anderen Röhrlingen. Passt zu Polenta. Größere, aber noch nicht alte Fruchtkörper können getrocknet und zu Pilzpulver verarbeitet werden.

Samtfußrübling, Winterpilz

Flammulina velutipes

F: collybie à pied velouté
I: fungo dell olmo
E: Enokitake, velvet shank

Allgemeines

Samtfußrüblinge wachsen in ganz Europa sowohl auf totem Holz (Strünke, liegende Stämme usw.) als auch als Schwächeparasit an diversen Laubbäumen. Der Samtfußrübling ist ein typischer Winterpilz und erscheint kaum vor Oktober, kann aber bis im Frühjahr wachsen. An einem Weihnachtstag, bei wunderschönem Winterwetter, wollte ich vor Jahren mit meiner Familie einen Spaziergang machen. Daraus wurde aber nichts, weil wir auf einmal in einem Feld von Samtfußrüblingen standen. Alle sammelten eifrig. Einen Teil brachten wir einem befreundeten Berufskollegen als spontanes Weihnachtsgeschenk – ein Geschenk, von dem ich sicher war, dass er so etwas nicht ein zweites Mal bekommen würde. Der Samtfußrübling ist für Hobbygärtner und Pilzzüchter interessant, lässt er sich doch zu Hause leicht auf Baumstrünken züchten.

Vorkommen

In Büscheln auf verschiedenen Laubbäumen, von Spätherbst bis Vorfrühling, Hauptzeit Dezember und Januar.

Zuchtpilz

Kommerziell wird der Samtfußrübling beziehungsweise die weiße Zuchtform, der Enokitake, kurz Enoki, vor allem in Japan und Taiwan und in jüngerer Zeit auch in Kalifornien angebaut. In Japan füllt man ein Substrat, bestehend aus 80 % Holzspänen und 20 % Reiskleie in eine PET-Flasche von einem Liter Inhalt und sterilisiert das Ganze, danach wird der Inhalt mit der Pilzbrut geimpft. Nach etwa drei Wochen können die Fruchtkörper (kleine Köpfe, lange Stiele) geerntet werden. Pro Liter Substrat sind es knapp 80 g Pilze. Die Pilze werden gebündelt und vakuumiert. So sind sie zwei bis drei Wochen haltbar.

Merkmale

Hut: 3–8 cm Durchmesser, abgeflacht bis gewölbt. Bei feuchtem Wetter schmierig. Jung hellgelb, später ockergelb bis satt orangebraun. Junge Lamellen hellgelb, später buttergelb bis fuchsbraun, entfernt stehend, angewachsen, bauchig.
Stiel: 3–7 cm lang, 5 mm dick, manchmal exzentrisch, im Alter röhrig-hohl, wurzelnd, typisch samtig, an der Spitze gelblich, an der Basis dunkelbraun bis schwärzlich.
Fleisch: Zuerst weißlich, später blassgelblich. Geruch angenehm fruchtig.

Verwendung

Die wild wachsenden Pilze sind in pilzarmen Wintern eine willkommene Abwechslung und Bereicherung des Zuchtpilzangebots. Nur die Pilzhüte und ca. 1 cm Stiel verwenden. Bei Zuchtpilzen kann auch der Stiel gegessen werden. Enoki für chinesische Gerichte verwenden oder für Salate.

Samtfußrübling

Schopftintling
Coprinus comatus

F: coprin chevelu
I: agarico chiomato
E: shaggy mane

Allgemeines
Unter Pilzliebhabern ist der Schopftintling sehr bekannt, sei es wegen der eigenartigen Form des Huts, der einer Kerze gleicht, oder wegen seiner Verbreitung. Er eignet sich für viele Pilzgerichte. Als einziger Nachteil erweist sich die begrenzte Haltbarkeit. Man sollte die Schopftintlinge jung ernten und möglichst rasch verarbeiten. Der Reifungsprozess kann etwas verzögert werden, wenn man den Stiel vom Hut löst. Der Schopftintling gedeiht auch in der Styroporkiste. Im Handel gibt es künstliche Substrate, welche bereits geimpft beziehungsweise befruchtet und mit Erde bedeckt sind.

Vorkommen
Im Spätsommer bis Spätherbst in Gruppen auf fetten, kalkreichen Böden, in Feldern, Gärten oder entlang von Landstraßen, manchmal auch in Wäldern. Starke Verbreitung.

Verwandte
Da, wo Schopftintlinge wachsen, findet man häufig auch Faltentintlinge (Coprinus atramentarius), welche aber glockenförmig sind und mehr oder weniger ausgeprägte Längsfalten haben und nie reinweiß sind. Der Faltentintling ist zwar auch ein guter Speisepilz, jedoch mit Alkohol zusammen giftig und deshalb für Restaurants tabu.

Merkmale
Hut: 2–5 cm Durchmesser, 5–15 cm hoch. Zuerst fast zylindrisch, dann wie eine hohe, enge Glocke geöffnet, später immer noch glockig, aber am Rande weiter geöffnet, ausgekelcht und zerreißend. Der Hut ist weiß, gegen den Rand erst rosa, dann schwarz und zerfließend. Die Hutoberfläche ist dicht mit faserigen, leicht abwischbaren Schuppen besetzt.
Lamellen: Die bauchigen, freien, mit flockigen Schneiden versehenen Lamellen sind bei jungen Exemplaren weiß, verfärben sich jedoch bald rosa bis schwach violett und sind bei Reife schwarz. In diesem Zustand verflüssigen sie sich. Die herabtropfende schwarze Flüssigkeit wird «Tinte» genannt.
Stiel: Der schlanke, 10–15 cm, im Extremfall bis 40 cm lange und 1–3 cm dicke Stiel ist weiß, verfärbt sich im Alter aber oft bräunlich. An der Basis ist er angeschwollen. Oft rutscht der locker anliegende, flüchtige Ring bis auf die Stielknolle hinunter. Er ist eng und hohl, zuerst mehr oder weniger faserig-pelzig, dann glatt.
Fleisch: Weiß, weich, zart. Geruch und Geschmack sind angenehm, pilzig, ein wenig an Champignons erinnernd.

Verwendung
Junge, kleine, feste Exemplare mit noch geschlossenem Hut können wie Champignons verwendet werden. In Weißwein gekocht und im Kochsud im Kühlschrank aufbewahrt, sind die Schopftintlinge einige Tage haltbar. Stiele herausziehen und den Hut füllen. Oder Pilze panieren oder frittieren und mit weißer Trüffelmayonnaise servieren. Ein göttliches Gericht. Weil der Schopftintling leicht verkocht und zudem schnell Wasser zieht, empfiehlt es sich, die Pilze in etwas Butter in der Bratpfanne zu schwenken. Bei größeren Mengen eignet er sich auch für eine Pilzcremesuppe, die man (ohne Rahm/Sahne) portionsweise einfrieren kann.
Trocknen kann man Schopftintlinge nur, wenn der Trocknungsprozess durch Warmluft (Umluftbackofen) beschleunigt werden kann. Nicht roh essen!

Schopftintling

PILZLEXIKON

Schwarzpunktierter Schneckling
Hygrophorus pustulatus

Vorkommen
Der Schwarzpunktierte Schneckling kommt von Herbst bis Spätherbst in Laub- und Nadelwäldern und auch im Garten vor, oft in großen Hexenringen. Wenn ich ihn sammle, weiß ich, dass die Pilzsaison bald zu Ende sein wird.

Verwechslung
Kann höchstens mit dem essbaren Wohlriechenden Schneckling (Hygrophorus agathosmus) verwechselt werden.

Merkmale
Hut: 4–15 cm Durchmesser; grau, cremefarbig bis beigebräunlich. Zuerst halbkugelig, später ausgebreitet, trocken, matt, häufig etwas filzig. Rand anfangs etwas eingerollt, dann ausgebreitet und wellig verbogen, dünn.
Lamellen: Cremefarbig bis blasscremerosa, ausgebuchtet bis gerade angewachsen oder gerade herablaufend, vom Hutfleisch gut lösbar.
Stiel: 4–8 cm lang, 10–20 mm breit, gleiche Farbe wie der Hut, längsfaserig, braunschwärzlich punktiert, Basis weiß filzig.
Fleisch: weißlich, marmoriert, weich, wässrig
Geruch: Aromatisch, angenehm süßlich, erinnert an Veilchenwurzeln.
Geschmack: Mild. Idealer Mischpilz.

Schwarzpunktierter Schneckling

Rauchblättriger Schwefelkopf oder Graublättriger Schwefelkopf

Hypholoma capnoides

F: hypholome à lames enfumées
I: hypholoma capnoides
E: hypholoma capnoides

Allgemeines

Der Rauchblättrige Schwefelkopf (Hypholoma capnoides) gedeiht wie die giftigen Verwandten, der Grünblättrige Schwefelkoppf (H. fasciculare) und der Ziegelrote Schwefelkopf (H. sublateritum), büschelartig an alten Baumstümpfen.

Verwechslungsgefahr

Wer den Rauchblättrigen Schwefelkopf sammelt, muss den Pilz unbedingt kennen, um eine Verwechslung mit dem giftigen Grünblättrigen Schwefelkopf (H. fasciculare) auszuschließen. Die Namen der beiden Arten sagen bereits schon, welches die wichtigsten Unterscheidungsmerkmale sind. Während die Lamellen des giftigen Verwandten immer grün und fast neonfarbig getönt sind, ist der essbare Schwefelkopf blassbraun bis purpurbraun. Verwechseln kann man den Rauchblättrigen Schwefelkopf zudem mit dem hervorragend schmeckenden Stockschwämmchen (Kuehneromyces mutabilis) oder mit dem tödlich giftigen (aber bitteren) Gifthäubling (Galerina marginata).

Merkmale

Hut: Bis 6 cm breit, gelb- bis orangebräunliche oder mattgelbe Färbung.
Lamellen: blassbraun bis grau oder purpurbraun, angewachsen, engstehend
Sporen: dunkel weinbraun
Stiel: gelblich, unten leicht rostbraun

Verwendung

Kann in Saucen und Suppen mitgegart werden. Trocknen und zu Pilzpulver mahlen. Oder für Essigpilze verwenden.

Rauchblättriger Schwefelkopf

PILZLEXIKON

Semmelstoppelpilz

Hydnum repandum

Semmelstoppelpilz

Oranger Stoppelpilz

F: pied de mouton, hydne sinué, barbe de chèvre, langue de chat
I: steccherino dorato
E: hedgehog mushroom

Allgemeines

Der Semmelstoppelpilz ist ziemlich verbreitet, vergleichsweise einfach zu finden und auch dann «präsent», wenn sich andere Pilze rar machen. Im Handel findet man fast während des ganzen Winters Importware aus Spanien, Südfrankreich und teils auch aus Übersee. Bei 2–5 °C kann der Pilz ohne Qualitätseinbuße eine Woche gelagert werden. Alte oder zu lang gelagerte Pilze schmecken bitter. Er ist im Geschmack und im Biss dem Pfifferling/Eierschwamm ähnlich. Eine Erklärung für das bittere Aroma ist möglicherweise, dass der Semmelstoppelpilz bei Trockenheit zu wachsen aufhört und bei genügend Feuchtigkeit weiterwächst. Ich habe schon Pilze beobachtet, die einen Monat und mehr gebraucht haben, um eine für die Ernte akzeptable Größe zu bekommen. Auch habe ich bei abgeschnittenen Pilzen festgestellt, dass der Stiel weitergewachsen ist. Das sind natürlich keine wissenschaftlich erhärteten Fakten, so wenig wie die Behauptung, Semmelstoppelpilze aus Buchenwäldern seien bitterer als aus Nadelwäldern.

Vorkommen

In Nadel- und Laubwäldern, sehr häufig in Gruppen, von Juli bis Spätherbst.

Verwandte

Obwohl in der Familie keine giftigen Vertreter vorkommen, wird der Semmelstoppelpilz von unerfahrenen Pilzsammlern oft gemieden, weil sie einen falschen – vermeintlich giftigen – Pfifferling/Eierschwamm vermuten. Verwechseln kann man ihn höchstens mit dem kleineren Orangen Stoppelpilz (Hydnum rubescens), der auch essbar ist. Ein Verwandter ist der Habichtspilz oder Rehpilz (Sarcodon imbricatus), der getrocknet und in Pulverform ziemlich beliebt ist.

Merkmale

Hut: 5–15 cm Durchmesser, fest, kompakt, gewölbt, höckerig und am Rand unregelmäßig gelappt. Matte, feinfilzige, samtige Hutoberfläche mit je nach Standort von Weiß über Blassgelb bis Orange variierender Farbe.
Stacheln: Gedrängt, ungleich lang, meist etwas herablaufend, sehr brüchig, weißlich, dann gleiche Farbe wie der Hut.

Shiitake

Lentinus edodes

Allgemeines

Der Shiitake ist der am zweithäufigsten (hinter dem Champignon) angebaute Speisepilz weltweit. Auch ich habe ihn schon mit Erfolg auf Birkenstämmen gezüchtet. Getrocknet ist er schon seit langem bekannt. Die Versorgung mit frischen Fruchtkörpern funktioniert bei uns erst seit ein paar Jahren. In Japan und China kennt man ihn seit über 2000 Jahren.

Vorkommen

Einzeln oder zweibüschelig, auf Laubholz. Eichen, Birken und Edelkastanien sind gut geeignet.

Gesundheit

Der Shiitake stärkt den menschlichen Organismus und macht ihn gegen Erkältungskrankheiten resistenter. Er hilft bei Beschwerden nach einer üppigen, fetten Mahlzeit. Shiitake enthalten die essentiellen Vitamine B_{12} und D_2, welche in Pflanzen nicht vorkommen. Die Pilze haben einen günstigen Einfluss auf den Cholesterinspiegel. Aus dem Pilz hergestellte Extrakte sind Vorbeuge- und Heilmittel.

Merkmale

Hut: 5–15 cm Durchmesser, grau- bis rötlichbraun, in der Mitte dunkler, gewölbt, dann niedergedrückt, am Rand dünn und flach, weißliche, faserige Velumschüppchen.
Lamellen: Angewachsen oder ausgebuchtet-angeheftet, weißlich, cremefarben; alt gräulich-fleischbraun, oft mit rostbraunen Flecken, engstehend, Schneide wellig-gezähnt.
Stiel: 3–5 cm lang, 1,5–5 cm dick, bräunlich, grob faserig-wollig-schuppig, Basis verjüngt und leicht gebogen.
Fleisch: Weiß, fest; alt gummiartig, zäh.
Geruch/Geschmack: eigentümlich aromatisch, lauchartig

Verwendung

Nur die Hüte verwenden; die Stiele sind zäh und ungenießbar. Nicht roh essen!

Stiel: 5–8 cm hoch, 1–3 cm Durchmesser, meist dick, manchmal dem Hut seitlich ansitzend. Weißlich, immer heller als Hutoberfläche.
Fleisch: fleischig und fest, brüchig, gelblichweiß
Geschmack: angenehm

Verwendung

Ich mag die Kombination von Semmelstoppelpilzen und Pfifferlingen/Eierschwämmchen. Pilze in dünne Scheiben schneiden, mit gehackten Zwiebeln in reichlich Butter dünsten, ablöschen mit einem Schuss Weißwein und abschmecken mit gehackter Petersilie. Ein Blätterteiggebäck, Nudeln oder Crêpes passen vorzüglich dazu. Einem Pilz-Mischgericht gibt der Semmelstoppelpilz den gewissen Biss. Nicht roh essen!

Shiitake

Steinpilz, Herrenpilz
Boletus edulis

F: bolet, cèpe de Bordeaux
I: porcino
E: cep, Penny bun

Verwandte

Es gibt dem Steinpilz sehr ähnliche Arten, etwa den Bronzeröhrling (Boletus aereus), den Rothütigen oder Kiefernsteinpilz (Boletus pinicola), den Birkensteinpilz (Boletus betulicolus), den Sommersteinpilz (Boletus aestivalis).

Allgemeines

In Aroma und Geschmack sind weißliche, graue, hell- oder dunkelbraune und sogar rötlich gefärbte Hüte identisch. Auch der Handel macht keinen Unterschied. Der Steinpilz gilt als Delikatesse, die jedes Sammlerherz höher schlagen lässt. Die während der Wintermonate aus Südafrika kommenden Birkensteinpilze sind den unseren nicht ebenbürtig.

Vorkommen

In Laub- und Nadelwäldern, von Frühsommer bis Herbst.

Verwechslungsgefahr

Gewarnt werden müssen Pilzsammler mit wenig Praxis vor dem Tylopilus felleus (Gallenröhrling). Besonders die jungen Exemplare, die so dick und kernig dastehen mit den festen weißen Röhren lassen sich von jungen Steinpilzen kaum unterscheiden. Ein Gallenröhrling reicht, um ein Pilzgericht zu verderben und ungenießbar zu machen. Der Gallenröhrling ist zwar nicht giftig, aber entsetzlich bitter.

Steinpilz-«Fieber»

Ich stand inmitten einer Gruppe von wunderschönen Steinpilzen, sie waren schöner, als ich sie mir je erträumen konnte. Mich befiel jenes Virus, das vermutlich nur Pilzsammler kennen: ich wurde nervös, mein Herz klopfte wie verrückt. Das Hirn meldete ganz aufgeregt: «Du musst unbedingt auch im «Emmerzerholz» nachschauen gehen, im «Hudelmoos», im «Tannenberg» und..!" In meinen Gedanken bin ich von Steinpilz- zu Steinpilz-Ort geeilt. Eine Gier ohnegleichen überfiel mich, und ich rannte schon fast um mein Leben. Ich vergaß Raum und Zeit, führte Selbstgespräche, ich sang fröhliche Lumpenlieder und plauderte mit den Pilzen: «Bist du aber ein schöner Kerl! Soll ich dich mitnehmen? Willst du meine Gäste erfreuen?»

Merkmale

Hut: 5–25 cm Durchmesser. Junge Pilze halbkugelig, dann gewölbt, zuletzt auch niedergedrückt. Oberhaut weich, Farbe blass- bis dunkelbraun.
Röhren: Jung weiß, dann gelblich, später olivgrün. Sporenpulver olivbraun.
Stiel: Bis 15 cm lang, 3–6 cm Durchmesser, voll, fest. Weißlich bis blassbraun; jung knollig, dann walzenförmig mit feinmaschigem weißem Netz im oberen Teil.
Fleisch: Weiß, fest, keine Verfärbung auf Fingerdruck. Im Alter schwammig.
Geruch und Aroma: typisch pilzartig. Jung: Aroma grüner Haselnüsse.

Verwendung

Junge Steinpilze kann man roh essen. Für einen Salat oder ein Carpaccio die Pilze in hauchdünne Scheiben schneiden oder auf einem Trüffelhobel hobeln. Mittelgroße Pilze eignen sich zum Braten oder Grillen und zum Einlegen in Essig oder Olivenöl. Bei älteren Pilzen grüne Röhre entfernen, Hut für Pilzragouts, Saucen oder Eintöpfe verwenden. Zum Trocknen den Hut mit grünen Röhren in Scheiben schneiden.

Steinpilz in der freien Natur

Steinpilz

Stockschwämmchen

Kuehneromyces mutabilis, syn. Pholiota mutabilis

F: pholiote changeante,
I: galerina mutabilis, famigliota gialla
E: sheathed woodtuft,
two-toned woodtuft

Allgemeines

Dieser Pilz wächst, wie sein Name vermuten lässt, tatsächlich an Stöcken, Baumstrünken und auf totem Holz. Das Stockschwämmchen ist ein guter, ja ausgezeichneter Speisepilz, wenn man die untere, ziemlich zähe Stielhälfte entfernt. Der Pilz wächst vom Frühjahr bis Spätherbst in Büschen von zum Teil beachtlicher Größe. Ich habe in den letzten Dezembertagen auch schon 3 kg Stockschwämmchen geerntet und sie für das Silvestermenü verwendet. Da haben die Gäste gestaunt!

Verwechslungsgefahr

Stockschwämmchen sollten nur erfahrene Pilzsammler sammeln, auch sie sollten sie einem amtlichen Pilzkontrolleur zeigen. Verwechseln kann man den Pilz mit dem ebenfalls essbaren Rauchblättrigen Schwefelkopf (Hypholoma capnoides), der wie das Stockschwämmchen roh angenehm und mild schmeckt (versuchen, dann ausspucken!). Bitter und ungenießbar sind alle anderen Schwefelkopfarten. Giftig ist der Grünblättrige Schwefelkopf (Hypholoma fasciculare). Vorsicht beim giftigen Nadelholzhäubling oder Gerandeten Häubling (Galerina marginata), der hauptsächlich in Nadelwäldern auf Strünken, Stämmen und herumliegenden Zweigen wächst (Hutrand ist gerieft, riecht im Alter mehlig).

Merkmale

Hut: 3–8 cm, fleischig, gewölbt, später vollkommen aufgeschirmt, gebuckelt, kahl, feucht. Dünner, unterschiedlich geriefter Rand, wellig, teils vergängliche, kleine Schuppen. Feuchte, frische Hüte prächtig gelbbraun/zimtrotbraun; im Alter dunkler, verblasst bei trockenem Wetter. Zentrum meist anders gefärbt.
Lamellen: Ausgebuchtet-angewachsen, meist mit dünner Linie bis zum Ring herablaufend, gedrängt, dicht. Zuerst hellgelblich, später hell-zimtfarben, am Schluss zimt- oder rostbraun.
Stiel: 3–8 cm lang, 3–8 mm dick, zylindrisch. Wie bei vielen anderen Holzbewohnern ist er mitunter gewunden oder rechtwinklig verbogen, um besser auf seiner Unterlage Fuß fassen zu können. Er ist voll, dann ausgestopft und schließlich hohl. Basis schwärzlich. Unterhalb des anfänglich aufsteigenden Ringes mehr oder weniger sparrigschuppig, oberhalb des Ringes fein gerieft oder gerillt, heller als Hut.

Verwendung

Nur Hüte verwenden: Für Pilz-Mischgerichte, gebraten zu Fleisch. Zum Einlegen sind die Pilze zu schade. Stiele trocknen und daraus Pilzpulver herstellen. Nicht roh essen!

Stockschwämmchen

Totentrompete
Craterellus cornucopioides

Volksnamen: Herbsttrompete, Füllhorn
F: trompette des morts, corne d'abondance, truffe des pauvres
I: trombetta da morta, imbutini
E: black trumpet, horn of plenty

Totentrompete

Allgemeines

Wohlschmeckender, sehr vielseitig verwendbarer Pilz. Die schwarze Farbe setzt in Pilzgerichten, Pasteten und in einer Wurst Akzente. Bei der Totentrompete handelt es sich um einen begehrten Speisepilz, der sich auch gut trocknen lässt. In einem Jahr tritt der Pilz massenweise auf, im andern macht er sich rar. Aufgrund der Farbe und des unverwechselbaren Aussehens darf die Totentrompete ohne Bedenken gesammelt werden.

Vorkommen

Von Sommer bis Spätherbst gesellig auf feuchtem Boden in Laub- und Mischwäldern, vor allem unter Buchen und Hainbuchen. Je später im Herbst, umso schwieriger ist es, die Totentrompete unter dem Laub zu finden. Während eines Pilzkochkurses gingen wir in einen Buchenwald, wo ich schon einmal Totentrompeten gesammelt hatte. Nach 5 Minuten erfolgloser Suche versammelte ich die Teilnehmer und legte zwischen den Füßen eines Teilnehmers unter dem Laub Totentrompeten frei.

Merkmale

Fruchtkörper 3–10 cm Durchmesser. Ausgewachsen 4–10 cm hoch, Stiel im Mittelabschnitt 1–2 cm dick. Frucht-körper trompetenförmig, bis an die Stielbasis offen, rußgrau oder schwärzlichbraun, manchmal flockig-schuppig. Rand wellig verbogen, dünn und biegsam. Stiel elastisch-zäh, runzelig, asch- bis bläulich- oder schwärzlich-grau. Fruchtschicht ohne Lamellen; erst glatt, später runzelig, asch- oder bläulichgrau.
Fleisch: Schwärzlichgrau, dünn, zäh. Geruch angenehm, Geschmack mild.

Verwendung

Beim Säubern Stielende abschneiden, Pilz längs aufschlitzen. Totentrompeten sind zum Trocknen prädestiniert. Es gibt kaum einen anderen getrockneten Pilz, der eine so starke und delikate Würzkraft entwickelt, nicht einmal die Morchel. Getrocknete Totentrompeten sind fast unbegrenzt haltbar. Sie sind ein wichtiger Bestandteil des Pilzpulvers.

In Frankreich heißt die Totentrompete auch «truffe des pauvres». Man kann sie wirklich wie Trüffel verwenden: für Fleischsaucen, Suppen, Terrinen, Füllungen. Eingemacht überflügelt sie bezüglich Aroma und Geschmack jede Trüffel. Oft wird bemängelt, der Pilz sei zäh. Dem kann begegnet werden, indem man sie grob hackt oder in 15 mm lange Stücke schneidet. In Butter geschwenkt und mit Rahm vermischt, schmeckt erköstlich unter feinen Nudeln oder Spaghetti. In meinem Restaurant sind Totentrompeten-Ravioli, Quiches und Terrinen mit Totentrompeten beliebte Klassiker. Nicht roh essen!

Trompetenpfifferling

Craterellus tubaeformis, sny. Cantharellus tubaeformis

F: chanterelle en tube, chanterelle en entonnoir, chanterelle jaune
I: gallinaccio
E: black chanterelle

Namengebung

Im Handel herrscht bei diesem Pilz bezüglich Namen große Verwirrung, im Deutschen und im Französischen. Der Trompetenpfifferling wird oft als «Kraterelle» angeboten, was aber die Bezeichnung für den Goldstieligen Leistling oder die Gelbe Kraterelle ist (Cantharellus lutescens, heute Cantharellus xanthopus). Goldstielige Leistlinge haben eine kastanien- bis schwarzbraune Huthaut und einen lebhaft goldgelben Stiel (F: chanterelle jaunissante). Die Graue Kraterelle oder der Graue Leistling (Cantharellus cinereus; F: chanterelle cendrée, chanterelle grise) ist eine weitere Art.

Allgemeines

Trompetenpfifferlinge wachsen an den unterschiedlichsten Standorten. Sie können äußerst zahlreich in Gruppen oder fast flächendeckend auftreten. Der zierliche Pilz tarnt sich oft mit Tannennadeln oder Laub. Mir ist schon des öftern passiert, dass ich, nachdem ich die ersten Trompetenpfifferlinge gefunden hatte, erst auf dem Rückweg die vielen Pilze entdeckt habe. Beim Pflücken den ganzen Pilz vorsichtig aus dem Moos oder dem Boden drehen, das Stielende von Hand oder mit dem Messer abschneiden. Nur saubere Pilze in den Korb legen. Denn mit Nadeln, Gras, Laub und Erde «verunreinigte» Pilze kriegt man später kaum mehr sauber, auch nicht mit mehrmaligem Waschen.

Vorkommen

In den Bergen in Nadelwäldern auf feuchtem Boden, an moosigen Stellen unter Laub- und Nadelbäumen oder zwischen Gras und Erika/Heidekraut verborgen. Saison von Spätsommer bis Spätherbst.

Merkmale

Hut: 2–6 cm, dünnfleischig, zuerst halbkugelig geschlossen, dann trichterförmig, zum Schluss ist die Hutmitte gegen den Stiel oft offen (durchbohrt). Der eingeschlagene Rand ist welliglatterig, manchmal fein gefasert. Die Farbe kann recht unterschiedlich sein: Graubräunlich, Gelbgrau, Braungelb, auch Olivbraun.
Leisten: Blassgelb bis graubräunlich, dicklich, stumpf, nicht dicht stehend, teils gegabelt, am Stiel ein wenig herablaufend.
Stiel: 3–7 cm hoch, 3–6 mm dick, hohl. Manchmal ivon oben nach unten mit 1 oder 2 tiefen Furchen durchzogen. Er ist zylindrisch, glatt, zusammengedrückt. Stiele wachsen einzeln oder auch büschelig. Zu Beginn Zitronen- oder Goldgelb, dann Schmutziggrau bis Bräunlich.
Fleisch: weiß, später gräulich, dünn, mild, fast geruchlos

Verwendung

Trompetenpfifferlinge und auch Gelbe Kraterellen sind gute Speisepilze, sie sind zartfleischiger und zudem leichter verdaulich als der Pfifferling/Eierschwamm.
Trompetenpfifferlinge können wie Pfifferlinge/Eierschwämme verwendet werden. Sie eignen sich auch zum Trocknen. Hübsch «verpackt» in einem Vorratsglas sind sie ein originelles Geschenk. Weshalb immer Risotto mit Steinpilzen? Sehr fein schmecken Pfifferlinge in einem Pilz-Mischgericht oder als Einlage in einer Pilzkraftbrühe. Nicht roh essen!

Trompetenpfifferling in freier Natur

Trompetenpfifferling

Schwarze Trüffel, Périgord-Trüffel

Tuber melanosporum

F: truffe du Périgord
I: tartufo nero
E: perigord black truffle

Allgemeines

Manchmal werde ich gefragt: Was ist besser, die Weiße oder die Schwarze Trüffel? Ich antworte dann jeweils: Was ist besser, ein Château Mouton-Rothschild oder ein Lafite-Rothschild? Mouton-Rothschild: der Kräftige, Mächtige, entspricht der Weißen Trüffel. Lafite-Rothschild, der Elegante, der von Clark Gable gespielte Seeräuber, der Charmeur, der Finessenreiche, entspricht der Schwarzen Trüffel.

Vorkommen

Auf kalkhaltigen Böden, bei Eichen. Saison Ende November bis März. Original Schwarze Trüffeln kommen aus dem südfranzösischen Périgord. Früher wurden sie mit Schweinen, heute mit Hunden aufgespürt. In der Küche ist die Trüffel der Diamant. Beim ehrenwerten Handel mit den schwarzen Diamanten ist Vertrauen alles, genau wie bei Edelsteinen. Das Vertrauen des Händlers zum «Courtier», der den Trüffelsuchern vor Ort die Trüffeln abkauft; das Vertrauen der Gastronomen oder Privatkunden zum Händler. Ich hatte einmal das Glück, von einem Koch, mit dem ich in Frankreich zusammengearbeitet habe, zu seinem Vater auf die Trüffelfelder eingeladen zu werden. Da, wo sich die Trüffeln verstecken, ist die Erde wie verbrannt. Sie benötigen so viel Nährstoffe, dass der Boden im Umkreis von mehreren Metern austrocknet. Das kann um eine Eiche sein, aber auch mehrere Meter davon entfernt.

Natürlich kommt die Schwarze Trüffel auch in anderen Regionen vor; in der Provence, in den spanischen Pyrenäen oder in der Gegend von Spoleto (Umbrien/Italien) oder in Norcia (Marken).

Verwandte

Tuber brumale (Schwarze Wintertrüffel) ist eine gute Verwandte. Ihr Fruchtkörper ist etwas kleiner, die Farbe hat etwas weniger Glanz. Das Fleisch ist weiß und grauschwarz durchzogen.

Merkmale

Fruchtkörper: 3–6 cm Durchmesser, rundlich-knollig, 40–50 g schwer, öfter auch über 100 g. Schwarzbraun, kleine, pyramidenförmige Warzen.
Fruchtmasse: Zuerst weißlich, schon bald bräunlich-schwarz, von weißen, bald bräunlichen Adern durchzogen. Geruch eigenartig aromatisch.

Verwendung

Périgord-Trüffeln gehören zur klassischen französischen Küche wie der Eiffelturm zu Paris. Es gibt aber nur wenige Gerichte, in denen die Trüffel ihr Aroma voll entfalten kann: beispielsweise in der Trüffelsuppe von Paul Bocuse oder «truffes sous le cendre» (ganze Trüffeln in Blätterteig gebacken) aus Paul Häberlins «Auberge de l'Ill». Schieben Sie einige rohe Trüffelscheiben unter die Poulethaut, braten sie das Poulet/Hähnchen im Ofen. Auch die Trüffelhollandaise zu weißem Spargel oder zu einem gegrillten Rinderfilet ist köstlich. Für eine Trüffelsauce empfiehlt es sich, eine Dose Trüffelsaft (jus de truffes «première cuisson») zu kaufen. Für den Saft weden die Trüffeln mit wenig Wasser und etwas Salz gekocht. Dabei verliert der Pilz ein Viertel seines Gewichts, gibt aber gleichzeitig viel Geschmack an den Jus ab. Die Trüffeln kann man roh essen!

Schwarze Trüffel

PILZLEXIKON

Weiße Trüffel

Weiße Trüffel, Piemonttrüffel

Tuber magnatum

F: truffe blanche d'Alba
I: tartufo d'Alba, tartufo bianco
E: withe truffle

Allgemeines

Die Weiße Trüffel stammt aus der Langhe, im italienischen Piemont, rund um die Stadt Alba. Früher wurden zur Trüffelsuche Schweine eingesetzt. Heute sind es mehrheitlich abgerichtete Hunde: sie sind gehorsamer und fressen den kostbaren Fund nicht gleich auf. «Magnatum» kommt vom lateinischen «magnates» (die Herren), die Reichen, dies wegen des Preises. In der Tat sind Trüffeln sündhaft teuer.

Versuchen muss man sie trotzdem, sonst verpasst man etwas. Das geheimnisvolle, unvergleichliche, animalische Aroma rechtfertigt den Preis. Bianchetti-Trüffeln (Tuber albidum) aus Umbrien sind eine echte Alternative zu weißen Trüffeln. Sie sind etwas kleiner und kommen im Februar/März vereinzelt in den Handel.
Natürlich wird bei solch horrenden Preisen wacker geforscht. In Frankreich und Italien ist es gelungen, Wurzeln junger Eichen mit Trüffelsporen zu präparieren. Das Ausreifen bleibt aber trotzdem weitgehend der Natur überlassen, und erste Erträge kann man vor fünf bis acht Jahren kaum erwarten. Die Forschung geht weiter – wer weiß?

Vorkommen

Die Trüffeln wachsen 50–60 cm tief im Boden als Mykorrhizapilz von Eiche, Haselnuss, Pappel, Weide usw., das heißt sie leben in Symbiose (Lebensgemeinschaft) mit den Baumwurzeln. Die Saison beginnt Ende September und dauert bis Dezember/Januar.

Merkmale

Fruchtkörper: Schlauchpilz, rundlich. Durchmesser 2–8 cm, 30–50 g schwer. Form kartoffelähnlich, unregelmäßig, grubig. Farbe von Ocker über Gelblich bis Weißlichgelb.
Fruchtmasse: Mit weißen, stark verzweigten Adern durchsetzt. Weiß bis gelb oder grau, manchmal mit hellroten Flecken. Das Fleisch ist hart, fest und bröckelig.

Verwendung

Die Weiße Trüffel wird mehrheitlich roh verwendet und über fertige Speisen, wie Nudeln, Carpaccio und Risotto, gehobelt oder kurz vor dem Servieren unter die Speisen gemischt. Neuerdings kann man in Spezialgeschäften auch weißes Trüffelöl kaufen. Die Qualitätsunterschiede sind aber groß.

Sommertrüffel, Herbsttrüffel

Tuber aestivum

F: truffe d'été
I: scorzone, tartufo scavato
E: summer truffle

Vorkommen

Sommertrüffeln wachsen in der Provence, in Spanien, Italien, Albanien, Ungarn und in der Türkei, manchmal trifft man sie auch in Süddeutschland und in der Schweiz an, und zwar an den Wurzeln von Buchen- und Kastanienbäumen und Haselnusssträuchern jeweils vom Frühsommer bis spät in den Winter.

Allgemeines

In Italien wird diese Trüffel wegen der zähen, warzigen schwarzen Haut «scorzone» (scorza = Haut) genannt. Wie alle Trüffeln wird auch sie nur von Hunden aufgespürt. Manchmal wächst sie jedoch so dicht unter der Oberfläche, dass ihre knubbelige Haut aus der Erde stößt.

Merkmale

Fruchtkörper: Haut mit kleinen, pyramidenförmigen Warzen bedeckt.
Fruchtmasse: Cremig, mit weißen Adern durchzogen, verfärbt sich beim Heranreifen bräunlich.
Geschmack: Bei guter Reife im Herbst sehr angenehm und gut.

Verwendung

Sommertrüffeln haben wegen ihrem schwachen Geruch und dem wenig ausgeprägten Geschmack keinen großen Wert. Man kann das Aroma mit einigen Tropfen Trüffelöl verstärken.

Sommertrüffel

PILZLEXIKON

Gefährliche Verwandte

Ungenießbare und giftige Pilze

Immer wieder sterben Menschen an einer Pilzvergiftung, sei dies aus Unkenntnis oder wegen eines Irrtums. Eine Faustregel zum Erkennen der gefährlichen Spezies gibt es nicht. Aber: Ein Pilz soll nur gepflückt werden, wenn man ihn mit hundertprozentiger Sicherheit bestimmen kann. Im Zweifelsfall: Pilze stehen lassen oder wegwerfen! Es ist ein verbreiteter Irrtum, dass das, was Tieren bekommt, dem Menschen nicht schadet. Falsch! Kaninchen, Schnecken, Vögel … können ungestraft Giftpilze fressen, weil sie ein anderes Verdauungssystem haben.

Das Pilzaroma hilft beim Bestimmen eines Pilzes nur bedingt weiter. Der Hallimasch verströmt einen widerlichen, aasartigen Geruch, ist jedoch nach dem Blanchieren essbar und gut. Andererseits riecht der Grüne Knollenblätterpilz recht angenehm und ist dabei tödlich giftig! Giftig aussehende Pilze wie z. B. der Flockenstielige Hexenröhrling, der sich intensiv blau verfärbt, ist sehr schmackhaft. Sein Name und sein Aussehen schrecken aber die meisten Pilzsucher davor ab, den knackigen Pilz zu sammeln.

Grünblättriger Schwefelkopf, giftig
Hypholoma fasciculare

Rauchblättriger Schwefelkopf
Hypholoma capnoides

Pantherpilz, giftig
Amanita pantherina

Weißer Knollenblätterpilz, giftig
Amanita virosa, Amanita verna

Gallenröhrling, giftig
Tylopilus felleus

Perlpilz
Amanita rubescens

Wiesenchampignon
Agaricus campestris

Steinpilz – Herrenpilz
Boletus edulis

Pilze lassen sich ohne großen Aufwand auf Strohballen, Laubholzstämmen und auf dem Gartenboden züchten. Beliebte Speisepilze wie Braunkappe und Austernpilz finden ideale Wachstumsbedingungen auf Stroh. Das Material muss frisch sein und darf nicht mit Spritzmitteln behandelt oder von Pilzen befallen sein. Wenn kein Bio-Stroh verfügbar ist, kauft man am besten bereits mit Pilzbrut beimpfte Produkte. Für die Zucht von Champignons haben sich Fertigkulturen bewährt. Sie sind in Kisten mit Fertigsubstrat erhältlich, das schon mit der entsprechenden Pilzbrut durchwachsen ist. Eine Pilzkultur ist das ganze Jahr über möglich. Entweder beginnt die Kultur Mitte September, dann kann im Mai und Juni geerntet. Oder man beginnt im Mai oder Juni, dann ist Erntezeit von August bis Oktober. Pilze wachsen in Schüben, je nach Witterung kommt es zu Pausen von mehreren Wochen.

Zucht auf Strohballen

Für die Strohballen-Kultur muss das Material durch und durch feucht sein; der Strohballen muss mindestens 48 Stunden in Wasser getränkt werden. Im Schatten oder Halbschatten, z. B. direkt auf der Erde unter Bäumen und Sträuchern ist die kleine «Pilzfarm» gut aufgehoben. Sie darf aber nicht austrocknen. Feuchtigkeit regelmäßig kontrollieren. Bei Bedarf gießen, 2–3 Liter Wasser pro Ballen. Vorsicht: Auch zu viel Feuchtigkeit ist nicht gut. Das zum Beimpfen notwendige Pilzsubstrat bekommt man als Myzelbrocken oder in Form von Holzstäbchen, der so genannten Stöckchenbrut. Diese werden 15 cm tief in den gut durchfeuchteten Strohballen gedrückt. Die Öffnungen müssen gut verschlossen werden. Wichtig ist vor allem ein guter Kontakt zwischen Myzel und Stroh. Das Myzel selbst wächst ab 5–30 °C. Je nach Temperatur ist der Strohballen nach 2–4 Monaten durchwachsen. Tipp: Der Strohballen fällt nach der Ernte in sich zusammen und kann zum Mulchen verwendet werden. Die Pilze entziehen der Erde Nährstoffe. Deshalb sollte für eine neue Kultur ein Abstand von mindestens 50 cm zur Vorjahreszucht eingehalten werden.

Anbau auf Holz

Die meisten der bekannten Speisepilze sind Holzbewohner. Für eine Pilzkultur eignet sich das Buchenholz besonders gut. Es wird in 10–30 cm dicke und 30–40 cm lange Holzabschnitte geteilt. Shiitake lieben etwas längeres Holz. Das Holz wird mit der Pilzbrut, d. h. mit kleinen, mit einem Pilzgeflecht durchwachsenen Holzdübeln geimpft. Um die Holzdübel in die Stämme einzubringen, werden rund um den Holzstamm etwa 8 Löcher gebohrt. Nun muss das Holz bei etwa 20 °C feucht gelagert werden. Es dauert 3 bis 5 Monate, bis das Holz vom Pilz durchwachsen ist. Festgestellt werden kann das an den weißen Flecken an den Stirnseiten des Holzstamms. Der Holzstamm wird nun im Garten an einem schattigen Platz aufgestellt. Viele der holzbewohnenden Pilze treiben ihr Geflecht auch in das Erdreich hinein und nehmen so wichtige Nährstoffe auf. Deshalb müssen die Stämme etwa zu einem Drittel in der Erde eingegraben werden. Die Pflege ist leicht und braucht wenig Zeit. Sie besteht im Wesentlichen daraus, ein Austrocknen der Hölzer durch Beregnen zu verhindern.

SELBER ZÜCHTEN

Die erste Pilzernte setzt je nach Pilzart nach wenigen
Monaten oder erst nach einem Jahr ein, nachdem die Kultur
in den Garten gebracht worden ist. Austernpilze kommen
in der Regel sehr schnell. Beim Shiitake können mehr
als 12 Monate verstreichen, bis die Hölzer zum ersten Mal
fruchten. Alle Hölzer verbleiben mehrere Jahre – auch
im Winter – auf ihrem Platz im Garten und bringen, abhängig
von der Jahreszeit, immer wieder Fruchtkörper hervor.

Impfdübel

Die Impfdübel (Stäbchenbrut, 8 x 40 mm) sind vom Myzel
(Pilzgeflecht) durchwachsen und werden in die Stämme
eingeschlagen. Das Myzel wächst in ein paar Monaten in die
Stämme hinein, danach können während mehrerer Jahre
Pilze geerntet werden

Zukunft

Die Liste der Kulturpilze wächst. An Universitäten wird
fleissig weitergeforscht. Vielversprechend sieht es bei der
«Tannenglucke» aus. Sie könnte dank ihres Geschmacks und
ihrer Festigkeit zu einer kulinarischen Spezialität werden.
Auch Kulturpilze sind leicht verderblich. Nach der Ernte sollten sie innerhalb von 1-2 Tagen in den Handel kommen
und dann möglichst frisch verarbeitet werden. Bei den
Zuchtpilzen kann die Qualität weitgehend gesteuert werden.
Ob ein Pilz mehr oder weniger Geschmack hat, hängt
vom Wassergehalt ab. Wenn Pilze zu schnell reifen, können
sie weniger Aroma bilden. In der Regel beschleunigt
der Züchter die Reifung nicht oder jedenfalls nicht absicht-
lich, aber je nach Qualität des Substrates kann es trotzdem passieren».

REGISTER

A

Agaricus arvensis 163

Agaricus augustus 163

Agaricus brunescens 164

Agaricus bisporus americanus 164

Agaricus bitorquis 163

Agaricus campestris 163, 215

Agaricus silvaticus 165

Agaricus silvicola 163

Agaricus xanthoderma 163

Amanita caesarea 177

Amanita muscaria 177

Amanita pantherina 186, 215

Amanita rubescens 186, 215

Amanita verna 163, 215

Amanita virosa 163, 215

Armillariella mellea 172

Auricularia auricula-judae 176

Auricularia mesenterica 176

Austernpilz 158

Austernseitling 32, 60, 84, 86, 114, 158, 178

Austernseitling, Sommer- 158

B

Baby Blue Oysters 158

Balsamico, Crema di 38, 40, 52

Bärlauch 66, 114, 144

Birkenpilz 160

Birkenröhrling 160, 174

Black Fungus 176

Bohne, grüne 84

Boletus aereus 204

Boletus aestivalis 204

Boletus badius 180

Boletus betulicolus 204

Boletus chrysenteron 194

Boletus edulis 204, 215

Boletus erythropus 175

Boletus luridus 175

Boletus pinicola 204

Boletus pulverulentus 175

Boletus subtomentosus 194

Bovist 30, 100, 161, 162

Bovist, Flaschen- 161

Bovist, Kartoffel- 161

Bovist, Riesen- 162

Bries 104

Brokkoli 84, 128

Bronzeröhrling 204

Butter, Beurre blanc 140

Butter, Beurre rouge 140

Butter, Kräuter- 94, 139

C

Calocybe gambosa 179

Cantharellus cibarius 187

Cantharellus lutescens 187

Cantharellus tubaeformis 187, 208

Carpaccio 42, 46, 48, 164, 204

Champignon, Anis- 86, 163, 164

Champignon, Asphalt- 163

Champignon, Blut- 164

Champignon, Karbol- 163

Champignon, Riesen- 80, 110, 163

Champignon, Stadt- 163

Champignon, Wald- 27, 54, 84, 100, 101, 165

Champignon, Wiesen- 27, 54, 84, 86, 100, 101, 163

Champignon, Wilder 163

Champignon, Zucht- 27, 54, 84, 100, 101, 164

Champignon, Zucht-, brauner 164

Champignon, Zucht-, Portobello 80, 110, 164

Cholesterinspiegel 203

Clitopilus prunulus 181

Coprinus atramentarius 199

Coprinus comatus 198

Cortinarius 170

Craterellus cornucopiodides 188, 207

Craterellus tubaeformis 208

D

Duxelles 153

E

Edelreizker 16, 191

Egerling 163

Egerling, Blut-, klein 165

Egerling, Riesen- 163

Egerling, Schaf- 163

Ei, Rühr- 62

Ei, Trüffel-Spiegelei 58

Eichenglucke 168

Eichhase 168

Eierschwamm 55, 60, 63, 70, 78, 101, 110, 187, 202, 208

Eisbergsalat 38, 44

Enoki 33, 84, 197

Enokitake 197

Erkältung 203

Espuma 26

Essig, Basilikum-, roter 145

Essig, Himbeer- 54, 145

F

Faltentintling 199

Feldschwindling 184

Filzröhrling, Brauner 180

Fisch, Farce 119

Fisch, Seeforelle 42

Fisch, Seezunge 120

Fisch, Zander 122

Fischfond 138

Fischsauce 138

Flammulina velutipes 197

Flan, Pilz- 60

Fleisch, Huhn- 118, 126

Fleisch, Kalb- 40, 110, 112, 118, 168

Fleisch, Kalbsbrät 110

Fleisch, Kaninchen- 116, 118

Fleisch, Poulet- 118, 126

Fleisch, Reh- 48, 106

Fleisch, Rinder- 55, 72, 118

Fleisch, Schweine- 72, 118

Fleischfond, Kalb- 136

Fliegenpilz 177, 181

Flockenstieliger Hexenröhrling 175

Fotzelschnitte 78

Frauentäubling 166

G

Gabeltrichterling, Kaffeebrauner 32, 167

Galerina marginata 201, 206

Gallenröhrling 204

Gifthäubling 201

Glucke, Krause 112, 168

Gnocchi 75

Goldröhrling 170

Goldstieliger Leistling 187, 208

Grillen 158

H

Habichtspilz 171, 202

Hainbuchenröhrling 170, 174

Hallimasch 126, 172

Haselnuss 75

Häubling, Gerandeter 206

Henne, Fette 168

Hericium erinaceum 189

Herrenpilz 204

Hexenröhrling, Netzstieliger 62, 175

Hydnum refescens 202

Hydnum repandum 202

Hydnum rubescens 202

Hygrophorus agathosmus 200

Hygrophoropsis aurantiaca 188

Hygrophorus pustulatus 200

Hypholoma capnoides 201, 214

Hypholoma fasciculare 201, 214

Hypholoma sublateritum 201

I

Igel-Stachelbart 189

Ingwer 33, 42, 84

J

Judasohr 32, 33, 84, 176

K

Kaiserling 26, 38, 48, 58, 60, 177

Kaiserpilz 177

Kalbfleischpilz 158

Kapuzinerkresseblüte 46

Kapuzinerröhrling 160

Karotte 84

Kartoffel 24, 26, 130

Käse, Emmentaler 72

Klößchen, Butter- 33

Knollenblätterpilz 163

Kraterelle 187, 208

Kräuterseitling 52, 84, 178

Kresse, Winter- 40

Kuehneromyces mutabilis 183, 206

L

Lactarius deliciosus 191

Langermannia gigantea 162

Lärchenröhrling, Goldgelber 170

Lärchenröhrling, Grauer 170

Lärchenröhrling, Rostroter 170

Lauch 26, 84

Leccinum duriusculum 174

Leccinum griseum 174

Leccinum nigrescens 174

Leccinum scabrum 160, 174

Leccinum versipelle 196

Lentinus edodes 203

Lepista glaucocana 192

Lepista irina 195

Lepista nuda 192

Lepista personata 192

Lepista sordida 192

Lycoperdon perlatum 161

Lyophyllum decastes 190

M

Macrolepiota procera 185

Macrolepiota rhacodes 185

Maipilz 179

Mairitterling 54, 96, 114, 179

Mais 92

Marasmius oreades 184

Maronenröhrling 69, 92, 101, 180

GLOSSAR

Maskenritterling   192

Meerrettich   42

Mehlräsling   181

Mie de pain   143

Milke   104

Morchel   33, 55, 60, 66, 82, 119, 104

Morchel, Glocken-   183

Morchel, Graue   183

Morchel, Halbfreie   183

Morchel, Hohe   183

Morchel, Käppchen-   183

Morchel, Köstliche   183

Morchel, Speise   183

Morchel, Spitz-   183

Morchella   182

Morchella conica   183

Morchella conica var. deliciosa   183

Morchella elata   183

Morchella esculenta   183

Morchella vulgaris   183

Mu-Err   176

Muschelpilz   158

N

Nadelholzhäubling   206

Nameko-Schüppling   84, 183

Nelkenschwindling   62, 63, 96, 184

O

Ohrlappenpilz, Gezonter   176

Öl, Baumnuss-   54

Öl, Haselnuss-   30, 48, 68, 80

Öl, Limetten-   42, 139

Öl, Maiskeim-   55

Öl, Traubenkern-   139

Öl, Trüffel-   24, 66, 68

Öl, Walnuss-   54

Omelett   62, 63

Oranger Stoppelpilz   202

P

Panade, Ei-   20

Pantherpilz   186

Parasol   96, 185

Perlpilz   62, 186

Pfifferling   55, 60, 63, 70, 78,
     101, 110, 187, 202, 208

Pfifferling, Falscher   188

Pholiota Nameko   183

Piccata   86, 158, 185, 189

Pilz, Essig-   50, 150, 171, 172, 187,
     192, 194, 201, 204

Pilz, frittieren   198

Pilz, füllen   164, 183, 198

Pilz, Öl-   150, 192, 194, 204

Pilz, panieren   158, 161, 162, 189, 198

Pilz, tiefkühlen   148, 172

Pilz, trocknen   148, 168, 182,
     204, 208

Pilze, à la grecque   42

Pilzessenz   32, 158

Pilzessenz, Chinesische   33

Pilzpulver   152, 160, 170,
     171, 174, 180, 184, 185, 196,
     201, 206

Pilzpulver, Steinpilz-   152

Pilzpulver, Totentrompeten-   152

Pilzsalz   145

Pilz, Donner-   175

Pilz, Schuster-   175

Pilz, Tannen-   175

Pleurotus eryngii   178

Pleurotus ostreatus   158, 178

Pleurotus ostreatus Florida   158

Polenta   92

Pom Pom blanc   84, 189

Porling, Schuppiger   158

Portobello   164

Pseudoclitocybe cyathiformis   167

R

Rasling, Brauner   190

Rasling, Geselliger   60, 190

Rauhfuß, Gelber   174

Rauhfuß, Pappel-   174

Raviolifüllung   158

Rehpilz   171, 202

Reis   90

Reizker   16, 191

Riesenschirmling   86, 185

Risotto   90

Ritterling, Nackter   192

Röhrling, Filziger   180

Röhrling, Schwarzblauender   175

Rötelritterling, Blassblauer   192

Rötelritterling, Langstieliger   192

Rötelritterling, Schmutziger   192

Rötelritterling, Violetter   44, 60, 86,
     106, 114, 120, 192

Rötender Schirmling   185

Rotfußröhrling   62, 92, 180, 194

Rotkappe   196

Rotkappe, Birken-   196

Rotkappe, Eichen-   196

Rotkappe, Espen-   196

Rotkappe, Fichten-   196

Rübe, gelbe   84

Rübe, weiße   84

Rucola   80

Russula cyanoxantha   166

S

Safranschirmling   86, 96, 185

Salat   164, 176, 177, 186, 197, 204

Salz, Fleur de Sel   58

Salz, Meer-, Rotes   40

Salz, Meer-, Schwarzes   128

Samtfußrübling   197

Sarcodon imbricatus   171

Sauce, Hollandaise, Trüffel- 141

Sauce, Limonello- 139

Sauce, Mayonnaise, Trüffel- 139

Sauce, Pilz- 137

Sauce, Tomaten- 100

Sauce, Trüffel- 60, 137

Sauerklee 46, 48, 97, 105

Sellerie, Knollen- 26

Semmelstoppelpilz 63, 202

Senf, Totentrompeten- 50

Shiitake 33, 84, 203

Shimeji 33, 60, 84, 190

Sparassis crispa 168

Spargel 55, 99, 119

Spätzle 74

Speck 18, 44, 54, 106, 114

Spinat 54

Suillus grevillei 170

Suillus tridentinus 170

Sülze 50

Suppe 168, 176

Sch

Schalotten, in Öl 143

Schirmling, Großer 185

Schneckling, Schwarzpunktierter 32, 200

Schneckling, Wohlriechender 200

Schokolade 132

Schopftintling 20, 27, 101, 198

Schwarzwurzel 128

Schwefelkopf, Graublättriger 201

Schwefelkopf, Grünblättriger 201, 206

Schwefelkopf, Rauchblättriger 201, 206

Schwefelkopf, Ziegelroter 201

St

Stäubling 161

Stäubling, Beutel- 162

Stäubling, Flaschen- 161

Stäubling, Hasen- 162

Steinpilz 26, 27, 28, 30, 32, 38, 46, 55, 62, 68, 82, 92, 94, 101, 175, 178, 181, 204

Steinpilz, Birken- 204

Steinpilz, Kiefern- 204

Steinpilz, Rothütiger 204

Steinpilz, Sommer- 204

Stockschwämmchen 32, 183, 201, 206

T

Teig, Ausback- 100, 101

Teig, Bier- 185

Teig, Blätter- 24, 33, 88, 98, 114

Teig, Brot 82

Teig, Nudel- 18, 66, 69

Teig, Nudel-, Bärlauch- 66

Teig, Nudel-, Tomaten- 67

Teig, Nudel-, Totentrompeten- 67, 122

Tofu 114

Tomate 42, 46, 100

Totentrompete 27, 32, 60, 67, 68, 70, 72, 116, 122, 130, 145, 187, 207

Trichterling, Weißer 181

Trompetenpfifferling 32, 90, 187, 208

Trüffel, Bianchetto- 212

Trüffel, Herbst- 213

Trüffel, Périgord 210

Trüffel, Piemont 212

Trüffel, Schwarze 26, 40, 54, 55, 62, 99, 128, 210

Trüffel, Sommer- 18, 213

Trüffel, Weiße 24, 40, 54, 55, 69, 78, 128, 212

Trüffeljus 210

Tuber aestivum 213

Tuber magnatum 212

Tuber melanosporum 210

Tylopilus felleus 204, 215

V

Veilchenrötelritterling 195

W

Winterpilz 197

Wolkenohr 176

Wulstling, Orangegelber 177

X

Xerocomus badius 180

Xerocomus chrysenteron 94

Xerocomus spadiceus 180

Z

Ziegenlippe 180, 194

Zuchtpilz 158